카운터 컬처

Counter Culture

Copyright © 2015 by David Platt
Originally published in the U.S.A. under the title: *Counter Culture*
by Tyndale House Publishers, 351 Executive Drive, Carol Stream, IL 60188, U.S.A.
All rights reserved.

Korean edition copyright © 2016 by Duranno Ministry
38, Seobinggo-ro 65-gil, Yongsan-gu, Seoul, Republic of Korea.
This Korean edition is published by arrangement with Tyndale House Publishers, Inc.

본 저작물의 한국어판 저작권은 Tyndale House Publishers, Inc.와 독점 계약한 두란노서원에 있습니다.
신 저작권법에 의거하여 한국 내에서 보호를 받는 저작물이므로 무단 전재와 무단 복제를 금합니다.

카운터 컬처

지은이 | 데이비드 플랫
옮긴이 | 최종훈
초판 발행 | 2016. 5. 2
8쇄 발행 | 2016. 6. 17
등록번호 | 제1988-000080호
등록된 곳 | 서울특별시 용산구 서빙고로65길 38
발행처 | 사단법인 두란노서원
영업부 | 2078-3333 FAX | 080-749-3705
출판부 | 2078-3332

책값은 뒤표지에 있습니다.
ISBN 978-89-531-2553-7 03230

독자의 의견을 기다립니다.
tpress@duranno.com www.duranno.com

두란노서원은 바울 사도가 3차 전도 여행 때 에베소에서 성령 받은 제자들을 따로 세워 하나님의 말씀으로 양육하던 장소입니다. 사도행전 19장 8-20절의 정신에 따라 첫째 목회자를 돕는 사역과 평신도를 훈련시키는 사역, 둘째 세계선교™와 문서선교 단행본·잡지 사역, 셋째 예수문화 및 경배와 찬양 사역, 그리고 가정·상담 사역 등을 감당하고 있습니다. 1980년 12월 22일에 창립된 두란노서원은 주님 오실 때까지 이 사역들을 계속할 것입니다.

복음과 문화가 충돌할 때
카운터 컬처

데이비드 플랫 지음 | 최종훈 옮김

두란노

세상의 심판자이며 구세주이신
그리스도를 사랑하고 선포하면서
온 천하에 공의와 자비가 실현되길 갈망하며
분투하는 모든 이들에게 드립니다.

Contents

프롤로그 · 10

Part 1

복음과 문화,
사상 최대의 충돌 앞에서

1. 복음과 문화 | "사회 흐름이 그런데 어쩔 수가 없잖아"
세상 문화 속에 복음으로 길을 내라 · 18

Part 2

내가 선 땅의 고통에
복음으로 답하라

2. 복음과 가난 | "조금만 더 벌면 좋겠다"
물질주의 문화에 자족과 나눔의 반기를 들라 · 50

3. 복음과 낙태 | "이게 모두에게 최선이야"
어떤 경우라도 생명은 살아야 한다 · 92

4. 복음, 그리고 고아와 과부 | "내 문제만으로도 버겁다"
크리스천, 당신이 그들의 가족이다 · 118

5. 복음과 성 착취 | "마음 아프지만 한 사람이 바꿀 수 없는 사회 병폐야"
성의 노예로 전락한 소녀들을 위해 울라 · 154

Part 3

복음과 문화가 충돌할 때, 성경의 가치를 사수하라

6. 복음과 결혼 | "동성애는 개인의 취향 아냐?"
최초의 디자인에 이런저런 손을 대지 말라 · 186

7. 복음과 성윤리 | "이 정도는 괜찮겠지?"
날마다 은혜 안으로 도망가라 · 216

8. 복음과 인종 | "나와 다른 사람은 왠지 거부감이 들어"
인간은 누구나 본질적으로 이주민이다 · 250

9. 복음과 신앙의 자유 | "기독교는 관용이 부족해"
사람에게는 관용하되 믿음에서는 불관용하라 · 282

10. 복음과 복음을 듣지 못한 이들 | "아직도 복음을 한 번도 듣지 못한 이들이 있을까?"
기도하고 참여하며 선포하라 · 310

주 · 336

프롤로그

세상에 속지 말고
복음의 길을 걸으라

　　지상에서 가장 높은 곳에 서서 더없이 낮고 가난한 밑바닥 인생들을 굽어본다고 생각해 보자.
　　함께 히말라야 산속으로 들어가 보자. 거기서 살아남기 위해 힘겨운 씨름을 벌이는 이들을 만났다. 옛날도 아니고 불과 얼마 전의 이야기다. 산간마을에서는 여덟 살이 되기 전에 세상을 떠나는 아이들이 태반이다. 채 하루를 버티지 못하고 숨을 거두는 갓난아이도 여럿이다. 열두 아이마저 죽지 않고 어른이 됐더라면 벌써 열네 아이의 엄마가 됐을 라다(Radha). 장애를 신의 저주로 여긴 부모가 태어나자마자 곳간에 가둔 쿤싱(Kunsing). 쿤싱은 열두 해 동안이나 쇠사슬에 묶인 채 볕을 보지 못하고 살았다. 치미(Chimie)는 태어난 지 두 달 만에 형과 누나가 죽고 엄마마저 스스로 목숨을 끊었다. 치미의 아버지는 마을 아낙네들을 찾아다니며 애타게 젖동냥을 했다.

충격적인 사연은 사방에 널렸다. 산간에는 다섯 살에서 열다섯 살 사이의 계집아이를 찾아볼 수 없는 마을이 수두룩하다. 아빠엄마는 더 나은 삶을 살게 해 주겠다는 감언이설에 넘어가 딸을 넘겨주지만, 달콤한 말을 늘어놓은 외지인은 사람사냥꾼이기 십상이다. 소녀들은 어찌어찌 여덟 번째 생일을 넘겼지만, 열여섯 번째 생일을 맞을 즈음에는 십중팔구 사창가에서 수천 명의 손님들을 상대하는 처지로 내몰리고 만다. 가족을 다시 만나는 건 꿈도 꾸지 못할 일이다.

이런 이들을 만나서 이야기를 듣고 온 천지에 가득한 불의의 민낯을 대면하면 동정심과 확신, 용기가 절로 솟을 수밖에 없다. 고통과 고난으로 점철된 삶을 사는 어린이와 부모, 가족들이 걱정되면서 가엾다는 생각이 물밀 듯 밀려든다. 절대로 일어나면 안 될 일이 벌어졌음을 본능적으로 알기에 신념이 생긴다. 여덟 번째 생일을 맞지 못하고 죽는 아이들이 태반이라는 건 용납할 수 없는 일이다. 장애를 가지고 태어났다는 이유로 평생 쇠사슬에 묶인 채 헛간에서 지낸다는 건 천부당만부당한 일이다. 뚜쟁이들이 부모를 속여 금쪽같은 딸을 성노예로 팔아넘기게 만드는 건 더없이 불의한 일이다. 그런 연민과 확신은 결국 라다, 쿤싱, 치미, 소녀들, 그 아이의 부모들, 그런 마을들, 비슷한 처지에 있는 세계 곳곳의 수없이 많은 어린이와 남녀들을 위해 무언가를, 아니 무언가라도 해

11

야겠다는 용기로 이어진다.

　세태를 감안하면, 오늘날 교회에서 동정과 확신, 용기를 볼 때마다 더없이 큰 힘을 얻는다. 현대 크리스천들 특히 젊은 복음주의자들의 목소리를 들어 보면, 가난, 부모에게 버림받는 아이들, 인신매매 따위의 불의에 매섭게 맞서고자 하는 의지를 읽을 수 있다. 사회문제에 대한 의식도 갈수록 깊어지는 게 보인다. 기근과 싸우고, 빈곤을 완화시키고, 인신매매를 뿌리 뽑는 노력과 관련해 수많은 책들이 밀물처럼 쏟아져 나오고, 곳곳에서 회의가 열리며, 숱한 운동들이 시작되고 있다. 하지만 이런 와중에도 냉담한 교회의 또 다른 얼굴을 대할 때면 불만을 감출 수가 없다. 세상에 차고 넘치는 사회적인 불의에 어느 한 교회가 눈길을 주고 귀를 여는 걸로는 성이 차지 않는다. 크리스천 또는 교회의 삶 자체가 사회 정의를 앞세우게 되면 좋겠다.

순종할 자리를 선택할 수 없다

　많은 크리스천들이 특정한 사회문제에 열정을 드러내는 걸 보면 적잖이 격려가 되는 반면, 똑같은 크리스천들이 또 다른 이슈에 대해선 무관심으로 일관하는 걸 보면 상당히 걱정된다. 빈곤과 성노예 문제처럼 크리스천들의 활동이 박수를 받는 듯한 사안들에 대해서는 벌떡 일어나 목소리를 높이지만, 크리스천들의 입장이 비판을 받고 있는 동성애나 낙태 같은 이슈들을 두고는 자리에 앉아 입을 다물어 버린다. 마치 어떤 사회문제에는 맞서고 또 다른 문제는 덮어 두는 선별적이고 선택적인 자세를 취하기로 입을 맞춘 듯하다. 그리고 그 선별과 선택은 대개 현대 문화와 부대끼는가 그렇지 않은가를 기준으로 돌아간다.

실제로 공개적인 자리에서 명망 높은 크리스천 지도자에게 빈곤, 인신매매, 고아의 문제에 관해 이야기해 달라고 요청하면, 분명하게 기꺼이 과감하게 자신의 생각을 토로할 것이다. 하지만 동성애나 낙태에 대한 입장을 밝혀 주기를 부탁한다면, 안절부절 머뭇거리거나 이단에 가까운 주장을 펼 공산이 크다. 기껏해야 "깊이 생각해 본 적이 없습니다"라든지 "관심 분야가 달라서 제가 이러니저러니 말할 수 있는 사안이 아닙니다"라고 얼버무릴지 모른다.

사실상 이런 분위기는 기독교계 전반에서 또렷이 감지된다. 빈곤을 완화시키고 현대판 노예제도를 종식시키는 이슈에 관해서는 젊은 복음주의자들이 너나없이 블로그에 글을 올리고, 사진을 포스팅하고, 트윗을 날리고, 집회에 참석한다. 오갈 데 없는 아이들을 맡아 돌보고 세계 각지에서 고아를 입양하는 이들도 있다. 훌륭한 일이고 앞으로도 계속해야 할 일이다. 하지만 바로 그 크리스천들이 낙태라든지 이른바 동성결혼처럼 문화적으로 애매모호한 사안들에 관해서는 논의의 장으로 나오지 않고 침묵을 지킨다면 그건 문제가 아닐 수 없다. 속으로 생각할지 모른다. '그건 내 관심사가 아니야.' '다른 이슈에 관해 이야기하는 쪽이 마음이 편해.'

하지만 그리스도가 그런 문제에 관심을 가지라고 명령하신다면 어떻게 하겠는가? 그리스도의 부르심이 현대 문화 속에서 안온하게 지내는 데 있지 않다면 어찌하겠는가? 우리 가운데 계신 그리스도가 문화에 맞서라고 등을 떼미신다면 어떻게 하겠는가? 서서히 변해 가는 흐름을 잠자코 앉아서 지켜보거나 나날이 달라지는 문화의 조류를 은근슬쩍 외면하지 말고 굳게 믿는 바를, 설령 그 확신이 당대에 주류를 이루는 입장과 충돌할지라도(충돌한다면 더더욱) 말과 행동으로 용감하게 나누며 보여 주라고 명령하신다면 어찌하겠는가? 게다가 무슨 일을 하든지 오만하거나 냉랭한 마음가짐이 아니라 그리스도가 친히 보여 주신 것처럼 겸손하고 따뜻한 언행으로 일관하라고 명령하신다면 어찌하겠는가?

그리스도를 으뜸으로 여기며 따른다는 게 바로 이런 모습을 두고 하는 말이 아니겠는가? "아무든지 나를 따라오려거든 자기를 부인하고 날마다 제 십자가를 지고 나를 따를 것이니라"(눅 9:23). 문화에 맞서 입을 열라. 만사가 자신을 중심으로 돌아가는(자신을 보호하고, 자신을 드러내고, 자신을 위로하고, 자신을 보살피는) 세상에서 예수님은 말씀하신다. "자기를 십자가에 못 박아라. 보호막을 걷어 버리고 스스로 속한 문화 속에서 무엇이 됐든 하나님을 영화롭게 하는 삶을 살아라."

어떤 문화에서든 이보다 중요한 문제가 또 있겠는가? 어떤 문화에서든 주님이 가장 뜨거운 이슈가 되어야 하지 않겠는가? 빈곤이나 성매매, 동성애, 낙태 따위가 현대 문화의 핫이슈가 아니라면 어찌하겠는가? 하나님이 으뜸가는 이슈라면 어찌하겠는가? 그분에게 초점을 맞추면 어떤 일이 일어나겠는가? 매춘과 불륜, 아동학대와 살해, 인종차별과 박해가 만연하고 가난한 이들의 필요가 하늘을 찌르며 '과부와 고아'가 무시당하는 세상에서 어떻게 하면 크리스천들이 복음에 나타난 하나님의 거룩함과 사랑, 의로움과 진리, 정의와 권위, 자비에 시선을 고정시키고 살아갈 수 있겠는가?

이런 질문들에 몰려 결국 이 책을 내게 됐다. 이제 하나씩 함께 답을 찾아보지 않겠는가? 절대로 정답을 알고 있다는 이야기는 아니다. 사실 개인적으로 특정한 사회문제에 관해서는 삶과 가족, 목회를 통해 활발하고 담대하게 개입하는 반면, 또 다른 사안들은 수동적이며 비성경적인 자세로 눈길조차 주지 않고 있다는 깨달음이 이 글을 쓰는 주요한 동기가 되었다. 누구든 자신의 삶과 가족, 교회를 정직하게 돌아본다면 스스로 생각하는 사회정의 가운데 상당 부분이 몇 가지 사회 불의에 선택적으로 집중되어 있음을 알게 될 것이다.

하지만 별개의 사회문제로 여기는 사안들이 실제로는 한결같이 하나님이 어떤 분이시며 세상에서 무슨 일을 하고 계시느냐에 대한 인식과 긴밀하게 연관되어 있다. 그러다 보면 깨닫게 된다. 성매매와 맞서 싸우는 전쟁에 우리를 내보내시는 바로 그 하나님이 모든 성적인 부도덕과 맞서는 싸움에도 나가게 하신다는 것을 말이다. 가난과 전투를 벌이게 하시는 바로 그 하나님이 결혼을 지키는 씨름에도 참여하게 하신다는 사실을 알게 된다. 그리하여 마침내는 삶과 가족, 교회의 전열을 재정비해서 무겁게 짓누르는 이 시대의 사회문제에 한층 지속적이고, 그리스도적이며, 대항문화적으로 대처하기로 작정하게 된다.

문화를 거스르고 복음의 길을 걷기로 결론을 내리면 값비싼 대가를 치를 수밖에 없다. 하지만, 그건 그다지 중요하지 않다. 일단 판단이 선 뒤에는 더 이상 눈길이 가장 편안한 쪽을 바라보지 않고 하나님을 더없이 영화롭게 하는 방향에 고정될 것이기 때문이다. 또한 세상이 줄 수 있는 최대치보다 훨씬 큰 상급을 주님 안에서 찾을 것이기 때문이다.

Part 1

복음과 문화,
사상 최대의 충돌 앞에서

1.
복음과 문화

"사회 흐름이 그런데 어쩔 수가 없잖아"

세상 문화 속에
복음으로 길을 내라

복음은 기독교 신앙의 생명선인 동시에 대항문화의 원천이기도 하다. 진실한 마음으로 믿고 받아들이는 순간부터 복음은 저마다 속한 문화 속에서 벌어지는 사회적인 이슈들에 맞서도록 크리스천들을 몰아간다. 뿐만 아니라, 안팎을 둘러싼 문화와 실제로 충돌하는 상황을 빚어내기도 한다.

사회적인 이슈에 대한 성경적인 입장들이 갈수록 멸시와 배척의 대상이 되고 있는 게 현실이다. 가령, 동성에게는 호감을 느낀다 해도 결혼할 뜻을 품거나 사랑을 표현하면 안 된다는 주장을 공격적으로 받아들이는 이들이 갈수록 늘고 있다. 조만간 크리스천들은 이와 관련한 논의가 벌어질 때마다 충돌을 빚고 싶지는 않지만 어찌 반응해야 할지 모르는 궁색한 처지에 몰릴 공산이 크다.

하지만 여기서 유념해야 할 게 있다. 동성애에 관한 성경적인 입장은 기독교 신앙이 갖는 가장 강력한 공격적인 포인트가 아니라는 점이다. 그쯤은 순위가 밀려도 한참 밀린다. 오히려 공격성이 가장 뜨겁게 드러나는 지점은 복음, 그 자체다. 그러므로 복음이 무엇인지 탐색하고 정말 복음을 믿는지 스스로 묻고 답하는 데서 이야기를 시작할 필요가 있다. 거기에 대한 답변은 현대 문화 속에서 살아가는 크리스천의 삶을 밑바닥부터 바꿔 놓을 것이다.

복음의 민낯을 드러내라

복음의 공격성은 성경 첫 구절에서부터 드러난다.[1] "태초에 하나님이…"(창 1:1). 하나님이 엄연히 살아 계시며 세상 만물이 그분으로 말미암아, 그분을 통해, 그분을 위해 존재한다는 주장이야말로 복음이 던지는 첫 번째 도전이다. "영원하신 하나님 여호와, 땅끝까지 창조하신 이"(사 40:28). 모든 피조물은 하나님이 지으셨으므로 궁극적으로 주님을 위해 존재하며 그분과 연관되지 않은 게 하나도 없다.

창조주는 어떤 분이신가? 이사야서 43장 15절은 말한다. "나는 여호와 너희의 거룩한 이요 이스라엘의 창조자요 너희의 왕이니라". 다시 말해, 하나님은 지극히 특별한 분이어서 인생 가운데는 빗댈 만한 대상이 없다는 뜻이다. 속성과 부류가 다르다. 하나님은 티 한 점 없이 순전하다. 눈곱만큼도 그릇된 부분이 없다. 하나님의 존재와 행사는 처음부터 끝까지 옳고 바르다. 실수가 없으며 대등한 존재도 없다.

하나님은 거룩할 뿐만 아니라 선하다. "여호와께서는 모든 것을 선대하시며 그 지으신 모든 것에 긍휼을 베푸시는도다"(시 145:9). 하나님의 선하심은 성경책을 펴자마자 또렷이 드러난다. 손수 지으신 것 하나하나가 "보시기에 좋았고" 마지막으로 지으신 남자와 여자는 "보시기에 심히 좋았다"(창 1:4, 10, 12,1 8, 21, 25, 31). 주님이 빚으신 장엄한 우주는 창조주의 선하심을 더할 나위 없이 선명하게 증언한다.

하나님의 선하심은 공의로 표출된다. 시편 기자는 주님을 "만민에게 심판을 행하시"(시 7:8)는 분이라고 규정한다. 심판하되 터럭만큼의 오류도 없이 완벽하게 판단한다는 것이다. 하나님은 의로운 이를 변호하고 죄인을 벌한다. "악인을 의롭다 하고 의인을 악하다 하는 이 두 사람은 다 여호와께 미움을 받느니라"(잠 17:15)라고 했다. 의로운 재판장인 하나님은 불의에 불같은 분노를 쏟는다. 사악한 이들을 "선하다"고 하고 선한 이들을 "악하다"고 몰아세우는 걸 끔찍이 싫어한다. 하나님은 완전한 심판자다.

하나님의 선하심은 은혜로 표현되기도 한다. 아무런 자격도 갖추지 못한 이들에게 무조건적인 은혜를 값없이 베푸신다. 세상의 뭇사람들이 빠짐없이 주님의 온유와 자비, 사랑을 누리기를 바라서서 언제나 가엾게 여기고 오래 참으신다(벧후 3:9).

이제 하나님의 실재가 인간의 삶 가운데서 빚어내는 대치 상황을 곰곰이 곱씹어 보자. 하나님은 창조주이므로 누구나 그분의 소유다. 인간을 지으셨으니 또한 주인이시다. 영국 윌리엄 어네스트 헨리의 인빅터스(Invictus, 천하무적)라는 시의 한 구절처럼 하나님은 운명의 주관자고 영혼의 선장이다. 모든 피조물의 원작자는 인간을 포함한 모든 피조물에 대해 확고한 권위와 권한을 가지신다. 우리는 심판자이신 하나님 앞에서 책임을 져야 한다. 하나님은 인생을 하나도 빠트리지 않고 공의로 심판하신다. 이 사실은 복음에 담긴 핵심 진리 가운데 하나로 인간은 누구나 은혜가 절실한 존재임을 명확하게 보여 준다.

여기가 바로 복음의 공격성이 전면에 노출되는 대목이다. 현대인들에게 "하나님이 살아 계셔서 그대를 하루하루 먹이고 입히시며, 주인이 되시고, 한계를 정하시고, 다스리시며, 언젠가는 심판하신다"고 이야기하면 대번에 흠칫하며 불쾌해한다. 누구라도, 너나없이 그럴 것이다. 이것이 하나님을 향한 인간의 본능적인 반응이다.

하나님을 향한 인간의 본능적인 반응

인간사의 첫 장을 살펴보면 사람의 마음이 가진 본질적인 문제점을 파악할 수 있다. 하나님은 사람을 지으시고 에덴동산에 머물게 하시면서 당부하셨다. "동산 각종 나무의 열매는 네가 임의로 먹되 선악을 알게 하는 나무의 열매는 먹지 말라. 네가 먹는 날에는 반드시 죽으리라"(창 2:16-17). 하나님의 거룩함과 선하심과 공의와 은혜가 선명하게 드러나는 말씀이다. 주님에게는 그분의 순전하고 거룩한 성품을 바탕으로 옳고 그름, 선과 악을 가르실 권세가 있다. 하나님은 친히 주신 계명에 따랐는지 여부를 기준으로 심판하겠다고 단언하셨다. 주님의 은혜는 인간에게 그분의 법을 숨기지 않았다는 점에서도 분명히 드러난다. 사랑으로 생명의 길을 제시하시고 그 길을 걸으라고 간곡히 권하신다.

그렇다면 피조물들은 창조주께 어떻게 반응하는가? 몇 구절이 지나기도 전에 죄가 무대에 등장한다. 뱀은 인류 최초의 여인에게 묻는다. "하나님이 참으로 너희에게 동산 모든 나무의 열매를 먹지 말라 하시더냐. … 너희가 결코 죽지 아니하리라. 너희가 그것을 먹는 날에는 너희 눈이 밝아져 하나님과 같이 되어 선악을 알 줄 하나님이 아심이니라"(창 3:1, 4-5).

역할이 뒤바뀐 게 보이는가? 질문들이 하나님의 명령을 퇴색시키면서 탈이 나기 시작했다. 하나님은 정말 거룩하신가? 참으로 옳으신가? 진정 의로우신가? 틀림없이 가장 좋은 것들을 주고 싶어 하시는가? 이런 질문을 던지는 사이에 인간은 자신을 심판받을 대상이 아니라 심판하는 자리에 있는 존재로 여기게 된다.

뱀의 질문은 선악을 알게 하는 나무를 중심으로 돌아간다. 나무 이름을 들은 독자들은 의아할지 모른다. '선악의 차이를 아는 게 어째서 큰 잘못인 거지?' 하지만 성경이 말하는 '앎'이란 선과 악에 대한 '정보'의 차원을 넘어 옳고 그름을 '판단'하는 행위를 가리킨다. 다시 말해, 첫 인류가 그 나무의 열매를 먹었다는 사실은 하나님을 선악 판단의 주체로 인정하지 않고 직접 그 책임을 떠맡으려 했음을 의미한다. 에덴동산에서 뱀이 던진 유혹의 본질은 하나님의 권위에 대한 반역이었으며 그 과정에서 인간은 도덕을 재단하는 결정권자가 되었다.

이 원초적인 죄의 성격을 제대로 파악하면, 21세기를 풍미하는 윤리적 상대주의는 눈곱만큼도 새로울 게 없다. 하나님의 자리를 빼앗거나 심지어 말살하려 든다면 선과 악, 옳고 그름, 도덕과 부도덕을 나눌 객관성은 사라질 수밖에 없다. 불가지론적인 과학철학자 마이클 루스(Michael Ruse)도 그런 부류의 주장을 펼친다. "그러므로 현대 진화론자들의 입장은 … 윤리 또한 손발이나 이빨과 마찬가지로 생물학적 적응 과정의 산물이라는 것이다. 지난날 합리적이라고 여겼던 객관적인 무엇 따위에 얽힌 주장들은 그저 망상에 불과하다."[2]

역시 유명한 무신론자인 리처드 도킨스(Richard Dawkins)는 이렇게 적었다.

무차별적인 물리력과 유전적인 복제가 지배하는 우주에서 어떤 이들은 상처를 입고 또 다른 이들은 행운을 누리지만 거기엔 어떠한 운율이나 인과관계, 더 나아가 어떤 정의도 없다. 인간이 아는 우주는 실제로 예상되는 특성을 그대로 가지고 있을 뿐이다. 무슨 설계라든지 목적이라든지 선이나 악 따위는 찾아볼 수 없으며 그저 냉혹하리만치 무심하다. DNA는 사정을 알지도 못하고 헤아리지도 않는다. DNA는 본시 그런 물건인데 인간이 그 장단에 놀아날 따름이다.³

따라서 하나님이 빠진 세계관은 선악의 판단을 온전히 사회적인 합의에 맡기는 절망적인 주관성만을 남겨 놓는다. 문화가 옳다고 여기면 옳고, 잘못이라고 치부하면 잘못이라는 식이다. 본질적으로 옳고 그른 무언가가 확실히 존재한다는 것을 더 이상 믿지 않음을 노골적으로 드러내는 주장이다. 이런 세계관이 윤리의 지평이 빠르게 변하는 오늘날 서구 문화에 속속들이 스며들어 있다. 결국 옳고 그름은 주변 사회의 발전에 따라 갈리게 된다.

정말 무서운 윤리관이라고 생각지 않는가? 성 착취 인신매매(sex trafficking)를 예로 들어 보자. 대체 어느 사회가 이를 산업으로 인정하기만 하면 그때부터는 부도덕한 행위가 아니란 말인가? 강제로 성매매에 내몰린 어린 여성들에게 "너희들이나 너희를 이용해 이익을 얻는 남성들이나 매한가지로 그저 DNA의 장단에 춤을 출 뿐"이라고 말하겠는가? 어떻게 본질적으로 악한 일이 아니며, 맹목적이고 냉혹하리만치 무심한 물리력과 유전자가 세상에서 그토록 불행한 사건을 겪게 했다고 하겠는가? 소녀들에게 그런 얘기를 하고 싶은 건 정녕 아닐 것이다. 하지만 이는 수없이 많은 이들이 저도 모르는 사이에 공공연히 내보이는 세계관의 결과물이다.

"남들한테 피해를 주지 않는 범위에서 제 욕구에 충실하게 살면 돼." 제 입으로 크리스천이 아니라고 말하고 다니던 한 친구가 어느 날, 뉴올리언스의 프렌치쿼터에서 설파한 인생철학이다. 그 단순한 철학만 가지고도 가치를 판단하고 삶 속에서 벌어지는 온갖 일을 결정하는 데 충분하다고 했다. 하지만 그 세계관의 이면에 도사린 문제들이 또렷이 보였다. 무엇보다 남에게 '피해'가 되고 말고를 누가 결정하며 어느 정도까지 욕구에 충실해야 하는가? 네팔 북부 지방의 매춘업자들은 자신들의 사기 행위를 형편없이 가난한 삶을 시작하는 소녀들에게 더 나은 생활을 보장해 주는 제안이라고 주장할 수도 있지 않겠는가? 한 걸음 더 나아가 저희들도 좋아서 하는 일이라고 억지를 부릴지도 모른다. 자신과 매춘 여성들은 수많은 남성들이 내면의 성적 욕구에 충실하도록 돕고 있노라고 주장한다 한들 어떻게 반박하겠는가?

그처럼 하나님을 배제시킨 윤리관은 냉엄한 악의 실체에 직면하는 순간 한없이 공허한 실상을 여지없이 드러내고 만다. 감사하게도 복음은 그런 점에서 지극히 반문화적이다. 하나님의 말씀은 소중한 소녀들 한 명 한 명을 주님의 거룩한 형상에 따라 '오묘하고도 놀랍게' 지으시고 사랑하신다고 가르치기 때문이다. 낯모르는 뭇 남성들의 성폭력에 노출시키는 게 아니라 아끼고 사랑하며 섬겨 주는 남편과 성적으로 행복한 연합을 이루게 하시려고 친히 독특하게 빚으셨다. 이것이 바로 은혜로우신 하나님의 선한 의도지만 죄에 물든 인간들은 그 뜻을 철저하게 짓밟아 왔다. 죄란, 만물의 선하신 창조주며 인류의 최종적인 심판자이신 하나님에 대한 실질적인 반역 행위를 가리킨다. 성 착취 인신매매는 '불의'이며 주님은 의로우시므로 언젠가 대면해서 책임을 물으실 것이다.

죄에 대한 이런 인식은 크리스천들과 교회가 성매매 종식을 위해 애써야 할 분명한 이유를 제시한다. 또 앞의 글들을 꼼꼼히 훑어보기만 해도 크리스천들과 교회가 낙태를 막고 결혼을 지키는 싸움에 나서야 할 까닭을 알 수 있다. 소녀들 한 명 한 명을 그분의 거룩한 형상을 좇아 고귀하게 지으신 창조주는 소중한 아기를 하나하나 인격적으로 어머니의 모태에 빚어주신 하나님이기도 하다. 성매매라는 폭력적인 행위를 잘못으로 정하신 주님은 또한 남편과 아내의 성적 연합을 정당한 일로 설계하신 분이기도 하다. 소녀들을 성노예로 팔아넘기든지, 아기의 몸을 모태에서 뜯어내든지, 주님이 정하신 결혼 제도를 무시하든지, 그밖에 어떤 형태를 띠든, 죄는 선하신 창조주이자 마지막 날 온 인류를 심판할 주님에 대한 실질적인 반역 행위다.

죄, 하나님의 자리에 자신을 앉히는 것

여기서 복음의 반문화적인 공격성과 다시 마주하게 된다. 복음은 하나님의 성품을 바탕으로 선악을 가름하는 데서 한 걸음 더 나아가 특정한 형태의 죄라든지 제한된 죄인들의 집단들만을 골라 악으로 규정하지 않는다. 불행하게도 악은 한 사람 한 사람 속에 내재되어 있으며, 자연히 인간이 만들어 내는 문화에도 어김없이 깃들게 마련이다.[4]

인류는 하나님의 손에 지음을 받았지만 죄에 속속들이 물들고 말았다. 제아무리 부정하려 발버둥 쳐도 소용없다. 본성 자체가 끊임없이 그 사실을 드러내 보이기 때문이다. 인간은 존엄한 속성과 부패한 성품을 아울러 지니고 있다. 역설적인 상황이다. 존 스토트는 기독교의 기본적인 진리를 압축해서 솜씨 있게 설명한다.

> 사람은 누구나 생각하고 선택하고 창작하고 사랑하며 예배할 수 있다. 하지만 동시에 미워하고 탐내고 싸우며 죽일 수도 있다. 인간은 환자를 돌보는 병원과 지혜를 추구하는 대학, 하나님을 예배하는 교회를 고안해 냈지만, 한편으로는 고문실과 강제노동수용소, 핵무기도 만들어 냈다.
> 인간 됨됨이의 역설이 여실히 드러나는 대목이다. 고상하면서 비열하고, 이성적인 동시에 비합리적이며, 윤리적이지만 비도덕적이고, 창조적이면서 파괴적이며, 사랑이 넘치는 반면 이기적이고, 하나님을 닮았으면서도 짐승 같은 면모를 보인다.[5]

어째서일까? 하나님은 그분의 형상을 좇아 사람을 지으셨지만, 인간은 창조주의 뜻을 저버리고 제멋대로 살기를 추구했기 때문이라고 복음은 설명한다. 살아가는 형편은 저마다 달라 보일지라도 본질적으로는 에덴동산의 첫 인류와 매한가지다. 우리는 생각한다. '하나님이 아무리 하지 말라고 하셔도 어쨌든 난 할 거야.' 그 속내를 들여다보면 결국 "하나님은 나를 다스리는 주님이 아니야. 내게 가장 좋은 게 뭔지도 모르실 거야. 옳고 그름, 선과 악은 내가 스스로 결정하겠어"라고 말하는 셈이다.

윤리의 토대가 하나님이 말씀을 통해 주신 객관적인 진리에서 벗어나 제각기 머릿속에서 만들어 낸 주관적인 관념들로 바뀌어 간다. 무슨 생각을 하는지조차 제대로 파악하지 못한 채로 끌리듯 "옳은 것처럼 보이거나 그런 느낌이 드는 게 옳은 것"이라는 한 가지 결론에 이른다.

결국 저마다 자신을 궁극적인 기준으로 삼고 살아가는 것이다. 성경이 인간의 형편을 두고 "모두가 곁길로 빠져서"(롬 3:12, 새번역) 자기 자신에게 집중하게 되었다고 진단하는 까닭이 여기에 있다. 자신을 으뜸으로 끌어올리는 마음가짐이야말로 성경이 가르치는 죄의 핵심이다. 창조주는 인간을 설계하시면서 주님을 으뜸자리에, 이웃을 버금자리에, 그리고 자신을 그 마지막 자리에 두게 하셨다. 하지만 죄는 그 순서를 뒤바꿔 버린다. 자신을 첫손에 꼽고, 다른 이들을 다음으로 치며(자신의 유익을 위해 이용하려 들기 일쑤다), 하나님은 무대 뒤편 어딘가로(그나마 자리가 남아 있다면) 멀찍감치 밀어낸다. 하나님을 예배하는 데서 돌이켜 자신을 경배한다.

그렇지 않다고 말하고 싶을지 모르겠다. 웬만해선 대놓고 스스로를 예배하노라고 고백하지 않는다. 하지만 존 스토트는 제각기 삶을 가만히 들여다보고 스스로 하는 말에 귀를 기울여 보면 금방 진실이 선명하게 드러난다고 지적한다. 자존감, 자신감, 자기홍보, 자기만족, 자부심, 자발성, 자기연민, 자화자찬, 자기중심, 자기사랑, 자기의…. 사전을 들춰 보면 '자기'로 시작하는 단어가 끝도 없다. 자신에 몰입하는 정도를 표현할 요량으로 그토록 많은 단어들을 만들어 낸 것이다.[6]

이 모든 흐름에서 가장 비극적인 대목은 자신을 만족시키고자 하는 끊임없는 갈망에 사로잡혀 사노라면 죄의 노예가 될 수밖에 없다는 점이다. 그래서 예수님은 가르치셨다. "진실로 진실로 너희에게 이르노니 죄를 범하는 자마다 죄의 종이라"(요 8:34). 굳이 말하지 않아도 알겠지만, 이는 틀림없는 사실이다. 알코올중독자들만 봐도 단박에 알 수 있다. 남들에게 폐를 끼치지 않고 만족을 얻을 수 있는 길인 줄 알고 술을 들이키지만 결국 중독에 빠져 삶이 통째로 황폐해질 따름이다.

크든 작든, 죄도 한 사람 한 사람의 삶에 이와 비슷하게 작용한다. 하나님이 뭐라고 하시든 관계없이 음탕한 생각이나 험한 말이나 이기적인 행동이 만족을 줄 거라고 스스로에게 말한다. 하나님이 뭐라고 하시든 상관없이, 수중에 거머쥐는 돈(어떻게 벌었는지는 중요치 않다)과 황홀한 섹스(상대가 누구든 가리지 않는다)가 마음의 빈자리를 꽉 채워 줄 것이라고 자신에게 속삭인다. 하나님이 뭐라고 하시든 신경 쓰지 않고, 이 사람 또는 저 재물, 이 쾌락 또는 저 취미가 즐거움을 가져다주리라고 믿는다. 하나같이 이들을 좇으며 그런 것들이 자유를 주리라 생각한다. 하지만 꽁꽁 묶여 옴짝달싹하지 못하는 제 모습은 전혀 보지를 못한다. 자신을 섬기는 데 온 힘을 쏟느라 정작 영혼의 여백을 차고 넘치게 채워 줄 유일한 존재를 거부하고 외면한다.

한마디로 인간은 하나님께 반역하는 죄에 빠져 있다. 네팔 북부 지방의 뚜쟁이만이 아니다. 너나없이 마찬가지다. 다들 하나님께 등을 돌렸고, 주님 앞에서 죄를 지었으며, 심지어 그 사실을 정확히 알고 있다. 어김없이 찾아오는 죄의식을 필사적으로 부정해 보려 하지만 본능적인 경험이므로 피할 도리가 없다.

더러 옳고 그름 따위는 애초에 없으며 이른바 도덕이니 윤리니 하는 것들은 죄다 망상이자 위선이고 무엇이든 개인적으로 좋아하느냐 싫어하느냐의 문제일 따름이라고 주장하는 부류가 있다. 하지만 그런 얘기를 하는 이들조차도 자신들의 논리에 따르는 게 옳으며 동의하지 않는 건 그릇됐다고 서슴없이 말한다. 우스꽝스럽지 않은가?

다른 한편에서는 문화의 진보를 핑계 삼아 선악의 기준을 바꾸는 식으로 죄의식을 떨쳐 버리려 한다. 윤리 기준을 비현실적이고 한물간 수작으로 몰아붙이는 전술이야말로 죄책감을 달래는 가장 수월한 방법이다. 탐욕은 잘못이 아니라 꿈을 이루는 데 반드시 필요한 덕목이라고 주장한다. 자신을 내세우는 것 역시 성공에 이르는 길 가운데 하나일 뿐이다. 현대인들에게 욕망은 자연스러운 감정이며 결혼 여부나 남녀의 구분은 자유로운 섹스를 가로막는 장벽이 될 수 없다. 문화적인 유행에 맞춰 옳고 그름의 기준을 수정해서 죄책감을 떨쳐 내려 한다.

하지만 죄의식은 여전히 사라지지 않는다. 제아무리 안간힘을 써도, 인간으로서는 하나님이 심령에 아로새겨 놓은 '해야, 또는 하지 말아야 한다'는 감각을 말짱히 닦아 낼 수 없다. 누구나, 어디서나, 언제나 지켜야 할 객관적인 기준이 심중에 각인되어 있으므로 어린 여자아이가 성노예로 팔려 가는 걸 보기만 해도 '하지 말아야 할' 짓임을 단숨에 알아차린다. 인간은 하나님 앞에서 죄의 실체를 어찌해 볼 도리가 없으며 그래서 반드시 예수님이 필요하다. 복음이 한층 공격적으로 문화와 맞서는 지점이 바로 이 대목이다.

예수만이 답인가?

세속적인 학자들을 포함해서 어떤 식으로든 그분을 알고 있는 세상 모든 이들은 예수님을 '선한 인간'으로 평가한다. 서슴없이 자신과 비슷한 존재로 치부한다. 여느 사람들과 마찬가지로 괴로움과 갈등, 고난을 겪은 평범한 인간쯤으로 보는 셈이다. 거기서 한 걸음 더 나아가서, 예수님을 좋아하는 이들이 있다. 주님은 사랑이 넘치고 친절하셨으며 가난하고 부족한 이들의 입장에 서셨다. 보잘것없고 연약하며 압박받는 이들의 친구가 되셨다. 멸시와 거절을 당하는 이들과 더불어 사셨다. 원수를 사랑하시고 누구나 그래야 한다고 가르치셨다.[7]

하지만 성경에는 예수님의 놀라우리만치 겸손한 성품만이 아니라 대단히 자기중심적인 말씀들도 곳곳에 포진해 있다. 그러한 모습을 확인하는 데는 긴 시간이 필요 없다. 예수님의 삶과 관련한 기록 가운데 몇 장만 읽고도 주님이 스스로에 관해 많은 이야기를 하셨다는 결론을 내기 시작할 것이다. 예수님은 "나는 이것이다, 나는 저것이다"라고 여러 차례 말씀하셨다. "나를 따라 오너라, 내게 오라"면서 만나는 이마다 주위로 불러 모으셨다. 존 스토트의 설명을 들어 보자.

> 백성들을 가르치시며 예수님이 보여 주신 모습 가운데 가장 도드라짐에도 불구하고 제대로 드러나지 않아서 복음서를 읽어도 독자들이 제대로 눈치채지 못하는 것이 있다. 바로 자신을 뭇사람들과 구별하셨다는 점이다. 예를 들어, 스스로 잃어버린 양 한 마리를 찾아 광야를 두루 돌아다니는 선한 목자에 빗대시면서, 세상에 속한 이들은 길에서 벗어

났고 당신은 정도(正道)를 알고 있으므로 찾아서 구원할 수 있음을 암시하셨다.

다시 말해, 예수님은 주님만이 독존하는 도덕적인 범주에 자신을 두셨다. 나머지는 하나같이 어둠에 갇혀 있으며 오로지 그분만이 세상을 비추는 빛이 되신다. 다들 주리는 상황에서 생명의 양식이 되셨다. 모두가 목마를 때 갈증을 채워 주실 수 있었다. 너나없이 죄에 물들었지만 그분은 그 죄를 용서하실 수 있었다. 두 차례 별개의 현장에서 주님이 그런 모습을 보이자 지켜보던 이들은 한결같이 분통을 터뜨렸다. 구경꾼들은 입을 모아 물었다. "이 사람이 어찌 이렇게 말하는가. 신성모독이로다. 오직 하나님 한 분 외에는 누가 능히 죄를 사하겠느냐"(막 2:5-7, 눅 7:48-49).

회개하는 이들을 용서할 권세를 가졌노라고 주장하시면서 예수님은 사실상 뉘우치지 않는 이들을 심판할 권한 또한 가지셨음을 천명하신 셈이다. 주님이 들려주신 몇몇 비유들은 인류 역사가 끝나는 마지막 날 다시 오실 것임을 넌지시 예고한다. 그날, 주님은 영광스러운 보좌에 앉아 있으리라고 말씀하신다. 온 민족이 죄다 그 앞에 설 테고, 예수님은 양과 염소를 갈라놓는 목자처럼 거룩한 백성들을 골라내실 것이다. 간단히 말하자면, 한 사람 한 사람의 영원한 운명을 결정지으신다. 그러므로 심판 날, 주님은 스스로 중심인물이 되실 수밖에 없다.[8]

남들은 몰라도 예수님만큼은 스스로 유일무이한 존재임을 분명히 아셨다. 요한복음 14장 6절에서, 주님은 언뜻 과장스러워 보이는 선언을 하신다. "내가 곧 길이요 진리요 생명이니 나로 말미암지 않고는 아버지께로 올 자가 없느니라."

이 얼마나 대단한 말씀인가! 하나님이 어떤 분이시고 인간은 누구인지 선포하는 걸로는 복음의 강도가 너무 약하다는 듯, 창조주와 인간을 화해시킬 존재는 오로지 자신뿐이라고 확언하신 것이다. 그 어떤 지도자를 동원해도 소용없다. 어느 길로 가도 충분치 않다. 하나님을 제대로 알고 싶으면 반드시 예수님을 통해야 한다.

어떻게 그럴 수가 있는가? 2천 년 전에 살았던 이 사나이는 어떻게 제정신으로 이런 소리를 할 수 있었던 것일까? 그리고 그로부터 2천 년이 지난 오늘을 사는 현대인들은 어떻게 제정신으로 그런 얘기를 믿을 수 있는 것일까?

지금껏 살펴본 말씀이 죄다 참일 때만 가능한 일이다.

하나님은 온전히 거룩하시고, 지극히 선하시며, 한 점 빈틈없이 공의로우신 동시에 사랑이 넘치시는 분이시라는 걸 성경에서 보았다. 우리는 저마다 그분의 손으로 지음을 받았지만 하나같이 죄로 더럽혀지고 말았다는 사실도 알았다. 언젠가는 반드시 주님께 돌아가 죄인의 몸으로 그 앞에 설 것이다. 이 두 가지 현실은 도무지 해결될 수 없는 난제를 낳는다. 더없이 거룩하신 하나님은 거룩한 뜻을 거슬러 죄를 저지르고 마땅히 심판받아야 할 죄인들과 어떻게 화해하실 수 있는가?

잠언 17장 15절은 "악인을 의롭다 하고 의인을 악하다 하는 이 두 사람은 다 여호와께 미움을 받느니라"고 못 박아 말한다. 죄인더러 '깨끗하다'고 하거나 '무고한' 이를 죄인 취급하는 걸 끔찍이 혐오하신다는 말이다. 하나님은 의로운 재판장이시기 때문이다. 저마다의 실체를 들여다보고 죄와 결백을 가르신다.

자, 이제 한없이 의로운 재판장과 마주한다고 생각해 보자. 주님은 우리에게 무어라 말씀하시겠는가? "유죄!"라고 하시지 않겠는가? "무죄!"라고 말씀하신다면 스스로 가증스럽게 여기는 일을 하시는 셈이다. 이쯤 되면 성경말씀의 이면에 깔린 팽팽한 긴장 관계가 눈에 들어오기 시작한다. 그렇다면 하나님은 어떻게 세상 모든 죄인들에게 유죄판결을 내리지 않으면서 완전한 공의를 표현하실 수 있는가?

"간단하죠. 하나님은 사랑이라면서요? 그냥 죄를 다 용서해 주시면 되잖아요"라고 대답하는 이들이 적지 않다. 하지만 그 말을 입 밖에 내기 전에, 죄인들을 무차별적으로 용서하는 행위는 그분의 완벽한 성품에 잠재적인 위협이 된다는 점을 알아야 한다. 죄를 그저 모른 척하고 넘어가신다면 하나님은 거룩하지도, 공의롭지도 않은 분이 된다. 죄를 저지른 게 명명백백한데도 죄인에게 무죄를 선고하는 재판관이 있다면 당장 그 자리에서 몰아내야 할 것이다. 어째서 그런가? 정의롭지 않기 때문이다. 존 스토트는 하나님의 공의와 속속들이 죄에 물든 인간 본성을 정확하게 파악했다면 "더 이상 하나님이 죄를 가볍게 용서해 주시지 않는 까닭을 물을 게 아니라 어떻게 그걸 가능하게 하셨는지를 물어야 한다"9고 지적한다.

이런 긴장은 자연스럽게 궁금증을 불러일으킨다. "공의로운 성품대로라면 유죄판결을 내려 마땅한데 어떻게 하나님은 인류를 사랑하실 수 있지?" 이것이 우주가 가진 본질적인 문제다. 하지만 누구나 그걸 의식하며 사는 것 같지는 않다. 오늘날 문화 속에 사는 이들 가운데, 하나님이 어떤 식으로 죄인들을 향해 공의와 사랑을 동시에 실현하시는지 밤새워 고민하는 사람이 많은 것 같지는 않다. 오히려 주님을 탓하는 쪽이 훨씬 많다. "어떻게 죄인들을 벌하실 수 있죠? 착하게 사는 이들을 지옥에 보내실 수 있는 거죠?" 하지만 성경은 백팔십도 다른 질문을 던진다. "하나님, 어떻게 그토록 의로우시면서 죄인들을 하늘나라에 보내실 수가 있죠?"

답은 예수 그리스도뿐이다.

예수님의 삶은 독특함, 그 자체다. 주님은 육신을 입으신 하나님이시다. 온전한 인간인 동시에 완전한 하나님이란 뜻이다. 온전한 인간이시기에 인류를 대신해 홀로 죄를 담당하실 수 있고, 완벽한 하나님이시기에 거룩한 공의를 만족시키실 수 있다.

바로 그 점이 예수님의 죽음을 독특하고 특별하게 만든다. 그러기에 십자가 사건은 복음의 정점일 수밖에 없다. 생각할수록 이상한 노릇이다. 어떤 종교의 지도자들이든 죽음은 스토리의 비극적인 종결을 의미한다. 어떤 종교든 지도자의 삶에 초점을 맞추게 마련이다. 그런데 예수님의 경우는 정반대다. 틈 날 때마다 죽음을 예고하셨고 삶에 대한 강조는 터무니없을 만큼 빈약했다. 2천 년 전에 죽음을 맞으신 뒤로 십자가는 기독교의 으뜸가는 심벌로 자리 잡았으며 예수님의 살과 피를 기념하는 빵과 포도주가 교회에서 치르는 성례전의 중심이 되었다.[10] 주님이 십자가에서 맞으신 죽음이 그토록 중요한 이유는 무엇인가?

십자가는 예수님, 곧 몸을 입으신 하나님이 죄인들을 대신해 스스로 그 벌을 받으신 곳이기 때문이다. 그리스도의 십자가에서 하나님은 죄에 대한 거룩한 심판을 충분히 표현하셨다. 동시에 그리스도를 통해 죄를 향한 심판을 온전히 견뎌 내셨다. 예수님을 통해 죗값을 치르심으로써 어떤 죄인이든 구원받을 길을 열어 놓으신 것이다. 성부 하나님은 주님을 죽음에서 다시 일으키심으로써 그 모두가 사실임을 분명하게 확증하셨다. 이만큼 놀라운 소식이 온 세상에 전파된 적이 또 있을까? 이를 '좋은 소식'을 의미하는 '복음'이라고 부르는 건 백번 타당한 일이다. 거룩하고 정의로우시며 은혜로우신 우주의 창조주는 세상 어디에 사는 누구라도 그리스도를 통해 그분과 화해할 수 있는 방편을 마련해 주셨다.

여기서 다시 한 번 복음의 공격성과 마주치게 마련이다. 다들 잠시도 지체 않고 묻는다. "하나님께 가는 길은 정말 외길입니까?" 하지만 물음 자체에 이미 문제가 도사린다. 1,000개의 길이 있다손 치더라도 1,001번째 길을 찾으려 드는 게 인간의 속성이다. 하나님께 이르는 길이 얼마나 많으냐가 아니라 하나님 앞에서 드러내는 자주성이 문제의 핵심이다. 인간은 스스로 제 길을 만들고 싶어 한다. 하나님의 길보다 제 길을 더 믿고 의지하는 마음가짐이야말로 단연 으뜸으로 쳐야 할 죄의 본질이다. 자신에 집중해서 제 방식을 그 무엇보다 앞세우면 영원한 죽음을 면할 길이 없다. 스스로에게서 눈을 돌려 하나님의 방법을 첫손에 꼽아야 비로소 구원을 얻을 수 있다.

복음은 가장 반문화적인 것이다

여기까지 살펴본 복음의 내용은 처음부터 끝까지 대중의 마음에 들 만한 구석이 없다. 하나님이 스스로 인간이 되셨다는 개념만 해도 몹시 기이하게 여기는 이들이 부지기수다. 10억이 넘는 무슬림들은 참 신이라면 절대로 자신을 낮춰 사람이 되지 않으리라고 본다. 굳이 이슬람

교도가 아니더라도 인간이면서 동시에 신성을 갖는다는 얘기를 가당치 않게 여기는 이들은 최소한 수천만을 헤아릴 것이다.

복음의 공격성은 거기에 그치지 않는다. 하나님이 친히 인간이 되셨을 뿐만 아니라 십자가에 못 박히기까지 하셨다고 주장한다. 현대인들의 눈에는 어리석게만 보이는 일이다. 번듯한 직장에 다니며 큰 집에 살고 근사한 차림으로 멋진 자동차를 타고 다니는 성공한 남성과 자유분방한 사고방식으로 독립적인 삶을 추구하는 여성이 있다고 치자. 그들을 쓰레기 처리장이나 다름없는 곳으로 데려가서 벌거벗은 채 피투성이가 되어 나무에 매달린 인물을 보여 주며 "저분이 댁들의 하나님입니다"라는 이야기를 한다고 상상해 보라. 십중팔구, 비웃음을 살 것이다. 못 박힌 남자를 보며 안됐다고 혀를 차는 이가 드물게 있을지 모르겠지만 대부분 제 삶으로 되돌아가리라는 점만큼은 분명하다.

하지만 이게 전부가 아니다. 나무에 달린 이를 하나님으로, 그러니까 주님이자 심판자이며 구세주인 동시에 모든 피조물의 왕으로 믿느냐에 따라 영원한 운명이 갈린다고 설명하는 순간, 복음의 공격성은 정점을 찍는다. "주님을 따르면 영원한 삶을 누리지만 그렇지 않으면 끝없는 지옥을 겪을 겁니다"라는 말이 떨어지는 순간, 현대 문화(그리고 오늘날의 교회)를 통틀어 가장 치열한 논쟁을 촉발하는 뇌관을 건드렸음을 깨달을 것이다.

복음은 예수님께 어떻게 반응하느냐에 영원한 삶이 달렸다고 단언한다. 성경은 그리스도를 믿고 받아들이는 이들에게는 천국이 영광스러운 실재가 된다고 가르친다. 하늘나라는 죄와 고난, 고통과 근심이 마침내 그치고, 그리스도를 의지하는 이들이 하나님과는 물론 서로와도 한

치의 어긋남이 없는 삶을 영원히 사는, 온전한 조화와 완전한 회복이 이뤄지는 공간이다.

반면에, 예수님께 등을 돌린 이들에게 지옥은 두려운 실재가 된다고 지적한다. 주님은 그와 관련한 말씀을 수없이 설파하셨다. 팀 켈러는 말한다. "예수님은 사랑의 주님이자 은혜의 원천이시지만 지옥 이야기를 훨씬 더 자주, 그것도 간담이 서늘하도록 더 생생하게 들려주셨다. 진실하지만 참혹한 내용이었음에 틀림없다."[11] 그리고 그 골간은 여태까지 살펴본 이야기와 직결된 것들이다.

하나님을 외면하고 제 뜻만을 좇는 이들이 죽는 날까지 돌이키지 않으면, 하나님은 죄에 빠져 오만한 선택을 한 것에 대해 징벌을 내리시는데 그게 지옥이다. 지상에서 주님을 거역한 이들은 스스로 내린 결정에 값을 치를 것이다. 얼마나 악하냐를 떠나서, 이제 지옥의 무시무시한 실상을 알면 누구라도 그 길을 택하지 않을 것이다. 성경은 지옥을 불과 유황의 연기가 영원히 올라오는 구덩이에서 울며 이를 가는 곳으로 묘사한다(마 8:12, 계 14:11 참조). 일부러 그런 처지가 되려는 이들은 어디에도 없다. 하지만 지상에서 의도적으로 하나님을 거역한 죄인들의 최종 목적지는 사실상 영원한 저주일 수밖에 없다.

이런 복음의 진리를 잘 조합해 보면, 기독교 신앙을 통틀어 가장 공격적이고 반문화적인 주장은 동성애나 임신중절, 결혼, 또는 신앙의 자유에 얽힌 신념이 아님을 알 수 있다. 기독교가 내세우는 공격적인 외침을 묻는다면, 단연 하나님은 온 인류와 우주의 창조주시고 주인이며 심판자라는 부르짖음을 꼽아야 한다. 우리 한 사람 한 사람은 악에 물든 죄인으로 주님 앞에 서야 한다. 하나님과 화해하는 유일한 방법은 십자가에 못 박힌 구세주이자 부활하신 임금이신 예수님을 믿는 길뿐이다. 그리스도의 사랑에 기대는 이들은 영원한 생명을 맛보겠지만 그분을 주인으로 모시길 거부하는 이들은 영원한 죽음의 고통을 겪을 것이다.

근본적 질문, 복음을 믿는가?

그러므로 이제 이 장을 시작할 때 던졌던 기초적인 질문으로 돌아가야 한다. 복음을 믿는가?

이 글을 읽는 독자들은 대략 세 부류로 나눠지리라고 본다. 첫 번째는 복음을 믿지 않는 독자들이다. 스스로 크리스천이라고 고백하지는 않지만 이런저런 이유로 이 책을 집어 들었을 것이다. 고맙고 반가운 일이다. 부디 이 시대의 문화와 세계를 지배하는 더없이 긴박한 사회적 이슈들을 바라보는 데 유용한 시각을 얻기를 바란다. 앞으로 신앙의 자유를 다루는 부분에서 더 자세히 밝히겠지만, 개인적으로는 다양한 종교들을 마음 깊이 존중한다. 사회와 문화 속에서 함께 어울리며 진실한 우정과 소중한 동반자 정신을 기반으로 서로 협력하는 여러 건전한 길들이 있으리라 믿는다. 하지만 그와 동시에 이 책을 읽는 과정에서 하나님이 그리스도를 통해 보여 주신 신비롭고 상상을 초월하며 인격적인 사랑을 깨닫기를 기도한다는 게 솔직한 내 마음이다. 하나님이 그리스도를 통해 주권적으로 끌어당기시는 바람에 여러분이 저도 모르게 이 책을 읽게 되었기를 간절히 바란다.

두 번째 범주도 복음을 믿지 않는다는 점에서는 첫 번째와 매한가지다. 하지만 제 입으로 크리스천이라고 고백한다는 점이 다를 뿐이다. 크리스천이라는 말 앞에 '진보적인', '열린 마음을 가진', '교회에 출석하는' 따위의 한정사를 붙여서 부를 수도 있다. 외람된 얘기지만(달리 완곡하게 표현할 방도를 찾지 못해서 안타깝지만), 복음을 믿기 전까지는 제발 크리스천이라는 소리를 하지 말았으면 좋겠다.

우리 중에는 하나님이 우주의 창조주시고 성경의 저자라는 사실을 신뢰하지 않는 '크리스천들'이 있다. '크리스천들' 가운데는 하나님 앞에서 죄는 그다지 큰 문제가 아니라고 보는 이들이 있다. 예수님은 하나님께 이르는 여러 길 가운데 하나일 따름이라고 믿는 '크리스천들'도 허다하다. 천국에 관한 말씀은 넙죽 받아들이면서 주님이 지옥과 관련해서 주신 가르침은 통째로 거부하는 '크리스천들'이 이루 헤아리기 어려울 정도로 많다. 크리스천이라는 단어에 홑 따옴표를 붙인 건 그런 '크리스천'은 크리스천이 아니라는 말을 하고 싶어서다. 예수님의 말씀을 부정하거나 무시하거나 가감하거나 믿지 않으면서 그리스도를 따르는 길은 어디에도 없다.

여기에 해당하는 독자라면, 나로서는 첫 번째 범주에 속하는 이들에게 품었던 그 마음을 똑같이 가질 수밖에 없다. 하나님이 그리스도를 통해 보여 주신 신비롭고 상상을 초월하며 인격적인 사랑을 깨닫기를 진심으로 소망한다. 제아무리 공격적인 성향이 도드라지더라도 복음을 믿으면 좋겠다. 저 좋은 대로가 아니라 있는 그대로 그리스도를 따르면 좋겠다. 그때까지는 부디 그리스도를 믿지도 않으면서 그분 안에 있다는(크리스천이라는) 식의 말로 주님의 거룩한 이름을 모독하지 말았으면 한다.

세 번째 범주는 복음을 정말 믿는 이들이다. 이 책을 읽는 독자들 가운데 상당수도 여기에 포함되리라 믿는다. 그들이 이 책이 겨냥하는 주요 청중이다. 앞으로 빈곤, 성노예, 낙태, 성적인 타락에서부터 결혼제도의 붕괴, 인권에 대한 부정에 이르기까지 현대 문화의 사회적인 이슈들에 복음을 들이대 보려고 한다. 한 점 이지러지지 않은 복음 이해가 가난한 이들을 살뜰히 돌보고, 낙태에 단호하게 반대하며, 성노예 산업을 철저하게 몰아내며, 결혼 제도를 완강하게 지키는 일과 직결되어 있음을 선명하게 보여 주는 게 필자로서 갖는 목표이자 소망이다. 결국, 복음이 어떻게 크리스천들을 움직여 확신과 긍휼, 용기를 품고 현대 문화에 내재된 이 모든 이슈에 대처하게 하는지 따라가 보자는 말이다.

미움받을 용기를 가지라

이런 문제들을 이야기하는 가운데 크리스천들에게 용기를 내라고 요구할 생각이다. 오늘날 크리스천들은 윤리의 지평이 급격하게 변하는 서구 문화의 독특한 시점을 살고 있다. 따라서 떨치고 일어나 거룩한 진리를 부르짖어야 할 순간이 수두룩하다. 골든타임을 흘려보내지 않기를 바란다. 엘리자베스 런들 찰스(Elizabeth Rundle Charles)는 당대의 핵심적인 이슈들에 관해 서슴없이 입바른 소리를 했던 마르틴 루터 사례를 소개하며 이렇게 말한다.

어느 시대든 지조를 시험하는 공격들이 있었다. … 하나님의 진리들을 하나하나 목청껏 외치고 더없이 분명하게 풀이한다 하더라도 세상과 마귀가 집중포화를 퍼붓고 있는 이슈만 쏙 빼놓는다면, 그건 그리스도를 고백하는 게 아닌데도 뻔뻔스럽게 기독교 신앙을 설파하고 있노라고 착각할 수 있다. 적과 충돌하는 바로 그 자리가 병사의 충성심이 여지없이 드러나는 지점이다. 최전방을 제외하고 나머지 전선에서만 한결같은 행태는 일종의 도피며, 적의 공세 앞에 움찔하는 건 수치스러운 꼴이 아닐 수 없다."[12]

사실, 오늘날 우리 문화의 전역에 걸쳐 수많은 사회 이슈를 둘러싼 전투가 벌어지고 있다. 수십 년 전, 프랜시스 쉐퍼가 말한 그대로다.

성경을 믿는 복음적인 크리스천들은 꼼짝없이 전투를 벌이고 있다. 신사들끼리 주고받는 점잖은 논전이 아니다. 악을 대변하는 영적인 숙주들과 그리스도의 이름을 내세우는 무리들이 생사를 걸고 벌이는 싸움이다. … 하지만 정말 삶과 죽음이 오가는 전쟁을 치르고 있다고 믿는가? 전투에서 감당한 몫이 영원히 지옥에서 헤매느냐 여부를 가름하는 데 영향을 미친다고 진심으로 믿는가? 윤리적인 왜곡과 추락이 지배하는 환경에서 살게 되느냐 마느냐를 결정하는 요인으로 작용한다고 진정 믿는가? 참으로 그러하다고 믿고 움직이는 이들은 서글프게도 복음주의 진영을 통틀어 극소수에 지나지 않는다. … 현대사회를 지배하는 결정적인 이슈들에 대해 성경적으로 명쾌한 답변을 내놓는 크리스천의 목소리는 도대체 어디에 있는가? 그런 소리는 좀처럼 들을 수 없으며 복음주의 진영의 상당 부분은 시대정신을 반영하는 세상의 영에 미혹되었음을 눈물을 머금고 인정할 수밖에 없다. 그런데 그보다 심각한 사실은 삶의 전 영역에 걸쳐 성경의 진리와 윤리를 확고하게 지키지 않는다면 장차 한층 끔찍한 재앙이 찾아올 수 있다는 점이다.[13]

이게 우리 세대의 실상이 아니면 좋겠다. 침묵하는 죄를 저지르지 않길 빈다. 입 다물고 외면하는 것도 의사 표현의 일종임을 알아야 한다. 한마디로, 복음을 굳게 잡을 뿐만 아니라 그 복음을 가지고 이 시대를 주름잡는 가장 뜨거운 쟁점들에 대해 정확하게 제 목소리를 내길 바란다.

확신과 더불어 긍휼히 여기는 마음을 품는 것 또한 중요하다. 마태복음 기자는 기록했다. "[예수께서] 무리를 보시고 불쌍히 여기시니 이는 그들이 목자 없는 양과 같이 고생하며 기진함이라"(마 9:36). 하나님이 이 글을 읽는 이들에게 은혜를 베푸셔서 그분의 눈으로 세상을 보도록 이끄시기를 기도한다. 주님의 눈으로 가난한 이들을, 주리는 이들을, 소외된 이들을 바라볼 줄 알게 되기를 소망한다. 창조주의 시선으로 정치 경제적으로 억눌린 이들, 인종적인 탄압을 받는 이들을 보게 되기를 바란다. 산모들이 자신을 돌보아 주시는 하나님의 손길로 배 속의 아기를 보살피게 되기를 기원한다. 하나님의 사랑으로 고아와 과부, 이성애자와 동성애자, 이민자와 부도덕하게 사는 이들을 사랑하게 되기를 소원한다.

이런 사랑을 가지고 실천에 나서면 좋겠다. 예수님은 말씀하신다. "네 이웃을 네 자신 같이 사랑하라"(마 22:39). 사도 요한은 이렇게 적었다. "우리가 말과 혀로만 사랑하지 말고 행함과 진실함으로 하자"(요일 3:18). 개인과 가정, 교회의 대소사에서 성경적이고 신학적이며 윤리적인 원리를 떼어 내는 짓만큼은 꼭 피하고 싶다. 이 책을 쓴 의도는 복음과 사회 문제에 대한 정보를 제공하는 게 아니라 복음을 사회의 이슈에 적용하는 데 있다. 신앙적인 관심사에만 몰두하는 독선적인 만족에 빠지지 않고 하나님이 어떤 인물이 되라 하시든, 어디로 가라 명령하시든, 무엇을 베풀도록 몰아가시든, 누구를 섬기도록 이끄시든 거기에 따르는 자기희생적인 헌신을 염두에 두고 이 모든 이슈들을 탐색하기를 바랄 따름이다.

하나님이 가라고 명하시는 길은 제각기 다르게 마련이다. 모두가 모든 이슈들에 관심을 가질 수는 없다. 성 착취 인신매매와 싸우면서, 남편을 잃고 홀로 된 여성들을 위한 사역을 시작하는 동시에 미혼모와 상담하고, 세계 곳곳을 돌아다니면서 핍박받는 교회를 지원하는 따위의 사업을 벌일 수 있는 이는 아무도 없다. 누가 됐든, 이런 일들을 한꺼번에 해내려 하면 안 된다. 창조주께서는 주권적으로 저마다 독특한 역할과 일정한 공간을 맡기시고, 고유한 특권과 기회를 부여하셔서, 주위 문화에 영향을 미치게 하시기 때문이다. 성경이 가르치는 진리의 렌즈를 통해 문화의 이슈를 하나하나 바라보고 틈 날 때마다 그 가르침을 자신 있게 이야기하는 게 우리의 몫이다. 그러고는 한결같은 믿음에 토대를 두고 크리스천 각자, 또는 교회 안에서 공동으로 그리스도의 영이 어떻게 인도하셔서 우리 문화 속에서 긍휼한 마음을 행동으로 옮기게 하시는지 구해야 한다.

여기에 도움이 되도록 각 장마다 말미에 그동안 다룬 주제들을 두고 기도할 실질적인 제목들과, 복음에 기대어 문화에 뛰어들 수 있는 몇 가지 방법들, 그리고 각 이슈들과 관련해 선포해야 할 성경의 진리들을 결론 삼아 수록해 놓았다. 웹사이트(CounterCultureBook.com)에 직접 접속하면 어떤 단계를 밟을 수 있는지 더 구체적으로 살펴볼 수 있다. 이 모든 제안들을 심사숙고하면서 하나님이 무얼 하도록 이끄시는지 겸손하게 담대하게 진지하게 그리고 기도하며 생각해 보라. 하나님 말씀을 깊이 묵상하는 데 그치지 말고 가르치는 대로 세상에 나가 행동해 보지 않겠는가!

> 너희는 말씀을 행하는 자가 되고 듣기만 하여 자신을 속이는 자가 되지 말라. 누구든지 말씀을 듣고 행하지 아니하면 그는 거울로 자기의 생긴 얼굴을 보는 사람과 같아서 제 자신을 보고 가서 그 모습이 어떠했는지를 곧 잊어버리거니와 자유롭게 하는 온전한 율법을 들여다보고 있는 자는 듣고 잊어버리는 자가 아니요 실천하는 자니 이 사람은 그 행하는 일에 복을 받으리라(약 1:22-25).

긍휼히 여기는 마음과 믿음으로 행동에 들어가자면 분명, 용기가 필요하다. 워낙 변화무쌍한 시대인지라 한 점 요동치 않는 진리 위에 선다는 게 갈수록 반문화적인 일이 되어 가고 있다. 현대 문화 속에서 성경적인 신념을 품고 살기 위해 치러야 하는 값은 하루하루 가파르게 높아지고 그리스도의 고난을 나눈다는 개념조차 아스라이 사라지고 있다. 오늘의 '크리스천'들이 복음에서 점점 멀어지는 이유가 여기에 있음은 두말할 필요가 없다. 두려움의 세력이 맹위를 떨친다. 우리 시대의 '교회'들은 주위를 에워싼 문화에 맞서는 대신 갈수록 적응하고 순응하는 길을 걷고 있다. 그런 점에서 쉐퍼의 지적은 백번 타당하다.

오늘날 우리를 둘러싼 세계정신의 시대적 유형에 끊임없이 순응하는 정신, 그리고 복음주의 속에 상당 부분 자리 잡은 연계된 포인트마다

반사적으로 순응하는 사고방식에 대응해 사랑으로, 그러나 진실하게 맞설 젊은 세대와 뜻있는 다른 이들이 필요하다.[14]

크리스천들이 이 도전에 귀를 기울이면 좋겠다. 이는 궁극적으로 쉐퍼의 개인적인 주장이라기보다 그리스도에게서 비롯한 외침이기 때문이다.

> 몸은 죽여도 영혼은 능히 죽이지 못하는 자들을 두려워하지 말고 오직 몸과 영혼을 능히 지옥에 멸하실 수 있는 이를 두려워하라. … 누구든지 사람 앞에서 나를 시인하면 나도 하늘에 계신 내 아버지 앞에서 그를 시인할 것이요 누구든지 사람 앞에서 나를 부인하면 나도 하늘에 계신 내 아버지 앞에서 그를 부인하리라. … 자기 목숨을 얻는 자는 잃을 것이요 나를 위하여 자기 목숨을 잃는 자는 얻으리라(마 10:28, 32-33, 39).

그리스도의 복음은 두려움에 굴복해 문화적으로 타협하라고 가르치지 않는다. 오히려 반문화의 십자가를 지라는 부르심이다. 영원한 상급을 바라보고 자신을 죽여 가며 세상의 조류를 거스르라는 뜻이다.

크리스천들이 복음을 믿고 그 믿음에 기대서 문화에 개입하기를 기대한다. 책을 읽어 나가는 사이에 부디 하나님이 눈을 열어서 우리 문화와 주변 세계 속에서 살아가는 이들의 필요를 확인하고, 눈물로 그들을 위해 기도하며, 확신과 긍휼과 용기를 품고 일어나 하나님의 진리를 겸손하게 전파하는 동시에, 죄와 고통, 부도덕과 불의가 마침내 사라지는 날을 소망 가운데 바라보며 자신을 비워 하나님의 사랑을 보여 주는 여정에 나서게 되길 기도한다.

Part 2

내가 선 땅의 고통에
복음으로 답하라

2.
복음과 가난

"조금만 더 벌면 좋겠다"

물질주의 문화에
자족과 나눔의 반기를 들라

눈 덮인 아시아의 어느 산간 마을에서 인간의 형상을 입은 가난의 실체를 보았다.

동네에 들어서자, 웬 남자가 집에서 걸어 나오는 게 보였다. 다 해어져 너덜거리는 베이지색 셔츠와 여기저기 구멍투성이어서 제구실을 하지 못할 게 뻔한 갈색 재킷을 입고 있었다. 새카만 머리칼, 오래 깎지 않은 회색 수염, 구릿빛 거친 피부…. 적어도 몇 주 정도는 물기가 닿아본 적이 없어 보였다. 이름이 샤미르(Sameer)라고 했다.

그래도 그 남자를 보았을 때 가장 먼저 눈에 들어온 건 그런 모습이 아니라 바로 눈이었다. 오른쪽 눈알이 있어야 할 자리가 비어 있었다. 얼마 전, 샤미르의 한쪽 눈이 병균에 감염되었다. 병원 문턱조차 밟아 보지 못한 탓에 상태는 갈수록 심각해졌고, 결국 안구가 빠져나오기에 이르렀다. 지금은 얼굴 오른편에 뻥 뚫린 자리만 남았다. 하지만 감염 부위는 더 넓어져 이제 오른뺨마저 움푹 파이기 시작했다. 청각도 사라져 갔다. 무슨 병에 걸려 이 지경이 됐는지는 알 수 없지만, 조만간 사내의 머리를, 그리고 마침내는 인생 전체를 끝장내리라는 점만큼은 분명해 보였다.

능력의 한계를 뼈저리게 실감했다. 우리 힘으로는 샤미르의 몸을 어찌해 줄 수가 없었다. 함께 트레킹에 나섰던 동료들은 가까운 마을에 병원을 짓기 위해 힘을 모으고 있었지만, 당장 근처에서 의료진의 도움을 받을 길은 전혀 없었다.

대화를 나누던 끝에 주님이 앞 못 보는 이를 고쳐 주셨던 이야기를 들려주었다. 샤미르는 예수라는 이름을 한 번도 들어 본 적이 없노라고 했다. 그래서 예수님이 어떤 분이시며 어떻게 병자를 낫게 해서 죽음을 이길 권세를 보이셨는지 설명해 주었다. 스스로 십자가에 달려 돌아가셔서 하나님께 거역한 인간의 죗값을 치르셨다고 했다. 예수님이 부활하셨으므로 주님을 믿기만 하면 언젠가는 죄와 고난, 질병과 죽음이 없는 땅에서 그분과 더불어 지내게 되리라는 소망을 가질 수 있다는 사실도 소개했다. 샤미르는 말없이 웃기만 했다. 그 집에 오래 머물 수는 없었다. 지금으로서는 샤미르가 그 뒤로 얼마나 오래 살았는지 알지 못한다. 아는 게 있다면, 하나님이 그날 한 눈을 잃은 사내를 써서 내 시각을 완전히 바꿔 놓으셨다는 점뿐이다.

처절한 가난은 간단한 질병을 거의 '죽을 병'으로 바꿔 놓을 수 있다는 사실을 샤미르를 보면서 깨달았기 때문이다. 사내가 사는 마을을 지나 여러 동네들을 지나면서 비슷한 이들의 비슷한 사연을 숱하게 들었다. 충분히 막을 수 있었던 질병으로 죽었거나 죽어 가는 남자와 여자, 아이들의 이야기가 끝도 없이 이어졌다. 우리가 지났던 한 마을에서는 최근에 콜레라가 유행했다고 했다. 마실 물이 깨끗지 않고 위생 상태가 불량해 일어난 단순한 감염 질환으로 고작 몇 주 만에 60명에 이르는 이들이 목숨을 잃었다. 간단히 말하자면, 공동체 구성원 대다수가 설사로 죽음을 맞았던 것이다. 여는 글에서 설명한 것처럼, 이런 산간 마을의 경우에는 신생아 가운데 절반 정도만 살아서 여덟 살 생일을 맞을 수 있다.

샤미르의 마을을 지나던 날 아침, 예수님이 하나님의 명령을 압축해 백성들에게 들려주셨던 누가복음 10장 말씀을 읽었다. "네 마음을 다하며 목숨을 다하며 힘을 다하며 뜻을 다하여 주 너의 하나님을 사랑하고"(눅 10:27). 그런데 갑자기 그 뒤에 붙은 마지막 대목이 그림처럼 생생하게 눈앞에 확 다가왔다. "또한 네 이웃을 네 자신 같이 사랑하라."

'내 몸 같이' 사랑하라고?

문득, 이 비슷한 마을에 살고 있다면 어떤 마음이 들까 하는 생각이 떠올랐다. 어떤 도움이 가장 간절할까? 샤미르였더라면 어떨까? 누군가 관심을 가져주면 좋겠다 싶지 않을까? 우리 아이들이나 교회학교 어린이들이 얼마든지 막을 수 있는 질병으로 죽어 간다면 어떤 심정일까? 달리 손써 볼 도리가 없다면서 그처럼 긴박한 상황을 외면해 버릴까?

이른바 선진국의 적지 않은 교회들이 그렇게 하고 만다. 극심한 가난에 시달리는 이들이 주변 세계에 널렸지만 문을 닫고 눈을 감은 채 손을 놓고 있다. 안락하게 해 주는 온갖 것들로 집과 교회를 가득 채우고 있지만 다른 이들의 절박한 가난에 대해서는 앞을 보지 못하거나 듣지 못하는 시늉으로 일관한다. 세상을 보는 방식에 커다란 구멍이 뚫린 셈이다. 그러므로 이제 새로운 시각이 필요하다. 눈을 열어 복음이 어떻게 살아가라고 요구하는지 정확하게 보아야 한다.

스스로 얼마나 부요한지 돌아보라

스스로 얼마나 부유한지 돌아보는 데서부터 이야기를 시작하는 게 좋겠다. 크리스천은 무엇보다도, 그리고 두말할 것 없이 영적으로 부요하다. 죄에서 돌이키고 그리스도를 믿는 이들은 새로운 삶을 살게 되었기 때문이다. 에베소서 2장 말씀을 떠올려 보라.

> 긍휼이 풍성하신 하나님이 우리를 사랑하신 그 큰 사랑을 인하여 허물로 죽은 우리를 그리스도와 함께 살리셨고 (너희는 은혜로 구원을 받은 것이라) 또 함께 일으키사 그리스도 예수 안에서 함께 하늘에 앉히시니 이는 그리스도 예수 안에서 우리에게 자비하심으로써 그 은혜의 지극히 풍성함을 오는 여러 세대에 나타내려 하심이라(엡 2:4-7).

얼마나 놀라운 말씀인가! 이 모두가 "부요하나, 여러분을 위해서 가난하게 되셨습니다. 그것은 그의 가난으로 여러분을 부요하게" 하신 "우리 주 예수 그리스도의 은혜"(고후 8:9, 새번역) 덕분이다. 하나님은 죄에서 건져 주시고 그분과 더불어 사는 새로운 삶을 선물로 주셨다. 그러므로 크리스천이 가진 가장 진귀한 보화는 단연 복음 그 자체일 것이다.

하지만 이 책을 읽는 독자들은 대부분 물질적으로도 부유한 처지다. 다만 스스로 넉넉하다는 사실을 늘 체감하지 못할 따름이다. '부유한'이라는 말을 들을 때마다 곧장 가진 게 훨씬 더 많은 이들을 떠올리는 판이니 웬만해선 풍요롭다고 느낄 턱이 없다. 그런데 맑은 물을 마실 수 있고, 주림과 추위를 면할 만큼 먹고 입으며, 지붕 아래 잠들고, 어렵잖게 병원에 갈 수 있으며, 탈것이 있고(대중교통이라도), 책을 읽을 능력이 있으면 세계 수십 억 인구와 비교할 수 없을 만큼 부유한 처지임을 알아야 한다. 경제학자 스티브 콜베트(Steve Corbett)와 브라이언 피커트(Brian Fikkert) 교수는 인류의 역사를 통틀어 좀처럼 찾아보기 어려운 삶의 기준들이 현대인들에게는 얼마나 일반적인 표준이 되었는지에 주목했다. 이들은 말한다. "이 시대의 미국인들만 하더라도 지금껏 땅 위에 발을 붙이고 살았던 어떤 인간들보다 어떤 면으로든 부유하다."[1]

이른바 선진국 시민들은 눈을 뜨고 현실을 직시해야 한다. '부자'라는 말을 들으면 곧바로 우리를 떠올리는 이들이 세계 인구의 대다수를 차지한다. 극심한 빈곤을 겪고 있는 제3세계 수십 억 인구에 비하자면 평범하고 일반적이며 중산층에 해당하는 미국 직장인은 어마어마하게 부유한 귀족이나 다름없다. 예수님은 그런 이웃들을 자신의 몸처럼 사랑하라고 명령하셨다.

세상의 뿌리 깊은 가난에, 다른 한쪽에서 누리는 부요한 현실을 결부시키는 그리스도의 이 명령은 우리네 생활방식에 시사하는 바가 대단히 크다. 주변 세계의 상황에 눈을 떴다면 하나님 말씀이 던지는 질문에도 귀를 열어야 한다. "누가 이 세상의 재물을 가지고 형제의 궁핍함을 보고도 도와 줄 마음을 닫으면 하나님의 사랑이 어찌 그 속에 거하겠느냐"(요일 3:17). 그리스도를 따르는 이들은 이웃의 궁핍한 크리스천들(우선순위에 관해서는 잠시 후에 다시 이야기하려고 한다)을 보살펴야 한다는 구체적인 지적임에 틀림없다.

하지만 "네 이웃을 네 자신 같이 사랑하라"고 하신 누가복음 10장의 명령은 형편이 어려운 크리스천들뿐 아니라 주님을 믿지 않는 이들까지 모두 아우른다. 하나님을 아는 이들에게서는 그러한 이웃 사랑이 자연스럽게 흘러넘쳐야 한다. 주님의 거룩한 사랑을 심중에 품고 있다면, 세상의 헐벗은 이들을 외면할 도리가 없다. 복음은 풍요로운 문화 속에 사는 크리스천들에게 가난한 이웃들을 위해 사심 없고 헌신적이며 희생을 감수하고 반문화적인 행동에 나서라고 촉구한다. 따라서 거기에 반응하지 않는다면 만사 제쳐놓고 스스로 그리스도를 따르는 제자인지부터 의심해 보아야 한다.

이웃을 돕지 않고 있다면 크리스천이 아니다

일부 교회들에게는 이런 말이 불편하게 들릴지도 모른다. 《래디컬》이라는 책을 쓰면서 내 삶에 깃든 물질주의에 관해 어떤 마음을 품게 되었는지 이야기한 적이 있다. 아내와 함께 뉴올리언스에 살고 있었는데, 갑자기 허리케인 카트리나가 불어닥치는 바람에 온 집이 홍수에 휩쓸려가고 말았다. 가진 재산을 다 잃어버린 터라 뭐든지 다시 시작해야 했다. 아내 헤더(Heather)에게 말했다. "바닥부터 다시 삶을 일으켜 세울 기회를 잡았다 칩시다. 쓸모없는 것들로 채울 게 아니라 단순하게 사는 데 초점을 맞추면 어떨까요?" 아내도 흔쾌히 동의했다. 그리고 주저 없이 행동에 들어갔다.

그런데 채 한 달이 못 되어, 남부의 큰 교회에서 담임 목회자로 와달라는 청빙을 받았다. 하나님의 인도하심으로 믿고 허리케인이 짓밟고 지나간 지 1년쯤 지난 버밍햄과 앨라배마 지역으로 내려갔다. 그리고 여태 살아본 중에서 가장 큰 집을 구했다. 지금껏 가졌던 집기들보다 훨씬 다양하고 많은 집기들이 꽉꽉 들어차 있었다. 세상의(또는 일부 교회의) 눈으로 보자면 꿈을 이룬 셈이었다. 하지만 돌덩이처럼 묵직한 느낌이 마음을 짓눌렀다. 정작 중요한 것을 놓쳐 버리고 있다는 생각을 지울 수가 없었다.

버밍햄으로 찾아온 친구들을 맞으면서 의혹은 확신이 되었다. 존과 에비게일 부부는 재산을 모조리 처분하고 가족들(아직 어린 네 딸)과 함께 북아프리카 지역의 한 나라로 건너가 이루 말할 수 없이 가난한 이들과 더불어 살고 있었다. 하나님의 사랑을 선포하고 온몸으로 보여 주는 사역을 하다가 몇 달 일정으로 미국에 돌아왔는데, 그 가운데 며칠을 떼어 우리와 함께 지내러 왔다. 친구들은 침을 튀겨 가며 하나님이 자신들뿐 아니라 돌보는 이들의 필요까지 부족함 없이 채워 주신 사연들을 들려주었다. 얼마나 지독한 어려움을 겪었고 어떤 문제를 붙들고 씨름했는지 설명할 때도 목소리에 기쁨이 가득했다. 온갖 편리한 기구들이 골고루 갖춰진 대궐 같은 집에 앉아 친구들의 이야기를 듣자니, 그들은 나와 차원이 다른 신앙을 가졌다는 생각이 절로 들었다. 누구도 너무 큰 집에 사는 게 아니냐는 식의 이야기를 꺼내지 않았지만 친구들의 마음에 뿌리내린 희생적인 사랑이 내게는 보이지 않는다는 자책이 들었다.

성령님이 주시는 확신에 이끌려 말씀으로 돌아갔고, 거기서 이전에는 단 한 번도 경험하지 못한 방식으로 가난한 이들을 향한 하나님의 마음을 보기 시작했다. 다음에 소개하는 구절들을 전혀 다른 차원에서 보게 되기까지는 그리 긴 시간이 필요치 않았다.

- 귀를 막고 가난한 자가 부르짖는 소리를 듣지 아니하면 자기가 부르짖을 때에도 들을 자가 없으리라(잠 21:13).
- 가난한 자를 구제하는 자는 궁핍하지 아니하려니와 못 본 체하는 자에게는 저주가 크리라(잠 28:27).
- 내 형제들아 만일 사람이 믿음이 있노라 하고 행함이 없으면 무슨 유익이 있으리요 그 믿음이 능히 자기를 구원하겠느냐. 만일 형제나 자매가 헐벗고 일용할 양식이 없는데 너희 중에 누구든지 그에게 이르되 평안히 가라, 덥게 하라, 배부르게 하라 하며 그 몸에 쓸 것을 주지 아니하면 무슨 유익이 있으리요. 이와 같이 행함이 없는 믿음은 그 자체가 죽은 것이라(약 2:14-17).
- 그가 우리를 위하여 목숨을 버리셨으니 우리가 이로써 사랑을 알고 우리도 형제들을 위하여 목숨을 버리는 것이 마땅하니라. 누가 이 세상의 재물을 가지고 형제의 궁핍함을 보고도 도와 줄 마음을 닫으면 하나님의 사랑이 어찌 그 속에 거하겠느냐. 자녀들아 우리가 말과 혀로만 사랑하지 말고 행함과 진실함으로 하자(요일 3:16-18).

이런 본문들을 읽으면서 가난한 사람들의 부르짖음에 귀를 막고 그 곤경에 눈을 감은 내 모습과 정면으로 마주쳤다. 마치 그런 이들이 존재하지 않는 것처럼 살았다. 나는 하나님 말씀을 읽고 연구하고 설교하는 목회자다. 하지만 빈곤의 문제와 관련해서는 쓰지도, 말하지도 않았다. 진리 행하기를 거부한 셈이다.

야고보의 말은 백번 옳다. 가난한 이들에게 관심이 없다는 건 신앙에 근본적인 문제가 있다는 신호다. 사도는 마음속의 믿음을 삶의 열매로 입증하라는 예수님의 말씀을 글로 옮겼을 따름이다. 주님은 "그들의 열매로 그들을 알지니"(마 7:16)라고 가르치셨다. 나중에는 마지막 심판 자리에서 가난한 그리스도의 제자들을 도와주었느냐의 여부에 따라 크리스천이냐 아니냐를 가리겠다고까지 말씀하셨다(마 25:31-46 참조). 형편이 어려운 형제자매들에게 먹고 마시고 입을 걸 베풀지 않은 이들은 "영벌에" 들어갈 것이라고(마 25:46) 하셨다. 예수님과 야고보의 가르침을 곱씹고 성경을 더 깊이 읽을수록, 스스로 크리스천이라고 말하지만 가난에 시달리는 이웃을 돕지 않는 이들은 하나님의 자녀가 아니라는 사실이 더 분명하게 드러난다. 이러한 진리가 내 영혼을 뒤흔들어 놓았다.

기꺼이 일하게 하는 복음

물론, 예수님도, 야고보 사도를 비롯한 성경 기자들도 가난한 이들을 보살피는 게 구원의 방편이라고 가르치지 않았다. 성경은 처음부터 끝까지 하나님의 은혜를 겸허하게 믿고 받아들이는 게 영원한 생명으로 통하는 길이라고 분명히 가르친다. 바울 역시 이런 진리를 명쾌하게 표현했다. "너희는 그 은혜에 의하여 믿음으로 말미암아 구원을 받았으니 이것은 너희에게서 난 것이 아니요 하나님의 선물이라. 행위에서 난 것이 아니니 이는 누구든지 자랑하지 못하게 함이라"(엡 2:8-9). 구원의 유일한 근거는 예수님이 하신 일, 그리고 삶과 죽음과 부활이며, 주님을 믿는 것만이 구원의 길이다. 복음은 인간의 행위와 아무 관련이 없으며 오로지 예수님이 하신 일을 토대로(오직 은혜로, 오직 주님을 믿는 믿음으로) 하나님이 우리를 의롭다고 인정해 주신다는 기쁜 소식을 가리킨다. 그렇게 복음은 선행이나 업적으로 하나님의 용납하심을 얻으려는 온갖 시도에서 벗어나게 한다.

하지만 그게 끝이 아니다. 하나님 말씀을 연구하면 할수록 행위에서 자유롭게 하는 바로 그 복음이 또한 기꺼이 일하게 만드는 복음이기도 하다는 사실을 더 분명히 깨닫는다. 헷갈리는 차원을 넘어서 모순처럼 들릴지 모르지만 여기서는 성경에서처럼 '일' 또는 '행위'라는 말을 두 가지 다른 의미로 사용한다. 성경에서 하나님의 사랑을 입기 위해 몸으로 하는 행동을 '일'이라고 부를 때가 있는데, 앞에서 살펴본 것처럼 그런 행위로는 충분치 않다. 최선을 다해서 대단한 업적을 이룬다 할지라도 거룩하신 하나님 앞에서 구원을 보장받기엔 태부족이다.

하지만 성경은 하나님의 영광을 드러내기 위해 믿음으로 하는 일에 관해서도 이야기하며 그런 종류의 행위를 칭송한다. 형편이 어려운 이들을 사랑하고, 가난한 이들에게 자비를 베풀고, 고난당하는 이들을 보살피라는 이야기를 하면서 야고보 사도가 언급한 '행함'이 바로 그런 부류다. 바울도 비슷한 뜻으로 "믿음의 행위"(살전 1:3, 살후 1:11, 새번역)라든지 "믿음이 사랑을 통하여 일하는 것"(갈 5:6, 새번역) 같은 표현들을 사용했다. 바울은 에베소서에서 오직 그리스도를 믿는 믿음을 통해 은혜만으로 구원을 얻는다는 사실을 설명하고 곧바로 이렇게 적었다. "우리는 그가 만드신 바라. 그리스도 예수 안에서 선한 일을 위하여 지으심을 받은 자니 이 일은 하나님이 전에 예비하사 우리로 그 가운데서 행하게 하려 하심이니라"(엡 2:10). 무슨 의미인지 알겠는가? 하나님은 선한 일을 시키시려 인간을 지으셨다는 얘기다. 그리스도의 제자라면 주님이 인류를 위해 이미 완성하신 역사 속에 기꺼이 머무는 동시에 그분의 뜻을 좇아 즐거이 선한 일을 해야 한다.

하나님의 생각은 분명하다. 주님은 세상 모든 이들에게 거룩한 영광(온전하신 성품)을 드러내길 원하신다. "자비롭고 은혜롭고 노하기를 더디하고 인자와 진실이 많은 하나님"(출 34:6)이시고, "가난한 자를 진토에서 일으키시며"(삼상 2:8), "억눌린 사람들을 위해 정의로 심판하시며 주린 자들에게 먹을 것을 주시는 이"(시 146:7)이며, "빈궁한 자의 요새이시며 환난 당한 가난한 자의 요새"(사 25:4)이심을 뭇사람들에게 보이고자 하신다. 하나님의 이러한 성품은 궁극적으로 "가난한 자에게 복음을 전하"고 "포로 된 자에게 자유를"(눅 4:18) 주시는 그리스도를 통해 나타난다.

일단 그리스도 가운데 있는 하나님의 실상을 보고 나면, 가난한 이들을 보살피는 일이 내면에 담긴 신앙의 필연적인 증거일 뿐 아니라 그 믿음이 넘쳐흐르는 자연스러운(또는 초자연적인) 역사임을 깨닫게 된다. 하나님 아버지를 사랑하는 이들은 누가 시키지 않아도 "사랑을 받는 자녀같이" "하나님을 본받는 자가" 되어 "그리스도께서 … 우리를 위하여 자신을 버리사 향기로운 제물과 희생제물로 하나님께 드리셨"던 것처럼 "사랑 가운데서"(엡 5:1-2) 행하게 된다는 게 무슨 말인지 납득이 가지 않는가? 그리스도가 주리고 헐벗은 우리를 헌신적으로 보살피신 것처럼, 마땅히 가난한 이웃들을 사심 없이 돌봐야 하지 않겠는가? 영적으로든 물리적으로든 극도로 궁핍한 백성들이 가득한 세상에서 물질적인 부를 누리며 사는 크리스천이라면, 더더욱 가난한 이들에게 자비를 베풀어 하나님의 위엄을 되비쳐 보여 주길 소원하지 않겠는가?

'소원하는' 마음으로 순종하라

'소원하는' 마음이 무엇보다 중요하다. 가난한 이들을 돕는 크리스천의 동기를 뚜렷하게 해 주는 까닭이다. 크리스천들은 이러저러해야 한다는 식의 의무적이고 피상적인 차원이 아니라, 그러지 않고는 견딜 수 없게 만드는 초자연적인 감동에 이끌려 형편이 어려운 이들을 보살핀다.

현대 문화 속에서 살아가는 크리스천들은 그저 수준 낮은 죄의식에 몰려서 가난한 이들을 돌보는 게 아니다. 물론, 날마다 1만9천 명에 가까운 아이들이 얼마든지 예방할 수 있는 질병에 걸려 목숨을 잃고 있는 반면, 이편은 지금껏 지구상에 존재했던 인류 가운데 가장 풍요로운 축에 든다는 사실을 의식한다면 정신이 번쩍 드는 게 당연하다.[2] 하지만 통계 수치 앞에서 죄의식을 갖는 것만으로는 하나님의 명령에 꾸준히 순종할 수 없다. 죄책감에서 비롯된 태도 변화는 일시적일 뿐 오랫동안 유지되지 않는다.

참되고 진실하며 지속적으로 가난한 이들을 보살피는 일은 복음이라는 고차원적인 의식이 죄책감이라는 저차원적인 감각을 몰아내야만 가능하다. 크리스천은 복음(하나님이 그리스도를 통해 베푸신 더없이 큰 사랑에 관한 기쁜 소식)에 근거할 때, 비로소 가난한 이들을 위해 자발적이고 기쁨이 넘치고 시급하고 믿음에 이끌리며 은혜가 충만하고 하나님을 영화롭게 하는 사역을 할 수 있다.

여기서 분명히 짚고 넘어갈 게 있다. 하룻밤 새에 소원하는 마음으로 그리스도의 명령에 순종하는 수준에 이르기는 쉽지 않다. 크리스천의 삶이 성숙해 가는 과정은 내키지 않아도 일단 순종하는 데서 출발하는 경우가 많다. 그렇게 따라가는 사이에 그리스도가 제시하는 길들이 정말 선하고 옳다는 걸 신뢰하는 법을 배운다.

목회자로서 크리스천들이 저마다 속한 공동체와 주변 세계의 가난한 이들을 보살피는 일에 조금씩 깊이 발을 담그다가 마침내 그 보상이 (남이 아니라 자신에게 돌아오는) 얼마나 큰지 깨닫는 걸 볼 때마다 얼마나 행복한지 모른다. 처음에는 의무감에서("해야 한다") 시작했다손 치더라도 꾸준히 형편이 어려운 이들을 돌보노라면 언젠가는 즐거운 마음으로("하고 싶다") 손을 내밀게 된다.

가난한 이들을 보살피는 사이에도 굽이굽이마다 깜빡깜빡 복음을 잊어버리는 순간들과 마주하게 된다. 불행하게도 교회사에는 가난한 이들을 돕는 일에 열정적으로 뛰어들었지만 은근슬쩍 복음을 붙잡은 손아귀의 힘이 풀려 버린 일꾼들의 이야기가 수두룩하다. 19세기에 각광을 받았던 이른바 '사회 복음'(social gospel)은 기독교 신앙에서 핵심 진리를 들어내고, 수많은 교회들로 하여금 신학적인 타협과 성경 왜곡의 길에 들어서게 만들었다. 결국 성경을 곧이곧대로 믿는 크리스천들이 가난한 이들을 보살피는 데 쉬 나서지 못하게 만드는 부작용을 낳고 말았다.

그러나 하나님이 그토록 선명하게 가르치신 일을 주저하면 안 된다. 첫 장부터 끝 장까지, 성경 어디에서도 주님이 머뭇머뭇 가난한 이들에게 손을 내밀지 못하는 모습을 찾아볼 수 없다. 오히려 하나님은 넘치도록 열성적으로 형편이 어려운 약자들의 목소리에 귀를 기울이고 돕고 보호하고 긍휼을 베푸셨다. 그러므로 주님의 백성들 역시 그와 같이 해야 한다. 한마디로 말하자면, 복음의 진리를 철저하게 수호하는 한편, 하나님께 순종하는 데도 소홀해선 안 된다.

가난한 이들을 보살피는 영역에서 하나님의 명령에 제대로 따르지 못하고 있는가? 이번에도 복음은 그야말로 기쁜 소식이다. 주님은 그 죄를 용서하시며 성령을 부으셔서 이웃을 희생적으로 사랑하는 길을 걷게 하실 수 있으며 반드시 그러실 것이다.

그렇다면 희생적인 사랑이란 구체적으로 어떤 모습일까? 영적인 기근과 물리적 빈곤이 심각한 세상을 살아가는 현대인들에게 복음이 갖는, 단순하면서도 중요한 다섯 가지 의미에 초점을 맞추려 한다. 레저와 사치, 금융소득, 자기개발, 물질적인 소유 따위를 몹시 중요하게 여기는 문화 속에서 부지런히 일하고, 단순하게 살며, 희생적으로 베풀고, 건설적으로 돕고, 영원에 투자한다는 건 대단히 반문화적인 도전이다. 하지만 크리스천이라면 마땅히 그래야 하는 것 또한 엄연한 사실이다.[3]

첫째, 부지런히 일하고

우선, 복음은 마음을 움직여 부지런히 일하게 한다. 스스로 일을 즐기셨던 하나님은 사람도 일하는 존재로 설계하셨다. 사람을 지으시고는 "에덴동산에 두어 그것을 경작하며 지키게"(창 2:15) 하셨다. 죄가 세상에 들어오기 전임을 감안하면, 일이란 하나님이 은혜로 주신 훌륭한 선물임을 알 수 있다.

일을 먹고살기 위해 어쩔 수 없이 견뎌야 하는 필요악쯤으로 보기 일쑤지만, 이는 성경의 노동관과는 상당히 동떨어진 얘기다. 태초부터 일은 인간의 존엄성을 보여 주는 상징이다. 사람에게 피조물을 맡겨 돌보게 하는 한편, 그이들을 중심으로 문화를 발전시켜 공동선을 이루시려는 거룩한 계획의 토대를 이루는 요소기도 하다. 팀 켈러는 이를 잘 정리해 설명한다.

> 농업은 흙과 씨앗이라는 물리적인 재료를 가지고 먹을거리를 만들어 낸다. 음악은 음(音)이라는 물리적 소재를 가져다가 아름답고 신나게 재배치해서 삶을 풍요롭게 한다. 옷감을 가져다 의복을 만들고, 빗자루를 들고 방을 치우고, 기술을 동원해서 전기의 힘을 제어하고, 말랑말랑하고 깨끗한 마음에 무언가를 가르치고, 어느 부부에게 뒤엉킨 관계의 매듭을 푸는 비결을 일러 주고, 단순한 재료를 사용해서 가슴에 사무치는 예술 작품을 만들어 내는 그 하나하나가 곧 빚고 충만하게 하고 정복하는 하나님의 사역을 계속 이어 나가는 작업이다. 혼돈을 정리해 질서를 잡고, 창조적인 잠재력을 끌어내며, 시간과 장소를 초월해서 창조 세계를 펼쳐 보일 때마다 하나님의 창의적인 문화 개발 패턴을 따르고 있다고 보면 된다."[4]

일을 해서 물건을 만들고 서비스를 제공하는 이들은 곧 남들을 섬기고 하나님을 높이는 방식으로 문화에 기여하고 있는 셈이다.

일이란 일은 종류와 상관없이 다 인간 사회에 중요하다. 세상 모두가 나처럼 목회자라면 세상은 끔찍할 것이다. 성경을 가르치고 교회를 돌보는 일에는 누구보다 밝겠지만 먹을거리를 장만하는 데는 깜깜할 테니 말이다. 너나없이 세일즈맨이라도 마찬가지다. 판매는 잘할지언정 거래할 물건을 만들어 내진 못한다. 세상에 경찰관뿐이라면 안전하기는 하겠지만 죄다 노숙자 신세가 되고 말 것이다. 변호사 일색이라면 … 음, 온갖 문제와 다툼에 정신이 없을 게 뻔하다. 레스터 데코스터(Lester DeKoster)는 말한다.

일은 특정한 작업에 쏟아부은 노력보다 월등히 큰 결과를 낳는 … 지금 느긋이 앉아 있는 의자를 생각해 보라. 혼자 힘으로 만들 수 있겠는가? … 한번 대답해 보라. 어떻게 목재를 얻겠는가? 숲에 가서 나무를 잘라 올 참인가? 그러자면 먼저 필요한 연장들을 만들어야 한다. 자른 나무를 실어 올 적당한 차량도 준비해야 한다. 통나무를 켤 제재소와 이리저리 운반할 길도 건설해야 한다. 한마디로 평생, 아니 두 번 태어나고 죽어도 의자 하나 만들지 못한다.

일주일에 40시간이 아니라 140시간씩 일한다 치더라도 혼자 힘으로는 지금 누리고 사는 상품이나 서비스 가운데 지극히 일부분조차 해결하지 못한다. 지금 월급으로 살 수 있는 게 그걸 버는 시간에 스스로 만들어 낼 수 있는 것보다 훨씬 많다.[5]

그리고 이렇게 결론짓는다.

모두가 당장 일을 그만둔다고 상상해 보라. 어떤 사태가 벌어지겠는가? 문명화된 삶은 한순간에 무너져 내릴 것이다. 찬장에서 음식이 사라지고 주유기에 기름이 떨어질 것이다. 순찰을 도는 경찰관의 모습을 거리에서 더 이상 찾아볼 수 없고, 화재는 저절로 꺼질 때까지 수그러들지 않을 것이다. 통신과 대중교통이 끊어지고 각종 공공서비스도 먹통이 될 것이다. 살아남은 이들은 불가에 옹송그리고 둘러앉았다가 동굴에 들어가 잠을 청할 테고 짐승 가죽을 벗겨 옷을 삼을 것이다. 야생과 문명을 가르는 요소는 그저 '일'뿐이다.[6]

일은 종류를 떠나 하나같이 의미가 있다. 하나님은 어떤 일이든 세상에 유익이 되도록 설계하셨다.

일이야말로 가난한 이들을 보살필 가장 명확한 통로임에도 불구하고 쉬 간과되는 방법이다. 이토록 목청을 돋워 가며 강조하는 까닭이 여기에 있다. 어떤 이들은 궁벽한 처지에 몰린 사람들을 돕자는 호소를 들으면 곧장 고민하기 시작한다. '하찮은 직장 따위는 다 때려치우고 빈곤 퇴치처럼 의미 있는 일에 시간을 써야 하는 게 아닐까?' 하나님이 특별한 목적을 위해 하던 일을 그만두게 하시는 경우가 있음을 부정하자는 게 아니다. 다만 그런 사고방식 자체가 노동관에 본질적인 결함이 있음을 고스란히 노출한다는 점을 지적하고 싶을 뿐이다. 하루하루 하는 일은 사회의 발전을 지원해서 인간의 삶을 유지시키는 소중한 동력이다.

세상 구석구석 도움이 필요한 영역들에 부채감을 느끼고 책상머리에 앉아 시간을 허투루 흘려보낼 게 아니라 당장 의미 있는 행동에 나서야겠다고 작심하는 학생들한테서 그와 비슷한 이야기를 자주 듣는다. 다시 한 번 말해 두지만, 젊은이들이 하나도 빠짐없이 대학에 가서 졸업장을 받는 게 하나님의 뜻이란 소리가 아니다. 하지만 실제로 수많은 학생들을 대학에 보내시는 데는 그만한 이유가 있는 게 아닐까? 대학생활이라는 게 마냥 세월을 낭비하는 헛짓이 아니라 하나님이 장차 세상에서 거룩한 뜻을 이루시는데 쓰실 유용한 기술을 체득하는 지혜로운 시간일 수도 있지 않을까?

아울러, 노동은 수입을 얻는 방법이기도 하다. 일에 관해 내가 쓴 책을 읽거나 강연을 들은 이들은 묻고 싶을지 모른다. "목사님, 돈을 많이 버는 건 잘못이라고 하지 않으셨던가요?" 대답은 당연히 "천만의 말씀!"이다. 백이면 백, 예외가 없다. "힘닿는 데까지 버세요. 주님이 기회를 주시면 백만장자가 되세요!" 토끼 눈을 하고 쳐다보면 한마디 덧붙일 것이다. "정작 중요한 건 얼마나 버느냐가 아니라 번 돈을 어떻게 쓰느냐 하는 겁니다."

인간의 개똥철학이 아니라, 하나님의 처방이다. 디모데전서의 말씀을 들어 보자.

> 네가 이 세대에서 부한 자들을 명하여 마음을 높이지 말고 정함이 없는 재물에 소망을 두지 말고 오직 우리에게 모든 것을 후히 주사 누리게 하시는 하나님께 두며 선을 행하고 선한 사업을 많이 하고 나누어 주기를 좋아하며 너그러운 자가 되게 하라. 이것이 장래에 자기를 위하여 좋은 터를 쌓아 참된 생명을 취하는 것이니라(딤전 6:17-19).

하나님은 부자들에게 돈을 벌지 말라고 말씀하시지 않는다. 하늘 나라에 보화를 쌓는 데 그 돈을 쓰라고 명령하실 따름이다.

이른바 선진국 시민들은 대다수 세계인들보다 훨씬 넉넉하다. 익숙한 문화 속에서 일할 능력을 가지고 있기 때문이다. 학교에 가서 공부하고, 대학이나 전문교육기관에 들어가며, 직장을 얻어 수입을 올릴 기회가 열려 있다. 저마다 한껏 능력을 키우고 유리한 기회들을 잘 활용하면, 하나님께 영광을 돌리고 사회에 유익을 끼치는 게 얼마든지 가능하다. 그 과정에서 기술을 습득하고, 자리를 얻고, 발판을 마련하고, 가난한 이들에게 영향력을 끼칠 자원을 확보할 수 있으며 반드시 그래야 한다.

한마디로, 복음은 노동을 통해 세상 문화와 맞서길 요구한다. 현대인들은 일을 하나님의 귀한 선물로 보지 않는 문화에 젖어 있다. 젊은이들이든 은퇴한 어른들이든 매한가지다. 성인이 되었는데도 사춘기놀음을 계속하는 친구들이 얼마나 많은지 모른다. 20-30대에 들어선 뒤에도 당당한 사나이가 되길 마다하는 남자들이 사방에 널렸다. 공부를 더 하거나 일자리를 갖는 대신 비디오게임에 매달린다. 흔히 말하는 '알바'로 용돈이나 벌고 그밖의 비용은 모조리 부모에게 기댄다. 게다가 하나님은 우리가 뭇사람들의 유익과 하나님의 영광을 위해 일하기를 원하시건만, 그 엄연한 성경의 진리를 깡그리 무시하고 주님이 시키고자 하시는 일이 무엇인지 명확히 드러날 때까지 기다리라는 신령한 화법을 구사해 가며 게으름을 부추기는 이들까지 있다. 최악의 사태가 아닐 수 없다.

은퇴 이후의 생활을 화려하게 부풀리면서 노동의 가치를 폄하하는 문화 속에 사는 현대인으로서는 그렇게 놀랄 일도 아니다. 우리 사회의 기준대로라면, 성공은 더 일하지 않아도 잘 먹고 잘 살 수 있는 경지를 가리킨다. 방금 플로리다 남부에서 열린 집회에 참석하고 돌아온 참인데, 거기서는 눈길이 닿는 곳마다 그러한 문화가 주는 즐거움에 푹 빠져 만년을 보내는 남녀들을 볼 수 있었다. 하지만 그리스도는 그런 식의 은퇴 생활을 언급하신 적이 단 한 번도 없다. 하나님이 건강한 이들에게 일을 그만두라고 명령하셨다는 기록은 성경 어디에도 등장하지 않는다. 창조주께서 하루 종일 바닷가 모래밭에 누웠거나, 카트를 타고 골프 코스를 돌거나, 요트에 앉아 낚시질을 하도록 인간의 심신을 생산적으로 설계해 주셨다는 구절은 본 적이 없다. 차곡차곡 돈을 모아야 노후에 편안하게 즐기는 삶을 살 수 있다는 건 성경적인 근거가 눈곱만큼도 없는 개념이다.

분명히 해 두자. 정신적으로든 신체적으로든 일하기가 어려운 이들을 두고 하는 얘기가 아니다. 자리에서 물러난 뒤에 보수와 상관없이 일하는 어른들을 가리키는 것도 아니다. 일정한 나이가 지나서 더 이상 불러 주는 데가 없지만 사회와 세계 이곳저곳에서 다채로운 방식으로 일하는 노인들을 적잖이 알고 있다.

예순 살이 넘었지만 친구처럼 가까이 지내는 잭(Jack)만 해도 그렇다. 세례를 받는 자리에서 그이는 담담하게 고백했다. "은퇴하고 나서 독일제 스포츠카를 타고 다니며 마음껏 테니스를 칠 작정이었습니다. 하지만 하나님이 큰 은혜를 베푸셔서 계획을 실행에 옮기기 전에 개입해 주셨습니다." 그러고는 주님이 어떻게 삶에 역사하셔서 죄뿐만 아니라 자신만 생각하는 성향으로부터 지켜 주셨는지 나눴다. 지금 잭은 일터에서 얻은 기술을 활용해서 교회와 사회의 가난한 이들을 섬기는 한편, 카메룬에서 고아들을 보살피는 사역을 이끌고 있다. 어느 날, 교인들 앞에서 간증하면서 친구는 말했다. "꼬맹이들이 밝게 웃으면서 앞다퉈 제 무릎에 앉으려는 걸 보면 얼마나 기쁜지 몰라요. 세상에는 안아 줄 아빠가 없거든요. 그때마다 하늘에 계신 아버지 이야기를 들려주죠. 이게 저를 향한 하나님의 계획이었어요. 화려한 노후 생활이나 스포츠카 따위와는 비교가 안 될 만큼 짜릿하고 가슴이 벅차요."

이처럼 근면하고 성실한 노동은 가난한 이들을 돕는 주요한 통로가 된다.

둘째, 단순하게 살며

다음으로, 복음을 품으면 단순하게 살 수밖에 없다. 최대한 많이 벌라고 격려할 때 유일하게 덧붙이는 경고가 있다면, 어떤 과정을 거쳐 수입을 올리는지에 극도로 예민해져야 한다는 것뿐이다. 거듭 말하거니와, 이건 특별히 부유한 이들에게 주신 하나님의 말씀이다. 바울은 디모데전서를 쓰면서 앞장에서 소개한 본문 앞쪽에 이렇게 적었다. "부하려 하는 자들은 시험과 올무와 여러 가지 어리석고 해로운 욕심에 떨어지나니 곧 사람으로 파멸과 멸망에 빠지게 하는 것이라. 돈을 사랑함이 일만 악의 뿌리가 되나니 이것을 탐내는 자들은 미혹을 받아 믿음에서 떠나 많은 근심으로써 자기를 찔렀도다"(딤전 6:9-10).

돈 자체가 본질적으로 악한 게 아님은 분명하다. 하지만 죄에 물든 인간의 손에 든 돈은 극도로 위험한, 심하게는 파멸을 부르는 물건이 될 수 있다. 그러기에 예수님은 "재물이 있는 자는 하나님의 나라에 들어가기가 심히 어렵도다"(막 10:23)고까지 말씀하신다. 우리가 '부자'라는 점은 이미 설명했으므로, 이 말씀은 우리 삶의 뿌리를 뒤흔들 만큼 강력한 지적이다.

하지만 대다수는 예수님을 그런 식으로 믿지 않는다. 현대 문화(또는 현대 교회) 속에 사는 현대인들은 십중팔구 물질적인 부(富)는 하나님의 축복으로 파악할 뿐, 주께 나가지 못하게 가로막는 장벽이 될 수 있다고는 보지 않는다.

누구나 쉽게 속아 넘어갈 수 있는 대목이다. 디모데전서의 말씀대로, 돈은 강력한 올가미다. 마치 바닷물과 같아서, 물위를 떠돌다 갈증이 솟구치면 '이거라도 들이마셔야겠다'고 생각하기 십상이다. 해수에는 염분이 고도로 농축되어 있어서 마실수록 더 목이 마른다는 점까지는 헤아리지 못한다. 목마름을 덜려는 마음에 계속 들이키면 차츰 탈수증세가 일어나서 입이 바짝바짝 타고, 혈압이 떨어지며 심박동수가 높아진다. 갈수록 의식이 가물가물해지며 혼수상태가 오고 마침내 생명을 잃고 만다. 아이러니도 이런 아이러니가 없다. 생명의 원천이라고 여기는 걸 들이킬수록 저도 모르는 새에 죽음을 향해 질주하게 되는 것이다.

돈의 유혹에 자신을 내맡기는 순간 이런 일이 벌어진다. '조금만 더 벌면 좋겠다'고 생각하지만 '더'를 추구하는 그 갈망이 덫이 되리라는 사실을 감지하지 못한다. 그토록 원하는 '더'는 결코 채워지지 않는다. 아무리 채워도 더 채워지기를 바라기 때문이다. 한번 이런 욕구에 사로잡히면 그 갈망이 야금야금 영혼을 무너뜨리다가 끝내 완전한 파국으로 몰아넣는다. 혹시 놓쳤을까 싶어, 다시 한 번 하나님 말씀을 들려주고자 한다. 부자가 되기를 원하는 욕망은, "사람으로 파멸과 멸망에 빠지게 하는 것"이다.

감사하게도 성경은 돈의 유혹을 고칠 치료제를 제공한다. 디모데전서의 경고문 바로 앞에 이런 구절이 등장한다. "그러나 자족하는 마음이 있으면 경건은 큰 이익이 되느니라. 우리가 세상에 아무것도 가지고 온 것이 없으매 또한 아무것도 가지고 가지 못하리니 우리가 먹을 것과 입을 것이 있은즉 족한 줄로 알 것이니라"(딤전 6:6-8). 본문은 사치를 최대한 줄이는 한편, 필요에 우선순위를 두고 만족스럽게 살아가는 단순한 삶을 해독제로 처방한다. 고린도후서 8-9장을 보면 바울의 입장도 비슷해서 하나님은 거룩한 자녀들에게 쓸 것을 넉넉하게 공급하시며(고후 9:8 참조) 남들을 위해 후히 헌금하게 하신다고(고후 9:11 참조) 가르친다. 복음은 아낌없이 베풀기에 충분한 수준이 어느 정도인지 겸손하게 분간하도록 이끌어 간다. 덫을 피하고 바울이 설명하는 자족하는 삶을 살려면 자원하는 마음으로 다른 이들의 유익을 위해 가진 걸 내주어야 한다.

수입이 늘수록 생활수준도 높아져야 한다는 거짓말이 난무하는 상황에서 이는 문화의 흐름을 정면으로 거스르는 행위다. 돈이 많아지면 자신에게 더 많이 쏟아붓는 게 당연한 일이 되었다. 더 많은 물건들, 더 근사한 소지품, 더 대단한 사치품들을 사들일 권리가 있다고 믿는다. 솔직히 말하자면 대다수가 그렇게 생각한다. 그리스도를 따르노라고 자부하는 이들도 크게 다르지 않다. 일단, 재물이라는 게 하나님이 베푸신 축복이 아닌가! 하지만 이런 태도는 성경말씀과 아귀가 맞지 않는다. 하나님은 더 많은 선물을 주셔서 거룩한 자녀들이 더 많이 소유하는 게 아니라 더 많이 베풀게 하신다고 성경은 가르치기 때문이다. 주님은 재물을 넘치도록 허락하셔서 언젠가 사라져 버릴 지상의 즐거움을 만끽하는 대신 영원히 스러지지 않을 하늘의 보화에 투자하게 하신다.

따라서 크리스천들은 "돈만 있으면 귀신도 부린다"는 식의 사고방식에 끊임없이 맞서야 한다. 그런 인생관은 위험할뿐더러 악마적이다. 하나님이야말로 가장 크고 귀한 보물이며, 인간이 지상에서 누리는 삶은 하나님 나라에 영원한 것들을 쌓는 데 투자될 때만 의미를 찾을 수 있는 법이다.

이러한 사실을 제대로 파악하면 살아가는 방식에 일대 변화가 일어난다. 라이프 스타일의 상한선을 구체적으로 설정한다. '넉넉하다 싶은' 선을 긋고 그보다 넘치는 재물은 형편이 어려운 이웃들을 위해 기꺼이 내놓을 수 있게 된다는 뜻이다. 바울처럼 기도하는 마음으로 가진 것들을 살펴보고 "이만하면 됐다"고 말할 줄 알아야 한다. 그래야 혹시라도 가욋돈이 생겼을 때 그 재물을 생활수준이 아니라 베풂의 차원을 높이는 데 쓸 수 있다.

하지만 일단 결정을 했다 하더라도, 저마다의 삶 가운데서 무얼 어떻게 해야 할지 정답을 찾기가 만만치 않다. 하나님은 뭘 먹을지, 얼마나 많은 옷이 필요한지, 어떤 집에서 살아야 하는지 따위를 가늠할 법령이나 목록을 성경에 기록해 두지 않으셨다. 대신, 훨씬 나은 길을 열어 주셨다. 하나님의 영을 보내 주셔서 동전 한 푼이라도 거룩한 뜻을 좇아 쓰임새를 정하도록 이끌고 지도하게 하셨다.

하나님의 분명한 말씀에 반응해서 아내와 함께 집을 새로 물색하던 시절이 생각난다. 일단 규모를 줄여야겠다고 판단이 서자 다음 질문들이 뒤따랐다. 얼마나 큰 집에 살아야 할까? 어떤 동네로 들어가야지? 우리 사회에서 고만고만해 보이는 집과 주거지도 바깥세상에 비하면 몹시 호화로울 수 있으므로 이만저만 까다로운 문제가 아니었다. 그래서 질문을 달리해, 어떻게 하면 우선순위를 잘 세워 불필요한 부분을 최대한 줄일 수 있을지 궁리하기 시작했다. 하지만 이번에도 골치 아프기는 마찬가지였다. 어느 집에 가든 제3세계 시민들의 눈에는 사치스러워 보일 법한 물건들이 눈길 닿는 곳마다 꽉꽉 들어차 있었다.

게다가 이런 물음들을 붙들고 씨름하다 보니 우리 부부가 서로 다른 답을 마음에 품고 있음이 적나라하게 드러났다. 성령님이 한마음을 주시지 않고는 집을 줄일 도리가 없었다. 솔직히 고백하자면, 아내가 이루 말할 수 없이 오래 참아 주었다.

일차적으로는 살펴보고 싶은 집들의 목록을 만들어서 아내에게 건네면서 거기서 고르게 할 작정이었지만 일이 뜻대로 돌아가지 않았다. 첫 집으로 걸어 들어가던 장면이 지금도 눈앞에 선연하다. 바닥도 깔리지 않고, 장롱도 수도시설도 없는 집이었다. 또 다른 집은 한눈에 보기에도 허름하고 온갖 잡동사니가 여기저기 굴러다녔으며 곰팡내가 코를 찔렀다. 아내는 안으로 들어가다 말고 마당으로 뛰쳐나와 구역질을 해댔다. 헤더가 토하는 꼴까지 보고 나니 이건 안 되겠다 싶었다.

그래서 생각을 바꿔서 아내더러 이사 갈 집에 꼭 있었으면 하는 걸 순서대로 열 가지만 적어 보라고 했다. 나도 그럴 테니 저마다 정한 우선순위를 나중에 맞춰 보자고 했다. 헤더는 흔쾌히 그러마고 했다. 그리고 마침내 한자리에 마주앉았다. 아내가 먼저 입을 열었다.

"내가 꼽은 1번은 꼬맹이들이 마음껏 뛰어놀 수 있는 마당! 어떤 식으로든 아이들이 바깥바람을 쐴 수 있게 해 주고 싶어요."

헤더의 모습을 물끄러미 쳐다보았다. 각자 정리한 우선순위가 상당히 다르겠구나 싶었다. "왜 그래요?" 아내가 물었다. "당신이 꼽은 1번은 뭔데요?"

잠깐 뜸을 들이다 대답했다. "물!"

"물이요?" 헤더가 되물었다. 마치 "진심이에요?"라고 따지는 분위기였다.

아내가 전혀 모르는 걸 알려 주기라도 하듯, 물을 당연히 따라오는 것처럼 여겨선 안 되는 까닭을 설명하려 입을 떼는 순간, 단순한 삶을 살려는 노력이 영적인 세계를 벗어나 부조리한 현실세계로 진입 중임을 감지할 수 있었다. 그날 밤부터 다음 며칠 동안 훨씬 합리적으로 상황을 헤아리기 시작했다. 그제야 비로소 훨씬 합리적으로 상황을 헤아릴 수 있었고 하나님이 어디서 어떻게 살기를 원하는지에 관해 아내와 상당 부분 의견 일치를 이루었다. 지난날을 돌아볼 때마다 주님이 지금 살고 있는 집으로 우리를 이끌어 주신 과정에 깊이 감사하다. 사미르가 사는 동네에 비하면 분명 대궐이나 다름없지만, 어쨌든 하나님께서 맡겨 주신 자원이므로 책임감 있게 쓸 수 있기를 바랄 뿐이다.

집의 규모를 줄이는 결정은, 줄기차게 하나님 말씀에 반기를 드는 물질주의 문화 속에서 지난날부터 오늘날까지 결단했고 결단하고 있는 무수한 일들 가운데 한 가지 사례일 따름이다. 스스로 단순한 삶을 보여 주는 완벽한 모델이라고 생각지는 않는다. 하지만 적어도 부자가 되고 싶어 하는 욕망에 맞서 가족, 그리고 교회와 더불어 치열한 싸움을 벌이고 있다는 건 엄연한 사실이다.

자신의 마음, 그리고 이 시대의 문화와 맞붙는 이 전투에 동참하지 않겠는가? 어떻게 부지런히 일하면서 한편으로 단순하게 살 수 있는가? 선을 그을 것인가? 일단 결정을 내리면 결국 주변 문화를 거스를 수밖에 없다. 그걸 잘 알면서 어떻게 삶의 한 지점에다 "이만하면 됐다"는 선을 그을 것인가? 단순한 생활은 끊임없는 도전이며, 하루하루 이 싸움에서 이길 수 있는 무기는 예수 그리스도의 복음뿐임을 믿어 의심치 않는다.

셋째, 희생적으로 베풀고

복음은 단순한 삶을 사는 수준을 넘어 희생적으로 베풀도록 크리스천을 몰아간다. 고린도후서 8장에서, 바울은 "환난의 많은 시련"과 "극심한 가난" 속에서도 굶주리는 1세기 예루살렘 교회의 성도들을 위해 "넉넉한 마음으로"(새번역) 베풀었던 마케도니아의 여러 교회들을 본보기로 제시한다. "그들이 힘대로 할 뿐 아니라 힘에 지나도록 자원하여 이 은혜와 성도 섬기는 일에 참여함에 대하여 우리에게 간절히 구하니"(고후 8:2-4). 나는 찢어지게 가난한 이들이 도리어 멀리 떨어진 궁핍한 교회를 돕게 해 달라고 간청하는 모습을 마음에 그려 보길 좋아한다.

그처럼 너그러운 광경을 직접 목격한 적이 있다. 허리케인 카트리나가 뉴올리언스를 할퀴고 지나간 지 얼마 안 됐을 즈음, 나는 동아시아의 궁핍한 교회들에서 말씀을 선포하며 섬기고 있었다. 모두 지하교회들이었다. 교인들은 그리스도를 예배하다 잡히면 논밭과 자유, 가족, 더 나아가 목숨까지 잃어버릴 수 있다는 걸 잘 알면서도 오밤중에 은밀히 만나 예배를 드렸다. 열에 아홉은 날마다 밭에 나가 종일 일해서 입에 풀칠이나 하는 가난한 농부들이었다.

그이들과 두 주 동안 함께 지내면서 하나님 말씀을 펴놓고 제자가 된다는 게 무얼 뜻하는지 가르쳤다. 그러던 어느 날, 모임을 주선한 이가 나서서 교인들에게 최근에 허리케인이 몰아쳐서 뉴올리언스를 초토화시켰고, 교회들이 다 흩어졌으며, 우리 집을 비롯해 수많은 주택들이 휩쓸려 갔다는 사실을 전했다. 이럭저럭 지하교회 식구들과 보내는 마지막 날 밤이 되었다. 집회가 끝나자, 가정교회 지도자인 량(Liang) 선생이 다가왔다. 손에는 봉투 하나가 들려 있었다. 선생은 나를 똑바로 쳐다보며 말했다. "목사님과 뉴올리언스에 있는 교회 식구들을 위해 저희가 드리는 헌금입니다."

황급히 봉투를 밀어내며 말했다. "아닙니다, 량 선생! 아니고말고요. 절대로 받을 수 없습니다. 너그러운 마음은 감사하지만, 이 돈은 저보다 선생과 이곳 교회에 훨씬 더 필요할 겁니다."

량 선생은 물러서지 않았다. "아닙니다. 꼭 받아 주세요."

다시 사양했다. "안 됩니다. 이걸 어떻게 받을 수 있겠습니까?"

량 선생이 단호하게 매듭짓지 않았다면 승강이는 끝없이 이어졌을 것이다. "우리도 목사님과 그곳 교회를 섬기는 기쁨을 맛보고 싶습니다. 제발 받아 주세요."

더는 버틸 수가 없었다. 봉투를 받아 들고 량 선생과 온 교회에 수없이 고맙다는 인사를 전했다. 액수는 많지 않았지만 희생적인 선물이 되기에는 한 점 모자람이 없었다. 지하교회 교인들로서는 제법 큰 몫을 뚝 떼어 내놓았을 게 틀림없기 때문이다.

그날 일이 문득 떠오르면, 갑자기 궁금하다. 서구 문화에 젖은 크리스천과 교회들의 눈에는 그처럼 베푸는 게 어떻게 보일까? 편안하고 위험 부담이 없는 베풂이 아니라 정말 값비싼 대가를 치러 가면서까지 나누는 모습이 어찌 보일까? 세계 곳곳의 주리고 헐벗은 형제자매들을 위해 참으로 희생할 기회를 간청해 가면서 열성적이고 성심성의껏 베푸는 게 어떻게 비칠까?

이러한 베풂은 신약교회에서 통상적으로 볼 수 있었던 모습이라는 데는 두말이 필요 없다. 하지만 안타깝게도 오늘날 교회 현실은 그와 멀어도 한참 멀어 보인다. 세상에는 긴급 지원이 필요한 이들, 그리스도 안에서 맺어진 형제자매들이 널려 있다. 마실 만한 깨끗한 물이 없고, 먹을거리가 마땅치 않고, 아기들이 너끈히 생명을 이어 가기에 충분한 영양을 공급해 주지도 못한다. 자연스레 궁금증이 생긴다. 우리는 스스로를 희생해 가며 그 형제자매들에게 넉넉하고 너그러운 마음을 쏟고 있는가?

내 식구, 내 교회를 챙기기에도 버거운 판에 무슨 소리냐며 쌍심지를 켜는 쪽도 있을 것이다. 지당한 말씀이고 어김없는 진리다. 성경은 누구든지 가족을 돌보지 않으면 믿지 않는 사람보다 더 나쁜 사람(딤전 5:8)이라고 가르치며 가까이 사는 이웃을 보살피는 일을 힘주어 강조한다(눅 10:25-37). 반면에 다른 교회의 형편이 어려운 형제자매들을 도왔던 전례도 성경에서 어렵잖게 찾아볼 수 있다. 앞에서도 살펴본 바 있지만, 고린도후서 8-9장에 등장하는 예루살렘 교회를 위한 헌금은 으뜸가는 본보기라고 할 수 있다. 바울은 로마서 15장 26절에서 마케도니아에 있는 교회들이 예루살렘의 가난한 이들에게 '구제금'(contribution)을 보냈다고 설명하는데, 이는 '교제'를 의미하는 그리스어 '코이노니아'(koinonia)에서 온 단어다. 듣기만 해도 멋진 그림이 떠오르지 않는가? 헌금을 통해 깊어진 이들의 교제는 마치 그리스도의 한쪽 지체들이 다른 지체들에게 "우리가 함께 합니다. 여러분은 혼자 어려움을 겪고 있는 게 아닙니다"라고 말하는 근사한 장면을 연상케 한다.

여기가 바로 우리 시대에 이르러 아주 위험한 방식으로 신약교회의 틀을 잃어버린 게 아닌지 걱정스러운 지점이다. 미국을 포함한 선진국 크리스천들은 주변 세계의 크리스천들과는 비교할 수 없을 만큼 부요해졌다. 그런데 물리적 거리를 핑계로 가까운 데 있는 이들끼리만 서로 필요를 채워 주는 데 그친다면, 그건 세계 곳곳의 가난한 형제자매들에게 이렇게 속삭이는 꼴이나 다름없다. "우린 몰라요. 여러분의 어려움은 스스로 알아서 해결하세요." 형제자매의 이름으로 단언하건대, 이건 정말 아니다. 약하고 가난한 교회와의 물리적인 거리가 영적인 단절까지 불러오는 건 아니다.

그런 말을 입 밖에 내는 순간, 갖가지 핑계들이 떠오르게 마련이다. 세상에 있는 형편이 어려운 교회들을 모조리 부양하라는 식의 도저히 감당할 수 없는 짐을 크리스천과 교회에 지우려는 게 아니다. 나라도 다르고 형편도 다른 빈민들이 가진 온갖 복잡한 문제들을 지나치게 단순화시키려 드는 것도 아니다. 형제자매들은 다양한 인자들 탓에 어려움을 겪고 있으며 힘이 모자라 어찌할 수 없는 사안들도 적지 않다는 데는 의문의 여지가 없다. 하지만 "다 해결해 주지 못할 바에야 아무것도 하지 않는 게 낫다"는 식의 논리는 지옥의 불구덩이에서 흘러나온 얘기다. 크리스천 한 명 한 명이, 가족들이, 교회가 복음에 담긴 그리스도의 사랑에 사로잡혀 자신을 희생하며 지독한 고통을 당하는 세계 곳곳의 형제자매들에게 너그럽게 도움의 손길을 베푼다면 어떤 일이 벌어질지 정말 궁금하다.

'단순한 삶'에서와 마찬가지로, 여기서도 개인과 가정, 교회들이 어떠해야 하는가에 대해서는 정답이 없다. 하지만 얼마나 많이 베풀어야 하는지에 관해서는 개인적으로 큰 도움이 되었던 조언이 있어서 소개한다. C. S. 루이스의 설명이다.

얼마나 많이 베풀어야 하는지 못 박아 정하기는 어려우리라 봅니다. 조심스럽게 한 가지 안전한 기준을 들자면 여유분으로 남길 수 있는 정도보다 조금 더 주는 게 아닐까 싶습니다. 달리 말해서, 편의시설이나 사치품, 심심풀이 따위에 쓰는 비용이 비슷한 수입을 올리는 이들 사이에 공통적으로 통용되는 수준이라면 지나치게 적게 나누고 있는지도 모릅니다. 남한테 베푸는데도 쪼들리거나 부자연스러운 느낌이 전혀 없다면 주는 양이 너무 적어서일 겁니다. 구제비를 지출하느라 여유가 없어서 해야 하지만 할 수 없는 일들이 있어야 합니다.[7]

그리스도의 사랑은 크리스천들을 이끌어 이렇게 나누며 살게 한다. 군말이 필요 없다.

넷째, 건설적으로 돕고 영원한 일에 투자하는

자신을 희생해서 남들에게 베풀기 시작하면 자연히 누군가를 돕는 바람직한 방향으로 마음이 가는 법이다. 앞에서 스티브 콜베트(Steve Corbett)와 브라이언 피커트(Brian Fikkert) 교수의 책(*When Helping Hurts : How to Alleviate Poverty without Hurting the Poor … and Yourself*)을 인용했다. 최근에 나온 개정판에 추천사를 썼는데, 교회 지도자들과 식구들도 한 번씩 꼭 읽으면 좋겠다. 가난한 이들을 도울 때는 반드시 상대방과 베푸는 쪽에 유익이 되는 방식으로 하도록 주의해야 한다.

스스로 책임질 줄 모르는 이들에게 보조금을 주는 게 아니라 책임감이 있는 이들의 부족한 부분이 채워지도록 신경 쓰며 가난한 사람들을 슬기롭게 도와야 한다는 뜻이다. 형편이 어려운 이웃에게 할 수 있는 가장 나쁜 짓은 외면하고 무시하는 일이다. 그다음은, 제 삶을 잘 살아가게 도울 길을 찾는 데는 관심을 두지 않고 하루를 잘 넘길 돈을 쥐어 주는 데서 그치는 행위다. 성경은 게으른 자들을 도와서 가난을 면하게 하라고 명령하지 않는다. 지각 있는 이들을 돕고 힘을 보태 주라고 가르칠 뿐이다. 홀로 된 여인들을 보살피라고 당부하는 디모데전서 5장에서조차 바울은, 대상을 "참 과부로서 의지할 데가 없는 이"(딤전 5:5, 새번역)로 한정하고 남편을 잃었다 해서 누구든 교회의 원조를 받을 수 있는 게 아님을 분명히 했다. 따라서 하나님의 창조 목적을 놓쳐 버리는 게 아니라 거룩한 뜻을 성취해 가도록 힘을 북돋는 방식으로 도움을 주도록 고민해야 한다.

이런 식으로 누군가를 도우려면 개인적인 관심과 지속적으로 책임져 주는 수고, 장기적인 헌신이 있어야 한다. 형편이 어려운 이들에게 베푸는 일은 보조금을 나눠 주는 차원을 넘어 삶을 나누는 작업이다. 가난한 이들을 돕는다는 말은 무슨 일인가에 돈푼을 던져 넣는다는 의미가 아니며 스스로의 삶을 누군가에게 쏟아붓는 훨씬, 훨씬 더 어려운 행위를 가리킨다. 도움을 줄 대상에게 개인적인 관심을 쏟아야 하고, 장기적인 희생과 헌신이 뒷받침되는 인격적인 관계 위에 서서 상대를 책임져야 하며, 애써 수행해야 할 프로젝트를 대하듯 보아서는 절대로 안 된다.

항상 다양성을 의식해야 한다. 가난에 시달리는 데는 갖가지 이유가 있게 마련이므로 도움을 주는 방식도 서로 달라야 한다. 온갖 빈곤 문제에 다 통하는 만능키는 없다. 그런 게 있다고 우기는 건 마치 질병은 죄다 똑같다는 듯이 어디가 아프든 똑같은 알약만 처방하는 것이나 다름 없다. 가난의 이면에는 죄에서 비롯한 개인의 선택, 비성경적인 세계관, 자연재해, 윤리적인 타락, 낙후된 생산기술, 불평등한 권력 구조, 부패한 법률과 지도자 따위를 포함해 수많은 요인들이 숨어 있다. 따라서 상대방의 현재 상황을 충분히 고려한 방식으로 도와줄 길을 찾는 데 공을 들여야 한다.

몇 년 전, 하나님은 내 삶에 가난한 이들을 보살피려는 노력이 부족함을 지적하시면서 교회의 형편도 별반 다르지 않음을 깨닫게 하셨다. 그래서 교인들과 함께 예산을 쪼개고, 프로그램들을 손질하고, 몇몇 프로젝트들을 중단하고 그 자원과 에너지로 영적으로든 신체적으로든 절박한 처지에 몰린 세계 곳곳의 뭇사람들을 돕는 작업을 시작했다. 베풂의 대상을 가까운 동네뿐만 아니라 온 세상으로 잡았다.

지역적으로 우리 교회는 범죄율이 높고 수입은 낮은 시내에 자리 잡고 있다. 교인들 가운데 몇몇은 쾌적한 교외 주택가의 집을 처분하고 교회 근처로 이사했다. 목회자와 지도자들은 교회와 사역단체들이 힘을 모아 인근에 사는 이웃들을 위해 일하고 섬길 길을 찾아 나섰다.

그 과정에서 지역사회에 뿌리 내린 빈곤의 원인과 관련해 많은 정보를 얻었다. 마약 중개상과 매춘 조직부터 온갖 종류의 폭력배, 항공 접근성, 인종주의, 대중교통, 해체된 가정, 열악한 교육 시스템, 미흡한 사회정책, 죄에 휘둘리는 개인의 선택에 이르기까지 이루 꼽자면 열 손가락이 모자란다. 아울러 시내에 자리를 잡고 활동하는 여러 사역단체와 교회들을 연구하면서 이러한 문제들을 해결하는 데 가장 효과적인 방법들을 배워 나갔다.

그리고 마침내 다른 선교단체에서 이미 하고 있는 일들은 피하기로 결정했다. 지역의 필요를 고려할 때 속속들이 복음이 배어 있는 관계를 중심으로 돌아가는 직업훈련과 프로그램을 정착시키는 게 최선의 길이었다. 그래서 일 없이 노는 성인들로 하여금 직장을 구해 꾸준히 다니고, 성경적인 세계관과 더불어 말씀에 기반을 둔 노동윤리를 체득하며, 제 집을 소유하고 지역사회의 당당한 일원이 되는 단계로 발전하도록 도울 계획을 세웠다. 그렇게 성장하는 동안 가장 깊은 필요(복음을 듣고 받아들임)를 알고 보살필 수 있는 인물이 줄곧 멘토가 되어 그이들을 돕기로 했다.

얼마 전, 프로그램의 첫 번째 졸업생이 배출됐다. 한 여성이 뭇사람들 앞으로 걸어 나와 수료증을 받는 장면을 지켜보는데 가슴이 뭉클했다. 중학교 2학년 때 학교 공부를 그만둔 제니퍼(Jennifer)는 몇 년 동안 이리저리 떠돌다 보니 어느덧 구제불능 마약중독자 신세가 되었다. 똑같이 약물에 절어 사는 남자를 만나 사귀기 시작하면서 추락에는 가속도가 붙었다. 거기다 아이까지 생겼다. 아들이었다. 하지만 먹여 살릴 방도가 없었다. 간신히 일자리를 구했지만 약물중독 탓에 오래 배겨 내질 못했다. 얼마 지나지 않아 남자친구를 갈아치웠다. 이번에도 중독자였고 둘 사이에 딸아이가 태어났다. 두 아이를 부양해야겠다는 생각에 다시 직장을 잡았지만 이번에는 약 살 돈을 마련할 요량으로 회사 물건에 손을 대기 시작했고 결국 들통이 나고 말았다. 고작 스물두 살, 꽃다운 나이에 제니퍼는 수갑을 찼다. 네 건의 범죄를 저지른 혐의로 기소돼 6년 형을 받았으며 두 아이의 양육권도 빼앗겼다.

올해 초, 형기를 다 채우고 출소한 제니퍼는 우리 교회가 지원하는 재활원에 들어왔다. 진심으로 돕고 싶어 하는 여성봉사자들의 사랑을 듬뿍 받은 끝에 구원의 은총을 베푸시는 하나님을 만났다. 복음을 듣고 죄와 자기중심적인 길에서 돌이켜 예수님을 구세주로 믿고 삶을 맡겼다. 이어서 브룩힐즈교회가 주도하는 직업훈련사역에 연결되어 언젠가 만날 고용주에게 과거를 솔직하게 털어놓는 한편, 겸손하고 성실하게 일해서 미래를 바꿔 가는 법을 배웠다. 워크숍을 마칠 즈음에는 그리스도 안에서 스스로의 가치를 다시 인식하고는 하나님이 자신을 향해 특별한 계획을 가지셨다는 확신을 품고 입사지원서를 내기 시작했다. 프로그램 수료증을 받은 지 이틀 만에, 제니퍼는 기다리던 소식을 들었다. 채용됐으니 출근하라는 통보였다. 일자리를 얻었다는 사실 자체보다도 잃어버린 삶을 회복하고 아이들과 다시 합치는 꿈을 향해 큰 걸음을 내딛었다는 게 더 감격스러웠다.

브룩힐즈교회는 지역사회를 바꾸는 작업에 착수하는 한편, 세계적으로는 북인디아 주민들이 겪는 어려움에 초점을 맞추었다. 해당 지역의 긴급한 현안을 다루기 위해 출범시킨 수많은 협력사역들과 새로 형성된 여러 관계들을 일일이 꼽자면 끝이 없다. 이중에 지금껏 설명한 내용을 열린 눈으로 바라보았던 세 남성의 경우는 특별히 마음에 남는다. 이들은 저마다 제 분야에서 일가를 이루었지만, 하나님이 혼자 그 열매를 만끽하도록 성공을 허락하신 게 아님을 잘 알았다. 엄청난 기회를 주시고 큰 수입을 올리게 하신 뜻이 더 큰 집과 근사한 자동차를 사들이고 세상에서 더 편안하게 사는 데 있지 않음을 절감했다. 그래서 제 삶과 비즈니스를 돌아보면서 어떻게 하면 하나님이 주신 선물들을 활용해서 갖가지 어려움으로 극심한 고통을 겪고 있는 지역에 복음을 전파할지 궁리에 궁리를 거듭했다. 세계 각지의 온갖 어려움들과 그 필요를 채울 방안을 기도하며 탐색한 끝에, 성령님이 물 문제 해결에 나서도록 이끄신다는 판단을 내렸다. 이 남성들은 맑은 물을 쉽게 구하지 못하는 인구가 수십 억에 이르며 그 상당수가 인디아에 거주한다는 점에[8] 주목했다. 그리고 지역교회를 통해 가난한 이들에게 깨끗한 식용수를 공급하는 걸 목표로 선교단체(Neverthirst)를 설립했다.

    애초부터 이들은 지역사회에 복음을 잘 전할 수 있는 현지 교회들과 함께 짝을 이뤄 물 사업을 추진하는 편이 효율적임을 잘 알았다. 아울러, 우물을 파거나 정수시설을 세우는 작업이 성공을 거두려면 지역 주민들이 주인의식을 가지고 자발적으로 사업에 참여하는 게 결정적임을 꿰뚫어 보고 뜻을 이룰 수 있는 안전장치를 마련했다. 한 걸음 더 나아가, 교회와 주민들을 훈련시켜서 새로 개발한 수자원을 적합하게 관리하고 활용해 지역사회를 풍요롭게 할 최선의 방법들을 익히게 했다. 처음부터 끝까지 온갖 도전과 차질이 뒤따랐지만, 제3세계 실정에 알맞은 수자원 개발 사역에 관해서라면 모르는 게 없었던 이 형제들은 인내하며 어려움들을 하나하나 극복해 냈다.

    결과는 어땠을까? 프로젝트를 출범시킨 지 고작 몇 년 만에 2천 여 건에 이르는 프로젝트들을 말끔하게 마무리 지었다. 30만 명에 이르는 주민들에게 깨끗한 물을 공급하는 동시에 지역교회를 통해 오로지 그리스도 안에서만 생명수를 찾을 수 있다는 복음을 선포했다.

    지역사회에서 직업훈련을 주도했던 식구들에게도 그렇지만 선교단체를 설립한 이 형제들에게 깊이 감사할 따름이다. 아무도 빈민가나 빈곤국에서 가난하게 사는 불쌍한 죄인들 속으로 뛰어든 구원자 놀이를 하려 들지 않았다는 점에서 더욱 그렇다. 오히려 자신도 빈한하고 가련한 죄인들에 지나지 않는다고 믿었다. 돈에 쪼들리지 않는 중산층 생활과 재물로 현실을 덮고 싶을지 모르지만, 그 깊은 속내를 들여다보면 너나없이 헐벗은 심령에 소망을 주시는 하나님의 손길이 절박하게 마련 아니겠는가! 하나님은 은혜로 그리스도를 통해 그 역사를 이루셨다. 따라서 예수님 안에서 채움을 받은 크리스천들은 시간을 쓰고 재물을 바치고 위험을 감수하고 삶을 드려, 우리가 세상에 사는 동안 필요를 채우실 뿐만 아니라 심령에 영원한 만족을 주시는 구세주만을 가리켜 보이며 이웃을 섬기는 게 당연한 일이다.

다섯째, 영원에 투자하는

복음은 상대적으로 넉넉한 이들을 이끌어 참담하리만치 빈곤한 세계를 살리는 일에 힘을 보태게 하신다. 이에 대해 아직도 할 얘기가 수두룩하지만 한 가지만 더 당부하고 맺어야겠다. 우리를 구원하시고 보살피시는 하나님의 은혜는 영원에 투자하도록 크리스천을 몰아간다. 예수님이 산상설교에서 부유한 이들을 향해 하신 말씀이 귀에 쟁쟁하다. "너희를 위하여 보물을 땅에 쌓아 두지 말라. 거기는 좀과 동록이 해하며 도둑이 구멍을 뚫고 도둑질하느니라. 오직 너희를 위하여 보물을 하늘에 쌓아 두라. 거기는 좀이나 동록이 해하지 못하며 도둑이 구멍을 뚫지도 못하고 도둑질도 못하느니라. 네 보물 있는 그 곳에는 네 마음도 있느니라"(마 6:19-21). 분명, 주님은 선택을 요구하신다. 손에 쥔 자원을 잠깐 있다가 사라져 버릴 덧없는 즐거움을 누리는 데 쓸 수도 있고, 가진 걸 희생해서 절대로 사라지지 않을 영원한 보물을 살 수도 있다.

예수님이 백성들에게 선포하신 이 말씀을 듣고 있노라면 부자 청년과 나누셨던 대화가 떠오른다. 개인적으로 무척 좋아하는 대목이다. 주님은 부유한 젊은이에게 말씀하셨다. "네게 아직도 한 가지 부족한 것이 있으니 가서 네게 있는 것을 다 팔아 가난한 자들에게 주라. 그리하면 하늘에서 보화가 네게 있으리라"(막 10:21). 처음에는 희생을 요구하는 말씀인 줄 알았다. 물론 그런 면이 있는 것도 사실이다. 청년으로서는 도저히 치를 수 없는 값비싼 대가였고 결국 주님의 초청을 거절했다.

하지만 조금 더 자세히 들여다보니 희생하라는 명령보다 만족을 주시겠다는 부름에 가까웠다. 세상에서 가진 걸 다 팔라고 주문하시는 건 사실이지만 이내 영원한 나라에서 변치 않는 보물을 주겠다고 약속하신다. 그런 점에서 보자면, 젊은이가 가난한 이들을 보살핀 동기에는 제 잇속을 차리고자 했던 기운이(어쩌면 그 이상인지도 모른다) 엿보인다. 그래서 예수님은 이렇게 말씀하시는 듯하다. "가난한 이들에게 가진 걸 내주어라. 내가 그보다 훨씬 값진 걸 주마." 한마디로 주님은 보물에서 멀어지는 게 아니라 보물로 가까이 다가가는 길로 부르신 것이다. 이런 식으로 본문을 살피면 물질주의에는 속속들이 죄가 배어 있을 뿐만 아니라 어리석기까지 하다는 사실이 선명하게 보인다. 세상에서 유리조각 따위를 만지작거리느라 영원한 보물을 저버릴 까닭이 무어란 말인가!

그렇다면 우리 삶, 특히 돈과 재물을 어디에 투자하겠는가? 이번 주제를 다루면서 자금을 모으고 투자하는 노력의 중요성에 관해서는 달리 언급이 없다는 점을 지적하고 싶을지 모른다. 돈을 부풀려 하나님 나라를 위해 쓰면 훨씬 큰일을 할 수 있는 데도 말이다. 여윳돈 1천만 원을 적절한 투자처에 넣어 두고 10년쯤 묵히면 나중에는 가난한 이들을 도울 자금이 1억 원쯤으로 자라나지 않겠느냐는 논리다. 그 역시 좋은 투자 방법이고 주님이 그렇게 인도하실지 모른다는 데는 두말이 필요 없다.

하지만 다른 길도 있음을 잊으면 안 된다. 여윳돈 1천만 원을 사미르네 마을 인근에 새로 들어서는 의료 시설과 동역할 교회 개척 사역자에게 투자하는 경우를 마음에 그려 보라. 병원이 나날이 발전해서 주위 여러 동네의 어른과 아이들의 기초적인 의료 수요를 충족시키며 얼마든지 예방할 수 있는 질병으로 인한 사망률을 획기적으로 떨어트린다면 어떻게 되겠는가? 그리고 교회 개척 사역자가 그 마을들에 복음을 전하고, 하나님은 물질적으로 궁핍한 이들의 부르짖음을 들으실 뿐 아니라 영적인 가난에 허덕이는 심령을 구원해 주신다는 메시지를 전한다고 상상해 보라. 20년 뒤, 수천 명까지는 아니더라도 수백 명의 크리스천들이 그런 마을에서 배출되어 하나님을 찬양하며 목청껏 그 이름을 외치고 복음을 널리 퍼트린다고 생각해 보라. 그 또한 신중하게 고려할 만하지 않은가?

부자 청년이 돌아간 뒤에 예수님이 제자들에게 이르신 말씀을 잊지 말라. "내가 진실로 너희에게 이르노니 나와 복음을 위하여 집이나 형제나 자매나 어머니나 아버지나 자식이나 전토를 버린 자는 현세에 있어 집과 형제와 자매와 어머니와 자식과 전토를 백 배나 받되 박해를 겸하여 받고 내세에 영생을 받지 못할 자가 없느니라"(막 10:29-30). 이 구절을 읽으면 슬기로운 투자 전략이 분명해진다. 어디든 이율 1만 퍼센트를 보장해 주는 곳에 가진 자산을 쏟아붓는 게 합리적이다.

선하게 갚아 주시겠다는 약속에도 불구하고 영원에 투자한다는 행위 자체부터가 반문화적이다. 세상의 시장이 아니라 영원한 상품에 투자하기 시작하면 온갖 질문 공세와 반대에 시달릴 공산이 크다. 그럴 법하고 들어 볼 가치가 있는 얘기도 있을지 모른다. 하지만 지금부터 20년만 살고 말 게 아니라는 사실을 잊어선 안 된다. 200억 년 뒤에도 살아 있을 테고 그 사실은 모든 걸 바꿔 놓는다.

즐거움이 가득하든 사방에 가난뿐이든 이 세상은 영원한 집이 아니다. 언젠가는 결코 기쁨이 그치지 않으며 더 이상 가난이 존재하지 않는 또 다른 세상에 살게 된다. 따라서 눈을 열어 신령한 것들과 하나님이 지상에 머무는 동안 맡겨 주신 물질적인 부를 바라볼 뿐 아니라, 그 재물을 활용해 이웃과 자신, 궁극적으로는 하나님의 영원한 영광을 드러내도록 하나님이 부르시는 다양한 길들을 받아들이는 슬기가 필요하다.

문화를 거스르는 '카운터 컬처'의 첫걸음

기도하라

하나님께 구하라.
- 따뜻한 마음을 주셔서 가난한 사람들을 알아보게 해 주세요.
- 생활의 규모를 줄여 더 많이 베풀 길을 보여 주세요.

참여하라

기도하면서 다음 단계를 차근차근 밟아 나가라.
- 지역사회의 가난한 이들을 섬기는 선교단체를 물색해서 개인적으로나 교회 차원에서 어떻게 협력할 수 있는지 알아보라.
- 재정 지출 규모와 내용을 확인하라. 가난한 이들에게 베풀 자원을 더 많이 확보하기 위해 정리할 수 있는 사치스러운 부분이 있는가?

선포하라

다음과 같은 성경의 진리들을 깊이 묵상하라.
- 범사에 여러분에게 모본을 보여 준 바와 같이 수고하여 약한 사람들을 돕고 또 주 예수께서 친히 말씀하신 바 주는 것이 받는 것보다 복이 있다 하심을 기억하여야 할지니라(행 20:35).
- 누가 이 세상의 재물을 가지고 형제의 궁핍함을 보고도 도와줄 마음을 닫으면 하나님의 사랑이 어찌 그 속에 거하겠느냐(요일 3:17).

3.
복음과 낙태

"이게 모두에게 최선이야"

어떤 경우라도
생명은 살아야 한다

수치스러운 침묵, 그리고 끔찍하리만치 소극적인 반응.

크리스천으로 살고 목회자로 사역하면서 낙태라는 이슈에 어떻게 접근해 왔는지 돌아보면 이 두 단어가 먼저 떠오른다. 불과 2년 전까지만 해도 이 문제는 좀처럼 입에 올리지 않았다. 낙태는 개인적으로 신경 쓸 필요가 없는 정치적인 이슈로 여겼다. 깊이 주의를 기울여야 할 중요한 관심사임을 깨닫지 못했다. 그러나 이 책에서 다루는 여러 중요한 이슈들 가운데서도 낙태는 하루하루 평범한 일상을 살아가는 소시민들까지 위협하는 지극히 명백하고 현재적인 위험인자다.

세계적으로 매년 4천2백만 건의 낙태가 자행된다.[1] 매일 115,000건의 임신중절이 이뤄지는 셈이다. 밤마다 네 아이를 침대에 데려다 재우고 한참이나 얼굴을 들여다보는 나로서는 도무지 가늠하기 어려운 숫자다. 바로 그 순간에도 목숨을 노리고 들어오는 칼날이나 약물과 마주하는 아기가 115,000명이나 된다니 도무지 상상이 안 된다. 하지만 그 무엇보다 납득할 수 없는 건 어떻게 이처럼 섬뜩한 세상의 현실에 그토록 둔감할 수 있었느냐 하는 점이다.

전 세계에서 벌어지는 임신중절 행위의 실상을 생각하면 낙태를 현대판 홀로코스트라고 부르는 게 결코 허풍이 아니다. 불과 몇 년이라는 짧은 기간 동안 무려 6백만에 이르는 유대인 남녀와 어린이들이 학살당한 홀로코스트의 참상을 가볍게 평가하려는 뜻은 조금도 없다. 다만, 해마다 아직 태어나지도 않은 아기들이 4천2백만 명씩이나 집단학살당하는 현실을 말하고자 함이다. 아울러 독일의 크리스천들이 조국 땅 여기저기에 들어선 강제수용소의 현실을 외면해선 안 되었던 것처럼, 나를 비롯해 오늘을 사는 크리스천들은 각기 제 나라는 물론 세계 곳곳의 산부인과에서 벌어지는 낙태의 실상을 결코 무시해선 안 된다는 사실을 지적하고자 할 뿐이다. 날이면 날마다 허다한 아기들이 잘리고 뜯겨 나가고 있다면, 이는 분명 복음이 문화에 맞서길 요구하는 이슈임에 틀림없다.

낙태, '강 건너' 불이 아니다

애비(Abby)는 20대 초반의 아가씨다. 크리스천 가정에서 자랐고, 미션스쿨을 졸업했으며, 교회에도 다녔다. 하지만 그리스도와의 관계가 끼어들 여지가 없게 살았다. 일에 치이고, 쾌락에 묻혔으며, 세상을 좇아 살았다. 그러다 한 남자를 만났다. 상대는 넋을 빼앗고 감정을 사로잡았다. 얼마 지나지 않아 둘은 마음과 몸을 다 나누었다. 모든 게 아름답고 근사했다.

하지만 애비에게 아기가 생기자 남자는 냉정하게 떠나 버렸다.

순식간에 온 세상이 산산조각 부서져 내리는 느낌이었다. '말도 안 돼!' 애비는 생각했다. '임신을 하다니! 다들 손가락질할 거야. 집안 식구들의 얼굴에 먹칠을 하고 말았어. 직장생활도 다 끝장났고.' 극심한 두려움에 사로잡혀 어쩔 줄 모르던 애비는 이 궁지에서 벗어날 해법은 하나뿐이란 결론을 내렸다.

어느 금요일 오후, 애비는 낙태수술을 해 주는 산부인과를 찾아갔다. 고작 두 시간 만에 문제는 해결되고 딜레마는 사라졌다. 아니, 그렇다고 생각했다. 월요일 아침이 되자, 비밀을 꽁꽁 숨긴 채 마치 아무 일도 없었던 것처럼 직장에 출근했고 다시 평범한 일상으로 돌아갔다.

낙태는 애비만의 일이 아니다. 미국의 경우, 아주 보수적으로 잡아도 여성들 가운데 대략 3분의 1 정도는 평생 한 번쯤 임신중절수술을 받는다고 한다. 이런 통계에 비춰 보자면, 이 책을 읽는 독자들 중에도 과거에 낙태를 경험한 또 다른 애비들이 있을 것이다. 물론 십중팔구는 누구한테도 비밀을 털어놓지 않는다. 어쩌면 그래서 낙태를 '침묵의 살인자'라고 부르는지 모른다. 아기들뿐만 아니라 지난날 입은 깊은 상처와 어두운 상흔을 가진 엄마들한테도 그렇다.

그러므로 임신중절을 겪은 여성들에게는 좀 더 섬세하게 다가서고 싶다. 이 글을 읽으면서 그이들의 정신세계와 마음에 무슨 생각이 스쳐갈지 이루 다 가늠하기 어렵다. 나로서는 경험을 가진 친구들에게 기댈 수밖에 없었다. 그이들은 하나님 앞에서 낙태의 심각성을 최소화시키기보다 주님이 베푸시는 은혜의 실체를 극대화시켜야 가장 깊은 위안을 맛볼 수 있다고 입을 모았다. 진심으로 친구들의 조언을 따르고 싶다. 거룩하신 하나님이 낙태를 어떻게 판단하시는지 선명하게 설명하고 싶은 뜻이 있지만, 그와 동시에 사랑이 많으신 하나님이 임신중절을 선택한 이들을 어떻게 보시는지도 또렷이 드러내길 원한다.

한 걸음 더 나아가, 그저 이미 낙태를 경험한 여성들만을 겨냥해 쓴 글이 아님을 밝혀 둔다. 과거에 태아를 지워 버릴 마음을 먹었었거나, 지금 낙태를 생각 중이거나, 앞으로 임신중절을 고려할지도 모르는 여성들 모두를 염두에 두었다. 아울러 낙태가 예삿일이 된 이 시대의 문화 속에 사는 모든 크리스천들을 위해 쓴 글이다. 한 장 한 장 읽어 나가면서 그리스도를 따르는 제자들과 교회 지도자들의 눈이 열려서 복음이 임신중절에 관해 무어라 말하는지 또렷이 인식하기를, 그래서 어느 정당의 주장이 아니라 복음의 열정에 사로잡혀 국내외를 가리지 않고 낙태에 반대하는 입장을 투명하고도 떳떳하게 밝힐 수 있으면 좋겠다.

하나님과 태아의 은밀한 관계

하나님의 말씀을 샅샅이 뒤져 봐도 '낙태'라는 말을 찾을 수 없다. 하지만 성경이 거기에 대해 침묵한다는 뜻은 아니다. 하나님이 어떤 분이시며, 인간은 어떤 존재고, 그리스도가 인류를 위해 무슨 일을 하셨는지 알려 주는 복음의 핵심 진리들이 이미 이 문제의 본질을 정확하게 이야기하고 있는 까닭이다.

성경이 하나님과 태아의 관계를 어떻게 설명하는지 깊이 새겨보아야 한다. 시편 기자가 드리는 고백을 들어 보자.

주께서 내 내장을 지으시며
나의 모태에서 나를 만드셨나이다.
내가 주께 감사하오음은
나를 지으심이 심히 기묘하심이라.

> 주께서 하시는 일이 기이함을
> 내 영혼이 잘 아나이다.
> 내가 은밀한 데서 지음을 받고
> 땅의 깊은 곳에서 기이하게 지음을 받은 때에
> 나의 형체가 주의 앞에 숨겨지지 못하였나이다.
> 내 형질이 이루어지기 전에
> 주의 눈이 보셨으며
> 나를 위하여 정한 날이 하루도 되기 전에
> 주의 책에 다 기록이 되었나이다(시 139:13-16).

말씀을 읽노라면, 하나님은 창조주라는 복음의 핵심 진리가 먼저 떠오른다. 생명을 부여할 권세와 권한은 오로지 그분께만 있다. 욥은 말한다. "하나님의 영이 나를 지으셨고 전능자의 기운이 나를 살리시느니라"(욥 33:4). 또 다른 이야기도 있다. "모든 생물의 생명과 모든 사람의 육신의 목숨이 다 그의 손에 있느니라"(욥 12:10).

하나님은 생명을 주기도 하시지만 또한 거두기도 하신다. 욥은 고백한다. "내가 모태에서 알몸으로 나왔사온즉 또한 알몸이 그리로 돌아가올지라. 주신 이도 여호와시요 거두신 이도 여호와시오니 여호와의 이름이 찬송을 받으실지니이다"(욥 1:21). 주님도 친히 선언하셨다. "나는 죽이기도 하며 살리기도 하며"(신 32:39). 그러기에 살인과 자살은 둘 다 죄일 수밖에 없다. 생명을 부여하고 무고한 생명을 취하는 건 오롯이 창조주 하나님만의 특권이다.

성경이 가르치는 이러한 사실에 비춰 볼 때, 낙태는 생사여탈권을 가지신 하나님의 유일하고 주권적인 권세를 침해하는 행위임이 분명하다. 살인이나 자살과 마찬가지로 임신중절은 인간이 삶과 죽음을 마음대로 주무를 힘을 가진 존재라고 내세우는 짓이다. 하지만 실제로는 창조주 하나님 단 한 분께만 살고 죽는 시점을 결정할 권리가 있다. 따라서 낙태는 주님의 권위를 향한 정면 도전이나 다름없다.

임신중절은 창조주의 권위를 모독하는 처사일 뿐만 아니라 그분의 창조 사역에 대한 공격이기도 하다. 하나님이 '모태'에서 아기의 '장기'를 어떻게 짜 맞추시는지 묘사하는 시편 기자의 이야기를 들어 보았는가? 엄마 뱃속에서 일하시는 하나님의 손길을 살피던 기자는 갑자기 격한 찬양을 쏟아 낸다. "내가 주께 감사하오옴은 나를 지으심이 심히 기묘하심이라" 창조주께서 인간을 빚으시는 모습을 떠올리니 터져 나오는 찬송을 억누를 수가 없었던 것이다.

오늘날처럼 아기가 빚어져 자라나는 과정 가운데 상당 부분이 상세하게 밝혀지지 않았던 시절에 내린 결론이라는 점을 감안하면 더더욱 놀라운 노릇이다. 하나님이 어떻게 난자와 정자를 가져다가 하나로 만드시는지 기자는 새카맣게 몰랐다. 몇 주 뒤부터 아기의 심장이 뛰고 피가 돌기 시작하지만 그 이치에 깜깜했다. 산모가 임신 사실조차 거의 감지하지 못하는 판에 기자야 더 말해 무엇하겠는가! 몇 주가 더 지나면 손에 손가락이 생기고 뇌파가 포착된다. 그리고 얼마 가지 않아 이런 '장기'들이 움직이기 시작한다. 콩팥이 생기고 제구실을 한다. 그렇게 12주가 지나면 아기의 신체가 다 조성되고 울 줄도 알게 된다. 이 모두가 세 달이라는 짧은 기간에 생기는 일이다. 임신 3개월이면 심장, 뇌, 장기, 성, 움직임, 반응 따위의 장기와 기능이 갖춰진다. 우주의 창조주께서 그 모든 과정을 진두지휘하신다. 하나님의 창조 작업은 이렇게 경이롭고 경외감을 불러일으킨다.

그런데 창조의 역사가 진행되는 순간에 기구를 들이대거나, 약을 먹거나, 수술을 해서 하나님이 키우신 생명을 박살낸다고 상상해 보라. 중절은 임신 10-14주차에 이뤄지는 게 대부분이다. 그때를 절단과 제거에 '최적기'로 치기 때문이다. 낙태는 두말할 것도 없이 하나님의 광대한 창조 역사에 대한 공격 행위다. 변명의 여지가 없다.

우리 부부의 삶과 말만 되짚어 봐도 그렇다. 아이가 생기지 않아 고민하던 때를 포함해서 함께 걸어온 여정을 돌아보면, 아내가 임신했다는 사실을 듣자마자 마음 가득 차오르던 순전한 기쁨이 가장 먼저 떠오른다. 드디어 헤더의 태중에 아기가 살아갈 것이다. 지금은 책이 눈에 띄기만 하면 닥치는 대로 읽고 온 집안을 돌아다니며 아빠와 다른 식구들에게 태권도 동작을 선보이는 개구쟁이의 생명이 시작된 첫 순간이었다. 바로 그 시발점에서부터 우리는 아기를 한 인격체로 가정하고 대화했다. 살려 두면 언젠가 아들이 될 조직 뭉치로 생각지 않았다. 처음부터 우리 아들이었고 그러기에 아낌없이 사랑했다.

가까운 친구 크리스(Chris)와 멜로디(Melody) 부부도 자녀 둘을 우리처럼 더없이 큰 복덩이로 여긴다. 큰 녀석은 대학에 들어갔고 막내는 이제 막 초등학생이 됐다. 이렇게 터울이 지는 사이에 부부는 네 번이나 유산을 거듭했다. 하지만 크리스와 멜로디는 단 한 번도 생체 조직이 떨어져 나갔다는 식으로 설명하지 않았다. 진심으로 사랑하고 잘 자라 주길 바랐던 금쪽같은 아기들을 잃었다는 말로 그처럼 비통한 상황을 묘사하며 눈물을 펑펑 쏟곤 했다.

모태에 일어나는 일을 그렇게 생각하고 이야기하는 게 어디 우리 두 부부뿐이겠는가? 임신중절을 지지하는 이들마저도 무의식적으로 태아들을 정확히 '아기들'이라고 표현한다. 영국 왕실이 케이트 공주(Princess Kate)의 임신 사실을 공표했다는 보도가 나올 당시가 생각난다. 가장 세속적인 뉴스 매체들까지도 발표가 나온 직후부터 태내의 아기를 왕위 계승자로 거론하기 시작했다. 아기를 소중한 존재로 취급했고, 아무도 '배반포'(blastocyst)나 '세포 한 점' 따위로 부르지 않았다. 그런 용어를 거침없이 구사하는 언론인이 있다면 다들 혐오스러워했을 것이다. '왕족' 아기에게 그만한 존엄을 부여한다면 그보다 덜 중요할 리 없는 '여염집' 아이들에게도 똑같은 대우를 해 주어야 마땅하지 않을까?[2]

태아는 과연 인간인가?

너나없이 대답해야 할, 그리고 낙태에 대한 입장을 판가름하는 핵심 질문은 "자궁에 무엇이 들었는가? 사람인가? 그저 배아, 또는 태아인가?" 하는 것이다. 그밖에 낙태와 관련한 다른 물음과 온갖 논의도 결국은 이 한 가지 질문으로 돌아온다. 모태에 무엇이, 혹은 누가 있는가? 일단 여기에 대답을 내놓으면 나머지는 모두 그 시각에 따라 정렬되게 마련이다.[3]

생각해 보라. 그레고리 쿠클(Gregory Koukl)은 "태아가 인간이 아니라면 낙태의 정당성을 둘러싸고 왈가왈부할 이유가 없다"[4]고 지적한다. 그리고 수많은 이들이 거기에 동의한다. 아직 태어나지 않은 아기는 인간이 아니거나 사람으로 발전할 잠재력을 가진 존재(무슨 소린지 모르겠지만)에 지나지 않는다는 것이다. 다시 말하거니와 그게 사실이라면 "논의는 끝났으며 낙태를 정당화하려는 시도조차 불필요하다."

하지만 쿠클이 글에 쓴 것처럼 "아직 태어나지 않은 아기가 인간이라면 낙태를 옹호하는 건 부적절하다."[5] "낙태는 너무도 복잡한 문제여서 쉽게 답할 수가 없다"고 주장하는 이들이 적지 않다. 하지만 자궁에 자리 잡은 게 인간이 분명하다면, 중절 찬성파(proabortion)든 선택 권리파(pro-choice)든 어떤 논리를 들이대도 근거가 허약해 금방 무너질 수밖에 없다. 낙태 문제와 관련해 지금 어떤 입장에 서 있느냐를 떠나서, 아직 세상에 나오지 않은 아기가 하나님이 친히 빚어 지으신 인간이라고 상상해 보라. 그리고 그걸 기준으로 임신중절에 얽힌 주요한 논의들을 찬찬히 살펴보라.

"여성에게는 의사와 함께 사사로운 결정을 내릴 권리가 있다"고들 한다. 반면에 사생활을 제한해야 하는 경우도 존재하는 게 엄연한 사실이다. 다른 이의 생명이 문제가 된다면 법률은 사생활 침해를 합법으로 본다. 남의 목숨을 어떻게 끝장낼지 공모할 권리는 누구에게도 없다. 아직 태어나지 않은 아기를 인간으로 본다면 관련한 이들의 프라이버시를 뛰어넘어 철저하게 보호해야 마땅하다.

"여성에게 선택권을 주어야 한다"는 주장도 있다. 하지만 무한한 선택권을 지닌 인간은 세상 어디에도 없다.

아장아장 걷는 꼬맹이들이나 십 대 아이들을 키우는 게 부담스럽고 양육비가 많이 든다 해도 부모에게 목숨을 빼앗을 권리가 있는 건 아니다. 마찬가지로 임신중절이라는 문제의 초점은 여성에게 선택권이 있느냐 여부가 아니라, 실제로 하나님이 소중한 인격체로 인정하신 인간을 태중에 지니고 있느냐 하는 것이다. 그렇다면 생명을 소중히 여기는 윤리적인 의무가 임신에서 비롯되는 개인적인 부담보다 당연히 앞서야 한다. 무고한 생명을 끝내 버리기로 선택하는 건 살인과 다를 게 없는 행위다.

낙태를 둘러싼 찬반 논란의 뼈대를 이루는 이슈는 아직 태어나지 않은 아기의 정체성 문제다. 그레고리 쿠클은 친구의 딸 레이첼(Rachel)의 이야기를 들려준다.

레이첼은 태어난 지 두 달이 됐지만 정상적인 임신 기간을 다 채우려면 아직 6주나 모자랐다. 산모는 24주차, 그러니까 6개월을 조금 넘기고 아이를 낳았다. 조산이었다. 세상에 첫발을 디뎠을 당시, 레이첼의 몸무게는 700그램이 조금 넘는 수준이었지만 곧 450그램 아래로 떨어졌다. 몸집이 너무 작아서 아빠의 손바닥 위에 누울 수 있을 정도였다. 작지만 살아 있는 인간이었다. 아이 목숨을 지키기 위해 온갖 방법이 다 동원됐다. 어째서 그랬을까? 도움을 주지 않으면 숨이 끊어질 한 인간, 특히 조그만 어린애를 보호하고 먹이고 보살펴야 할 의무가 있기 때문이다. 레이첼은 허약하고 가녀린 인간이었다. 그런데 한 번 생각해 보라. 의사가 병실에 들어와 엄마 품에서 젖을 빨고 있는 이 조그만 계집애를 돌보는 게 아니라 목숨을 빼앗는다면 그건 틀림없이 강력 범죄다. 하지만 똑같은 아이가(레이첼이) 불과 몇 밀리미터 안쪽, 엄마의 자궁 속에 들어 있다면 임신중절이라는 이름의 합법적인 살인을 당했을지도 모른다.[6]

분별력이 있다면 도무지 납득하지 못하는 게 당연하다. 자궁에 든 존재가 어린아이라고 가정하면 그야말로 터무니없는 일이 아닐 수 없다.

중심(또는 핵심)은 모태에서 벌어진 사건이다. 성경의 입장은 명쾌하다. 자궁에 하나님의 형상대로 빚어진 인간이 들어 있다는 것이다. 태아와 인간(또는 인격을 중심으로 인간적 존재와 인격체)을 가르는 건 인위적이고 비성경적이다. 하나님은 태아를 인격체로 인정하시고 수정되는 순간부터 생명을 부여하셨다. 현대 문화는 이런 개념을 몰아내려고 끈질기게 안간힘을 쓰지만 성경을 믿는 동시에 태아가 인간임을 부정하는 건 불가능하다. 그러므로 그리스도의 제자가 되기로 결단한 크리스천이라면 수많은 사람들이 어머니의 뱃속에서 무참히 살해되는 상황을 마냥 손 놓고 지켜볼 수만은 없다.

만사를 움직여 선한 뜻을 이루시는 하나님

낙태는 피조물 가운데 움직이시는 하나님의 역사를 훼방할 뿐만 아니라 주님과 태아 사이의 관계를 공격한다. 하나님이 뱃속의 아이와 어떻게 관계를 맺으시는지 슬쩍 엿볼 수 있다는 점은 시편 139편이 가진 놀라운 면모 가운데 하나다. 주님은 수정 시점부터(또는 그 이전부터) 아기의 삶에 자상하게 관여하신다. 하나님은 예레미야에게 말씀하셨다. "내가 너를 모태에 짓기 전에 너를 알았고 네가 배에서 나오기 전에 너를 성별하였고"(렘 1:5). 시편 기자는 부르짖는다. "오직 주께서 나를 모태에서 나오게 하시고 … 모태에서 나올 때부터 주는 나의 하나님이 되셨나이다"(시 22:9-10). 하나님이 아직 태내에 있는 아이들을 어떻게 부르시고 이름 지으시고 축복하시는지 성경은 상세하게 설명한다(갈 1:15, 사 49:1, 눅 1:15 참조). 심지어 뱃속의 아기가 기뻐 뛴다고 이야기한다(눅 1:39-44 참조). 눈에 보이지 않는다고 해서 아기의 존재 자체까지 부정할 수 없음을 분명히 일깨우는 말씀들이다. 하나님은 지금 이 시간 세계 곳곳에서 살아가는 엄마들의 뱃속에 있는 아이들을 굽어보시며 인간이 알 수 없는 놀라운 손길로 하나하나 조성하고 빚고 조직하고 짓고 먹이고 모양을 잡고 다듬으신다(욥 31:15, 10:8-12 참조).

안타깝게도 하나님과 태아의 관계를 바라보는 성경의 이런 시각과 요즘 사람들이 사실이라 믿는 현대 문화의 시선 사이의 부대낌은 갈수록 심해지고 있다. 임신중절을 옹호하는 현대인들은 모태 속에 역사하시는 하나님의 놀라운 손길을 송두리째 부정한다. 불편하다는 이유로 낙태를 선택하는 이들이 허다한 세상이다. 임신과 출산, 양육은 값비싼 대가를 치러야 하는 일이다. 형편이 이만저만한 여성들로서는 감당할 수 없을 만큼 부담스럽다. 출산이 바람직해 보이지 않는 상황들도 있다.

출생 전에도 아들딸을 가릴 수 있는 의료 기술이 발달해서 어떤 나라에서는 그 결과에 따라 아이를 지우기도 한다. 중국만 하더라도 오랫동안 한 자녀 정책에 아들 선호 풍조까지 보태져서 수많은 여자 아기들이 빛을 보지 못하고 죽어 나갔다. 인디아의 경우는 딸을 키우는 비용이 훨씬 더 드는 문화 탓에(결혼지참금으로 큰돈을 지불해야 한다), 모태에 든 아기가 여아임이 밝혀지면 중절수술로 이어지는 사례가 많다.

이게 정당해 보이는가? 사내든 계집애든 하나님의 형상을 좇아 눈부시게 지음받은 아이들이 아닌가! 편의에 따라 여자아이를 떼는 중국과 인디아의 풍조가 부당하다면, 이러저러한 이유로 똑같은 짓을 하는 우리나라의 경우는 정당하다고 볼 수 있을까?

성별에 따른 임신중절뿐만 아니라 장애를 내세운 낙태 역시 마찬가지다. 과거와 달리 지금은 자궁 속의 아기가 다운증후군이나 장애를 가질 가능성을 사전에 판단할 수 있다. 그럴 위험성이 높으면 낙태를 허용해야 하는가? 다시 말하지만, 하나님의 역사가 신비하고 놀랍다고 정말 믿는다면 그럴 수 없을 것이다.

요한복음 9장에 등장하는, 날 때부터 앞을 보지 못하는 남자를 생각해 보자. 대다수 유대인들은 본인이나 부모의 죄 때문에 그런 장애를 갖고 태어났다고 철석같이 믿었다. 그래서 제자들은 예수님께 묻는다. "누구의 죄로 인함이니이까?" 예수님은 대답하신다. "이 사람이나 그 부모의 죄로 인한 것이 아니라 그에게서 하나님이 하시는 일을 나타내고자 하심이라." 나면서부터 보지 못하는 이 사람이 때가 되면 그리스도의 영광을 보고 알며 선포하고 기뻐하리라는 것이다.

장애라는 게 얼마나 힘겨운 짐인지 다 안다는 얘기가 아니다. 중증 장애를 가진 아이들을 보살피는 중국의 특수고아원을 돌아본 뒤로, 아내와 함께 그곳에 적잖은 시간과 자원을 투입하고 있다. 외국까지 갈 것도 없이 우리 교회도 장애를 가진 아들딸들을 끌어안고 가슴 아픈 길을 꿋꿋이 걸어가는 가족들과 함께하고 있다. 토머스(Thomas)라는 친구는 다운증후군을 앓는 십 대 소년인데, 주일마다 악수를 하자고 손을 내밀고 끌어안고 지난주에 어떻게 지냈는지 미주알고주알 털어놓는다. 그때마다 "태아 검진 과정에서 다운증후군이 발견된 경우, 산모 가운데 92퍼센트는 임신중절을 선택한다"[7]는 보스턴어린이병원(Boston Children's Hospital)

소아유전학 전문의의 설명이 떠오른다. 현대 서구 문화 속에서 토머스 같은 친구 열에 아홉은 목숨을 부지할 수 없다.

장애를 가진 이들에게 오히려 특별히 역사하시는 하나님의 놀라운 손길을 부인하지 말기를 당부한다. 이는 성경적인 근거가 분명한 일이다. 인간의 머리로는 납득하기 어려울지라도, 하나님은 악한 것까지 아울러 모든 일이 서로 협력해서 선을 이루고 주님의 영광을 드러내게 설계하셨다(롬 8:28 참조). 그러므로 당혹스러운 상황에서 본질적으로 자신이 창조주보다 더 지혜롭다는 듯 스스로 하나님 흉내를 내는 건 잘못일 뿐 아니라 어리석은 짓이다.

마찬가지로, 갖가지 어려움에 빠져 허덕이는 이들에게 오히려 유난히 역사하시는 하나님의 놀라운 손길도 부인해선 안 된다. "그럼, 근친상간이나 성폭행으로 임신한 경우는 어떡하죠? 낙태를 하는 게 당연하지 않나요?"라며 따지는 이들이 있다. 다시 한 번 말해 두지만, 그런 상황에 직면하는 게 무얼 의미하고 어떤 감정이 들지 다 헤아린다는 말은 아니다. 아내든 다른 여성들이든 성폭행을 당한다는 생각만으로도 끔찍하기 이를 데 없다. 피해자와 그 가족들에게 닥칠 신체적, 정서적 타격이 얼마나 심각할지 가늠하기조차 어렵다.

그럼에도 불구하고 근본적인 질문으로 돌아가야 한다. 자궁 속의 아기는 인간인가? 그렇다면 관점은 완전히 달라진다. 엄마 뱃속에서 이미 나온 아기라면 성폭행으로 태어났다는 이유로 죽여 버릴 텐가? 그럴 리가 없다. 그런데 어째서 자궁 안에 있는 아기에 대해선 살인을 서슴지 않는가? 왜 아비의 죄를 물어 자식을 죽이려 드는가(신 24:16 참조).

그렇다면 몸서리가 쳐지는 기억을 떠오르게 할, 죄 없는 그 아이를 어떻게 대해야 하는가? 답은 명확하다. 사랑과 자비가 정답이다.

흔히 되묻는다. "그럼 피해 여성의 감정은 무시하라는 얘깁니까?" 거듭 말하지만, 상처를 입은 여성이 어떤 아픔을 겪는지 나로서는 상상조차 할 수 없다. 당연히 주위에서 따뜻한 마음으로 측은히 여기며, 사랑하고 지원하며, 힘닿는 데까지 열심히 섬겨 주어야 한다. 하지만 이렇게도 생각해 보라. 피해 여성에게 성폭행을 저지른 주인공을 잡아 죽여서 분풀이를 하라고 부추기겠는가? 절대로 그렇지 않을 것이다. 그렇다면 상처 입은 여성의 정서적인 안정을 내세워 죄 없는 아이를 살해하라고 권하는 게 과연 옳은 행동일까?[8]

사회적으로 보수 쪽에 속한 정치인들마저 근친상간이나 성폭행으로 임신한 경우에는 낙태를 불법으로 보아서는 안 된다고 입을 모은다. 이런 현실을 감안하면, 이 주제에 관한 내 입장은 특별히 반문화적으로 비칠 게 뻔하다. 하지만 난 정치인이 아니다. 그저 그리스도를 따르는 제자로서 수많은 검증 자료들을 토대로 복음의 하나님은 나쁜 일을 포함해 만사를 움직이셔서 선한 뜻을 이루시는 분임을 굳게 믿을 따름이다. 요셉을 살해하려는 형들의 음모를 뭇 백성들의 목숨을 보존하는 길로 바꿔 놓으셨다. 근친상간 사건을 쓰셔서 예수 그리스도가 태어나는 통로로 삼으셨다(마 1:3). 그리고 무엇보다도 독생자를 죽음으로 몰아넣는 사건을 구원의 도구로 만드셨다.

복음은 하나님을 신뢰할 수 있게 한다. 좀처럼 납득이 가지 않는 경우에도 그분의 역사는 이루 형용할 수 없을 만큼 놀랍다. 크리스천들이 어려움을 견뎌 내는 데 필요한 능력과 사랑, 의로움과 은혜가 모두 그분께 있다. 주님은 마침내 모든 애통한 마음을 춤으로, 고난을 기쁨으로 바꾸시겠다고 약속한다.

판단은 하나님의 몫

낙태는 창조주 하나님에 대한 모독이며, 창조 역사를 향한 도전이고, 주님이 태아와 맺으신 관계를 공격하는 행위이다. 하나님 앞에서 임신중절이 얼마나 무시무시한 행위인지 인식한다면 낙태를 바라보는 복음의 시선이 한결 또렷해진다.

하나님의 성품을 잊지 말라. 주님은 만물을 심판하시는 거룩하고 의로운 재판장이며 불의를 미워하신다. 무고한 생명을 빼앗는 걸 끔찍이 싫어하시며 거기에 연루된 이들을 심판하신다. 하나님은 아기를 뗀 엄마, 그걸 권한 아빠, 지지해 준 할아버지와 할머니, 말로 거든 친구들을 재판정에 세우신다. 수술을 집도한 의사, 허용해 준 지도자, 상담하고 추천한 목회자, 낙태 절차를 밟아 준 행정 담당자들의 재판관이 되신다.

여기에는 국가 지도자도 포함된다. 깊이 존경하고 늘 위해서 기도하지만, 합법적으로 무고한 어린이들을 살해하는 게 가능하도록 앞장서서 공격적으로 활동하기 때문이다. 개인적으로는 정치 무대에 뛰어드는 걸 원치 않으며 특정 정당 쪽에 서고 싶은 마음도 없다. 그저 성경의 진리를 말하고자 할 뿐이다. 하나님의 말씀은 낙태에 대해서는 물론, 정부가 그와 관련해 감당해야 할 역할에 관해서도 침묵하지 않는다.

성경은 로마서 13장에서 행정 당국의 역할과 시민의 책임을 설명한다.

각 사람은 위에 있는 권세들에게 복종하라. 권세는 하나님으로부터 나지 않음이 없나니 모든 권세는 다 하나님께서 정하신 바라. 그러므로 권세를 거스르는 자는 하나님의 명을 거스름이니 거스르는 자들은 심판을 자취하리라. 다스리는 자들은 선한 일에 대하여 두려움이 되지 않고 악한 일에 대하여 되나니 네가 권세를 두려워하지 아니하려느냐. 선을 행하라. 그리하면 그에게 칭찬을 받으리라. 그는 하나님의 사역자가 되어 네게 선을 베푸는 자니라. 그러나 네가 악을 행하거든 두려워하라. 그가 공연히 칼을 가지지 아니하였으니 곧 하나님의 사역자가 되어 악을 행하는 자에게 진노하심을 따라 보응하는 자니라(롬 13:1-4).

하나님은 백성들의 유익을 위해 정부를 주셨다고 본문은 말한다. 정부는 그분의 권세 아래 있다. 주님의 설계대로라면, 정부는 스스로를 보호할 능력이 거의 없을 만큼 취약한 약자와 가난한 이들, 억압받는 이들을 보살피시는 하나님의 윤리를 되비쳐야 한다. 하나님의 권세 아래서 정부가 갖는 기본적인 존재 이유는 그 울타리 안에 있는 모든 시민의 유익을 도모하는 데 있다.

정부는 선한 일과 사람에 보답하고 악을 벌하는 법을 만들고 집행해서 그 뜻을 이뤄 간다. 흔히 윤리를 규정하는 건 정부의 몫이 아니라고들 한다. 다들 그렇게 알고 있지만 실제로는 엉터리 같은 소리다. 국가는 윤리를 규정할 권리와 책임을 동시에 지닌다. 따라서 훔치고 속이고 죽이는 따위의 행위가 잘못이라고 명명백백하게 말해야 한다. 정부가 지향하는 목표는 여기서 시작되어야 한다. 날이면 날마다 백성들에게 윤리적인 요구를 부과해야 하며, 이는 선한 일이다.

더러는 시민의 선택권을 박탈하는 건 정부의 도리가 아니라고 주장한다. 하지만 그 역시 엄연한 정부의 역할이다. 누구도 남의 물건을 훔치는 쪽을 선택할 수 없다. 그랬다가는 대가를 치를 것이다. 아무도 법률이 금지하는 허다한 행동들을 선택하지 못한다. 저마다 무슨 짓이든 내키는 대로 하는 길을 선택한다면 난장판을 피할 수 없다. 정부가 시민의 선택권을 제한하지 말아야 한다는 말은 윤리적으로 아둔한 주장이자 문화적인 자살 행위다.

핵심은 무얼 선택하느냐에 있다. 저녁으로 멕시코 요리와 중국 음식 가운데 무얼 먹을지, 어디서 살지, 또는 어떤 차를 몰지 따위를 결정하는 권리는 저마다의 몫이다. 이와 비슷한 부류의 일들이라면 개인 선택권을 지지하는 게 당연하다. 하지만 성폭행에 관해서라면 개인 선택권을 입에 담을 수 없다. 빈집털이도 마찬가지다. 아동 유괴도 각자 알아서 할 일이 아니다. 그런데 어째서 아기를 죽이는 일에 대해서는 개인의 선택을 앞세워야 한다고 주장하는가?

적어도 크리스천이라면 갈피를 잡지 못한 채 "나라면 아이를 지우진 않겠지만 남의 선택권까지 침해하는 건 바람직하지 않아" 따위의 어정쩡한 입장을 보이는 데서 벗어나야 한다. 세계 곳곳에서 하나님의 형상대로 지음받은 어린이들이 수백만 명씩 난자당해 죽어 가는 판에 잠자코 있는 게 과연 가능한 일이지 생각해 봐야 한다. 그런 사고방식은 분별 있는 지성인이 보여야 할 아량이 아니라 죄스러운 무관심일 따름이다. 랜디 알콘(Randy Alcorn)의 설명은 더없이 명쾌하다. "성경대로라면 하나님의 형상을 좇아 지음받은 무고한 아기들을 살해하는 걸 지지하거나 중립적인 태도를 보이는 행위는 생각할 수 없는 일이다. 교회사를 통틀어 크리스천들에게는 그야말로 언감생심이었으며, 오늘날의 크리스천들에게도 꿈도 꾸지 못할 짓이 되어야 한다.[9]

여는 글에서 짚었던 것처럼, 어떤 이슈에 관해 입을 열어야 하고 또 침묵해야 하는지 고르고 선택할 권리가 우리에겐 없다. 복음을 믿는다면 낙태가 불의한 행위임을 지적해야 한다. 하나님은 태아를 떼어 낸 부모와, 칼을 쥔 의사, 임신중절을 허용한 정치인들의 심판관이다. 그뿐 아니라 이런 사태를 알면서도 전혀 반응하지 않는 목회자와 교인들의 재판관이기도 하시기 때문이다. 그리고 제3장을 시작하면서 고백한 바와 마찬가지로, 나는 이 일과 관련해 '죄인들의 괴수'라고 할 만하다. 낙태라는 이슈를 두고 '선택적 불의'를 저질러 온 세월이 너무도 길기 때문이다. 하나님의 은혜를 간절히 구할 따름이다.

하나님의 용서와 용납 속에서 평안하라

감사하게도 하나님은 내게, 여러분에게, 우리 모두에게 복음을 통해 은혜를 베푸셨다.

잊지 말라. 하나님은 죄를 벌하시는 심판자인 동시에 죄인들을 건지시는 구원자이다. 낙태를 미워하는 재판관이지만 거기에 발을 담근 이들마저도 사랑하셔서 이 좋은 소식을 들려주는 임금님이기도 하시다. 아기를 지웠거나, 임신중절을 지지했거나, 부추겼거나, 직접 수술했거나, 허가를 내줬거나, 아무런 행동도 취하지 않은 이들(모두)의 심령 깊숙한 자리까지 관통하는 진실이 있다.

하나님은 온전히 용서하신다는 소식이다. "이는 하늘이 땅에서 높음 같이 그를 경외하는 자에게 그의 인자하심이 크심이로다. 동이 서에서 먼 것 같이 우리의 죄과를 우리에게서 멀리 옮기셨으며"(시 103:11-12). 주님은 말씀하신다. "나 곧 나는 나를 위하여 네 허물을 도말하는 자니 네 죄를 기억하지 아니하리라"(사 43:25). "만일 우리가 우리 죄를 자백하면 그는 미쁘시고 의로우사 우리 죄를 사하시며 우리를 모든 불의에서 깨끗하게 하실 것"(요일 1:9)이란 말씀도 있다. 복음은 기쁜 소식이다. 낙태 과정에 어떤 형식으로 연루되었든지 간에 죄에서 돌이켜 그리스도를 믿고 의지하면 주님이 이미 그 값을 치르시고 십자가의 은혜로 온전히 용서해 주셨음을 알게 된다.

하나님은 온전히 용서하실 뿐만 아니라, 속속들이 치유하신다. 주님은 거룩한 자녀들이 깊은 회한에 빠져 고통스러워하며 살기를 바라지 않으신다. 지난날을 돌아보며 죄를 미워하는 건 지극히 올바른 태도다. 과거에 저지른 죄를 가슴 아파하는 마음가짐은 강력한 억제력을 발휘해 다시 죄를 짓지 않게 막아 주기도 한다. 하지만 그게 너무 지나쳐서 하나님이 당장 누리도록 설계하신 평안까지 빼앗겨선 안 된다. 예수님이 비도덕적인 삶을 살고 있던 여인에게 들려주셨던 말씀을 기억하라. "네 죄 사함을 받았느니라. … 네 믿음이 너를 구원하였으니 평안히 가라"(눅 7:48-50).

하나님은 온전히 용서하고 속속들이 치유하실 뿐만 아니라, 완벽하게 회복시키신다. 그리스도를 믿고 따르는 이들은 기억해야 할 게 있다. 그리스도 안에 있으면 죄인이 아니며 정죄될 일이 없다는 사실이다. 낙태를 한 번 했든 다섯 번 했든 마찬가지다. 임신중절 수술을 몇 천 번 집도했든 몇 백만 번 허용했든 상관없다. 가슴에 주홍글씨를 새긴 채 돌아다닐 이유가 없다. 하나님은 자녀를 대할 때 낙태의 죄가 아니라 그리스도의 의를 보시기 때문이다. 주님은 대속하고 회복시키신다. 앞에서 이야기한 것처럼, 하나님은 악한 것까지 아울러 모든 일이 서로 협력해서 지극히 선한 결과를 가져오게 하시며 그런 사례를 꼽자면 너무 많아서 입이 아플 지경이다.

첫머리에서 소개했던 아가씨를 기억하는가? 애비는 오랫동안 아무에게도 낙태 사실을 털어놓지 않았다. 하지만 어느 주말, 남자친구에게 프러포즈를 받고 나서 마음이 달라졌다. 둘이 만나기 훨씬 전에 있었던 일이지만, 반드시 고백해야 할 것만 같았다. 예비 신랑은 귀 기울여 듣고 넉넉하게 품어 주었다. 둘은 아무한테도 말하지 않기로 하고 그로부터 8년 동안 철저하게 약속을 지켰다. 세상 누구도 알 수 없는 부부만의 비밀이었다.

그러던 어느 날, 친구들과 둘러앉아 복음으로 말미암아 자유와 용서를 얻은 경험들을 나누면서 변화가 찾아왔다. 애비는 그리스도를 알고 있었고 교회를 들락거리며 자랐지만, 그때까지는 이사야서 61장 말씀이 도통 마음에 와 닿지 않았었다. 훗날 예수님도 인용하신 적이 있는 이 본문은 이렇게 가르친다. "주 여호와의 영이 내게 내리셨으니 이는 여호와께서 내게 기름을 부으사 가난한 자에게 아름다운 소식을 전하게 하려 하심이라. 나를 보내사 마음이 상한 자를 고치며 포로된 자에게 자유를, 갇힌 자에게 놓임을 선포하며 … 모든 슬픈 자를 위로하되 무릇 시온에서 슬퍼하는 자에게 화관을 주어 그 재를 대신하며 기쁨의 기름으로 그 슬픔을 대신하며 찬송의 옷으로 그 근심을 대신하시고"(사 61:1-3).

난생처음, 그리스도가 세상에 오셔서 십자가를 지신 까닭을 깨달았다. 죄와 부끄러움의 사슬을 끊고 자유롭게 하셔서 자신과 같은 이들의 상한 심령을 치유하러 오셨음을 알게 된 것이다. 장장 15년 동안, 애비는 행여 남들한테 알려질까 전전긍긍하면서 지난날의 죄를 덮느라 안간힘을 썼다. 그런데 이제 과거에 무슨 잘못을 저질렀든 그리스도 안에서 하나님의 용서와 용납을 받았다는 걸 처음으로 실감했다.

놀라운 자유를 경험한 애비는 비슷한 일을 겪은 여성들을 어루만지는 교회사역에 발 벗고 나섰다. 가엾게 여기는 마음을 품고 슬기롭고 조심스럽게 낙태 전력이 있는 여성들에게 다가가 섬기고 지지해 주는 훈련을 받았다. 그리고 주위에서 임신중절을 경험한 여성들을 찾아 정기적으로 모이는 소그룹을 만들고 훈련받은 내용을 실행에 옮겼다. 낙태를 줄이는 시민운동에 적극적으로 참여했다. 특히 수술을 고민하는 산모들을 만나 상담하고, 자신의 이야기를 들려주며, '문제'를 해결할 다른 방도가 있음을 알리는 일에 힘을 기울였다. 언제나 남편, 그리고 두 아이와 함께였다. 한 녀석은 예쁘장한 여자아이인데 볼 때마다 환히 웃으며 달려와 품에 안기곤 했다. 나머지 하나는 잘 생긴 사내아이로 나한테 농구를 배웠다. 낙태 경험이 과거를 철저히 얼룩지게 하고 평안을 영원히 앗아 갔다고 믿던 여성이 복음으로 변화되었다. 그리고 하나님이 그 주인공을 사용해 말 그대로 무수한 어린이들과 엄마들의 목숨을 건져 냈다. 그러한 모습은 억만금을 주고도 살 수 없는 고귀한 그림이 아닐 수 없다.

가치 없는 생명은 없다

글을 마무리하려니, 불쑥 여자아이가 태어나는 걸 반기지 않는 나라에 사는, 이름도 알 수 없는 어느 엄마가 생각난다. 중국에서는 날마다 모태에서 죽음을 맞는 아이가 3만5천 명을 웃돌며, 한 차례 이상 중절수술을 받아 본 여성이 50퍼센트가 넘는다.[10] 자발적인 경우도 있지만 법규 때문에 어쩔 수 없이 수술대에 오르는 이들도 있다. 정부 당국이 인구통제정책을 쓰는 까닭이다. 시골 마을에 사는 여성들은 최근에 임신하거나 출산한 적이 있는지 정기적으로 신고해야 한다.

자세한 내막은 모르지만 그 여성도 아이를 가졌음을 확인하는 순간, 출산하더라도 제대로 키우기 어렵다는 사실도 알았을 것이다. 그럼에도 불구하고 낙태를 거부하고 분만일까지 버티다 결국 소중한 여자아이를 출산했다. 그 산모는 갓난이를 푸른색 옷에 싸서 종이상자 안에 넣고 한밤중에 특수한 아동들을 돌보는 고아원 문 앞에 가져다 두었다. 이튿날 아침, 아기를 발견한 고아원 관계자들은 엄마를 백방으로 수소문했지만 찾을 수 없었다.

엄마가 누군지 지금도 모르지만, 하나님께 정말 감사하다. 낙태를 거부한 산모의 용기와 태아를 가엾게 여기는 마음 덕에 어린 여자아이 한 명이 목숨을 부지할 수 있었다. 일을 마치고 집에 들어서면, 그 아이가 온 얼굴에 함박웃음을 지으며 달려 나온다. 그리곤 "아빠!"를 외치며 폴짝 뛰어 안겨서는 힘껏 끌어안는다. 이런 아이 하나하나가 다 소중하다. 따라서 우리는 확신과 긍휼, 용기를 품고 주위에서 벌어지는 현대판 홀로코스트를 막는 일에 최선을 다해야 한다.

문화를 거스르는 '카운터 컬처'의 첫걸음

기도하라

하나님께 구하라.
- 우리나라와 세계 곳곳에서 벌어지는 낙태라는 이름의 불의를 막아 주세요.
- 낙태 과정에 어떤 형태로든 가담한 부분이 있다면 그 허물을 용서해 주세요.
- 영향력을 행사할 수 있는 위치에 있는 이들에게 믿음을 주셔서 낙태를 막는 데 그 힘을 사용하게 해 주세요.

참여하라

기도하면서 다음 단계를 차근차근 밟아 나가라.
- 지역구 국회의원에게 편지를 보내 이 땅에서 낙태를 몰아내야 할 이유를 분명하고도 정중하게 설명하라.
- 관련 선교단체와 함께 활동하거나 태아의 생명이 얼마나 소중한지 알리는 이벤트에 참여하라.
- 미혼모를 보살피고 돕는 기관에서 자원봉사를 하거나 후원 활동을 벌이라. 절박한 처지에 몰린 산모들이 선택할 수 있는 다른 길이 있음을 알려 주라.

선포하라

다음과 같은 성경의 진리들을 깊이 묵상하라.

- 내가 은밀한 데서 지음을 받고 땅의 깊은 곳에서 기이하게 지음을 받은 때에 나의 형체가 주의 앞에 숨겨지지 못하였나이다. 내 형질이 이루어지기 전에 주의 눈이 보셨으며 나를 위하여 정한 날이 하루도 되기 전에 주의 책에 다 기록이 되었나이다(시 139:15-16).

- 네가 만일 환난 날에 낙담하면 네 힘이 미약함을 보임이니라. 너는 사망으로 끌려가는 자를 건져 주며 살륙을 당하게 된 자를 구원하지 아니하려고 하지 말라. 네가 말하기를 나는 그것을 알지 못하였노라 할지라도 마음을 저울질 하시는 이가 어찌 통찰하지 못하시겠으며 네 영혼을 지키시는 이가 어찌 알지 못하시겠느냐. 그가 각 사람의 행위대로 보응하시리라(잠 24:10-12).

- 예수께서 이르시되 어린 아이들을 용납하고 내게 오는 것을 금하지 말라. 천국이 이런 사람의 것이니라 하시고(마 19:14).

4.

복음, 그리고 고아와 과부

"내 문제만으로도 버겁다"

크리스천,
당신이 그들의 가족이다

딸아이로 맞이할 아기를 보자마자 어떤 이름을 지어 줄지 금방 떠올랐다.

몇 년 전, 우리 부부는 무심코 입양 절차를 밟기 시작했다. 둘 사이에 아기가 생기길 한 달 두 달 기다리기를 무려 5년이나 계속한 끝에 내린 결정이었다. 기도하고 갈망하고 갖은 노력을 다 했지만 하나님은 이편에서 소망하는 방식으로 응답해 주지 않으셨다. 임신할 수 있을지 여부가 불확실한 상태가 되자 마침내 입양을 고려하게 되었다. "이젠 차선책을 쓸 때인 것 같아." 서로에게 이야기했다. "생물학적으로는 아이를 가질 수 없지만, 아직 입양이란 방법이 남았잖아."

하지만 입양이 '차선'이 아니라 또 다른 '최선'임을 알아차리기까지는 그리 오랜 시간이 걸리지 않았다. 하나님은 불임이라는 악조건을 사용해 아내와 내 눈을 여셔서 온 세상 고아들이 마주한 심각한 위기 상황을 직시하게 하셨다. 대략 1억5,300만 명의 어린이들이 세계 곳곳에서 고아, 그러니까 아버지와 어머니 적어도 어느 한 쪽을 잃은 채 살아간다. 부모가 모두 없는 친구도 1,800만 명에 이른다. 이 수치에 포함되지는 않았지만 각종 시설이나 거리에서 생활해서 사실상 고아나 다름없는 아이들도 수백만을 헤아린다. 여기에다 아버지와 어머니가 살아 있다 해도 거의 볼 수 없거나, 가족 구성원으로서 정상적인 삶을 경험해 본 적이 없

는 이른바 '사회적 고아'도 이루 헤아릴 수 없을 만큼 많다.[1]

사실, 이런 통계 수치는 진즉에 들어서 새삼스러울 게 없었다. 다들 그러하듯, 이런 수치와 자료들을 한 번 쓱 훑어보곤 한 점 망설임 없이 지나치곤 했다. 하지만 우리 삶에 입양 가능성이 열리는 순간, 카자흐스탄에서 아빠엄마를 찾는 10개월짜리 사랑스러운 사내아이의 얼굴을 처음 보는 순간, 고아원을 찾아가서 뛰노는 아이들과 침상이 빼곡히 들어찬 방안을 들여다보는 순간, 통계 숫자라는 게 곧 우리 아들이 될 꼬맹이와 비슷한 어린이들의 사연을 뭉뚱그린 결과물이라는 걸 깨닫는 순간, 모든 게 달라졌다. 이런 생각들이 퍼뜩 떠올랐다. 아이들의 얼굴을 마주 보지 않으면 고아들은 쉽게 잊히고 만다. 이름을 불러 주지 않으면 존재 자체가 묻히기 쉽다. 손을 잡아 주지 않으면 놓치고 지나치기 쉽다.

입양을 통해 첫째 아들을 주신 지 얼마 안 돼서, 놀랍게도 하나님은 더 자연스러운 방식으로 둘째를 허락하셨다. 칼렙(Caleb)을 데리고 카자흐스탄에서 돌아오고 나서 얼추 두 주쯤 지났을 즈음, 아내는 아기를 가졌고 아홉 달 뒤에 조슈아(Joshua)가 태어났다. 이런 이야기를 하면 흔히 그토록 힘들던 임신이 입양을 기점으로 어떻게 금방 이뤄졌는지 신체적이나 정서적인 차원에서 분석하고 설명하려 든다. 임신과 출산의 생리를 논하고 싶은 생각은 눈곱만큼도 없지만, 하나님이 베풀어 주신 특별한 은혜 말고는 아내가 아기를 갖게 된 연유를 정리할 길이 없다. 삶에 닥친 불임이라는 어려움을 쓰시지 않았다면 만날 일이 없었을 카자흐스탄 북부 한 궁벽한 마을의 소중한 어린 영혼. 그 아이를 입양하게 인도하신 하나님은 더 영광스러운 무언가를 염두에 두셨음에 틀림없다. 우리 부부는 주님이 이끌어 주셨던 5년여에 걸친 불임 기간이 참으로 감사하다.

자연 임신이 가능하다는 사실을 알고 나서도 입양을 원하는 마음은 여전했다. 하나님은 아내와 내 눈을 열어 고아들의 절박한 필요를 보게 하셨다. 마음의 빈자리를 메우고 싶은 요구에서 시작한 입양 과정은 하나님의 마음으로 그분의 실재를 되비쳐 드러내고자 하는 소망으로 바뀌었다.

성경을 읽노라면, 고아들의 삶 가운데 권능과 사랑을 베푸시는 주님의 열정을 거듭 볼 수 있다. "너희의 하나님 여호와는 신 가운데 신이시며 주 가운데 주시요 크고 능하시며 두려우신 하나님이시라. 사람을 외모로 보지 아니하시며 뇌물을 받지 아니하시고 고아와 과부를 위하여 정의를 행하시며 나그네를 사랑하여 그에게 떡과 옷을 주시나니"(신 10:17-18). 시편 기자는 말한다. "그의 거룩한 처소에 계신 하나님은 고아의 아버지시며 과부의 재판장이시라"(시 68:5). 율법을 처음 주는 자리에서 하나님은 백성들에게 명령하셨다. "너는 과부나 고아를 해롭게 하지 말라"(출 22:22). 뿐만 아니라 이스라엘의 역사가 이어지는 내내 줄곧 백성들에게 권면하셨다. "선행을 배우며 정의를 구하며 학대받는 자를 도와주며 고아를 위하여 신원하며 과부를 위하여 변호하라 하셨느니라"(사 1:17).

이런 말씀들을 보면 하나님의 마음이 고아뿐만 아니라 남편을 잃고 홀로된 여인들에게도 가 있음을 알 수 있다. 성경 여러 본문에서 주님은 이 두 계층을 한 그룹으로 묶으신다. 그러고 보면, 성경 뒷부분에 기록된 "하나님 아버지 앞에서 정결하고 더러움이 없는 경건은 곧 고아와 과부를 그 환난 중에 돌보고 또 자기를 지켜 세속에 물들지 아니하는 그것"(약 1:27)이란 기막힌 말씀도 놀랍게 여기기보다 지극히 당연하게 받아

들여야 마땅하다.

얼마나 대단한 말씀인가! "고아와 과부를 그 환난 중에 돌보고 또 자기를 지켜 세속에 물들지 아니하는 그것." 이게 바로 하나님이 친히 내리신 깨끗하고 흠이 없는 경건의 정의다. 참다운 신앙이란 그저 피상적인 종교 활동에 참여하는 게 결단코 아니다. 자신을 희생해 가며 초자연적인 사랑을 적절하고도 지속적으로 드러내는 게 진정한 신앙이다.

'고아와 과부들을 그 환난 중에 돌보고'라고 할 때 '돌보아 주다'에 해당하는 원어에는 이따금 안부를 나누는 수준 이상의 의미가 담겨 있다. 야고보서 1장 27절에 사용된 단어는 신약의 여러 본문들에도 등장하는데 주로 하나님이 거룩한 백성들을 찾아가 돕고, 힘을 주며, 격려하시는 장면을 묘사하는 데 쓰였다.[2] 따라서 이들을 돌아본다는 말은 잘 살게 하는 데 깊은 관심을 가지고 열심히 노력하며, 필요를 채워 주는 데 온힘을 다한다는 뜻이다.

하나님은 도대체 왜 '경건한 신앙'을 이처럼 특별한 방식(고아와 과부를 돌아보는)으로 규정하시는지 궁금할지 모르겠다. 여기에 대한 답은 야고보서 1장 27절 후반부의 "자기를 지켜 세속에 물들지 아니하는 그것"이라는 설명에서 찾을 수 있다. 이쯤에서 흔히들 생각한다. '그래, 신앙생활을 제대로 하려면 고아와 과부를 보살펴야지. 그리고 윤리에 어긋나는 짓은 하지 말아야 해.' 비도덕적인 잘못을 저지르지 않도록 조심해야 한하는 데는 두말이 필요 없다. 야고보서는 전반에 걸쳐 갖가지 방식으로 이 문제를 자세히 설명한다. 하지만 '고아들과 과부들을 돌보아 주는 일'과 '자기를 지켜서 세속에 물들지 않게 하는 것'을 분리하지 않도록 신경을 써야 한다. 야고보 사도는 본문에 바로 잇대어 부자를 앞세우고 가난한 이들을 외면하는 세상의 가치 체계에 장단을 맞추는 교회의 실태를 매섭게 꾸짖고 있기 때문이다. 사도는 세상의 방식을 좇아 사는 사람들은 스스로에게 가장 이익이 될 만한 부류, 무얼 주면 어김없이 보답이 돌아올 성 싶은 계층에 관심을 보이고 높이 떠받든다고 지적한다. 하지만 진정한 신앙은 문화에 장단을 맞추지 않는다. 세상의 사고방식과 라이프 스타일에 물들지 않는 게 참다운 믿음이다. 문화를 거슬러, 도움이 될 법하지 않은, 그래서 베풀어도 되갚을 능력이 전혀 없어 보이는 이들을 희생적으로 보살핀다.

고아와 과부, 그러니까 신체적, 정서적, 관계적, 영적으로 정상적인 삶을 유지하는 데 큰 역할을 하는 중요한 가족 구성원을 잃어버린 어린이와 여성들 속으로 들어가라. 결과적으로 그이들은 누군가 개입해 신체적, 정서적, 관계적, 영적 자양분을 공급해 주길 목마르게 기다리고 있다. 그런 이들을 사랑하는 게 진짜배기라고 하나님은 말씀하신다. 가족을 잃은 이들의 가족이 되어 주는 신앙이야말로 참다운 믿음이다.

그렇다면 이 세상에 존재하는 1억 5,300만 명의 '고아'들은 그리스도를 좇는 이들에게 어떤 의미인가? 세계 곳곳에 있는 2억 4,500만 '과부'들, 남편을 잃는 동시에 사회적으로 고립되고 경제적인 능력을 박탈당한 채 홀로 가정을 꾸리며 살아가는 1억 1,500만 여성들을 위해 무슨 일을 해야 하는가?[3] 수억에 이르는 이 아이와 여성들 한 명 한 명을 하나님이 지극히 긍휼히 여기신다는 것을 안다면 무얼 해야 하는지는 말이 소용없을 만큼 분명하다. 실행에 옮기느냐 마느냐, 그것이 문제일 따름이다.

절망적인 두 과부를 살린 보아스

하나님은 성경 전반에 걸쳐 아비와 남편을 잃은 아이와 여성들을 향해 뜨거운 관심을 보이신다. 그뿐 아니라 책 한 권을 통째로 비워 가정을 잃은 이들에 대한 사랑을 세밀하게 보여 주신다. 룻기는 개인적으로 무척 좋아하는 말씀이다. 비극, 상실, 좌절, 승리, 소망, 충성 따위를 비롯해 로맨스의 필수 요소들을 모조리 담고 있는 오래된 러브 스토리다. 하지만 단순한 사랑 이야기가 아니다. 룻이라는 모압 여인의 개인사를 뛰어넘어 이야기 속에 또 다른 이야기를 품고 있다. 우리들의 이야기면서 인간사의 무대에 오른 모든 이들의 이야기기도 하다. 잠깐 시간을 내서, 하나님이 세계 곳곳의 고아와 과부들을 통해 빚어내는 내러티브에 우리가 어떻게 어우러져 들어가는지를 파악하는 데 룻기가 얼마나 유용한지 살펴보자.

 룻기의 무대는 "이스라엘에 왕이 없으므로 사람이 각기 자기의 소견에 옳은 대로"(삿 21:25) 행하던 사사시대다. 이야기는 베들레헴에서 시작된다. '빵집'이라는 베들레헴의 속뜻이 무색하게, 실제로는 시내를 다 뒤져도 빵 한 덩어리 찾기 어려운 실정이었다. 시민들은 겁에 질리고 절망했다. 집집마다 극심한 기근에 시달리다 못해 산에 머물며 먹을거리를 찾아다녔다. 엘리멜렉이란 사내도 아내와 두 아들을 데리고 모압으로 삶터를 옮겼다.

 베들레헴에서 아주 멀리 떨어진 곳이었고 문화도 여러모로 낯설었다. 모압 족속은 여러 세대를 거슬러 올라간 옛날 옛적, 아브라함의 조카 롯이 친딸과 근친관계를 맺으면서 태어난(창 19장 참조) 가증스러운 민족이었다. 모압 여자들 한 무리가 이스라엘 백성들을 음행에 끌어들여 결국 2만4천 명이나 되는 이스라엘 사람들이 목숨을 잃는 사건이 벌어지기도 했다(민 25장 참조). 품행이 문란하고 우상숭배가 극심한 탓에 하나님은 영원히 주님의 총회에 들어오지 못하게 했다(신 23:3 참조). 그럼에도 불구하고 모압 행을 선택했다는 건 그만큼 형편이 다급했음을 보여 주는 중표였지만, 유대인으로서는 낯을 들 수 없을 만큼 부끄러운 일임에 틀림없었다.

그러나 수치로 출발한 사태는 고통으로 돌변했다. 성경을 읽는 독자들로서는 그야말로 눈 깜짝할 새에 벌어진 일인 것만 같다. 엘리멜렉이 가족을 이끌고 모압으로 갔다는 기사를 전하고 나서 성경 기자는 10년에 걸친 비극을 단 세 구절로 압축해 정리한다. 가장 먼저 엘리멜렉이 아내를 남기고 숨을 거뒀다. 나오미는 과부가 되었다. 이어서 두 아들이 제각기 룻과 오르바라는 모압 아가씨와 결혼했다. 그런데 엘리멜렉이 숨지고 10년이 흐른 뒤, 두 아들마저 세상을 떠나고 말았다. 나오미에게는 악몽의 연속이었다. 남편도 없고 이제 자식마저 잃었다. 여인은 가난의 밑바닥을 헤맬 수밖에 없었다. 남은 가족이라곤 괄시받는 민족 출신의 며느리 둘 뿐이었다. 이스라엘 백성에게는 저주 중의 저주였다. 가계를 이을 후손도 앞으로 살아갈 방도도 없었다. 아니 당장 무얼 어떻게 해야 좋을지 막막하기만 했다.

그러던 차에 주님께서 베들레헴 주민들을 돌아보셔서 그 땅에 기근을 그치게 하고 먹을거리를 주셨다는 이야기를 들었다. 나오미는 오르바와 룻에게 베들레헴으로 돌아갈 뜻을 밝혔다. 두 며느리에게는 따라오지 말고 모압에 머무르라고 타일렀다. 남편감을 얻어 대를 잇기는커녕 이방인 취급이나 당할 게 빤한 터에 함께 돌아가는 건 아무래도 무모한 선택이었다. 나오미는 "주님께서 손으로 나를 치신 것이 분명하다"면서 자신과 멀리 떨어지는 게 현명한 판단이라고 설득했다.

오브라는 걸음을 돌이켰지만 룻은 달랐다. 성경을 통틀어 가장 중대한 대사 가운데 하나로 꼽힐 만한 고백을 시어머니 앞에서 한다. "어머니께서 가시는 곳에 나도 가고 어머니께서 머무시는 곳에서 나도 머물겠나이다. 어머니의 백성이 나의 백성이 되고 어머니의 하나님이 나의 하나님이 되시리니 어머니께서 죽으시는 곳에서 나도 죽어 거기 묻힐 것이라. 만일 내가 죽는 일 외에 어머니를 떠나면 여호와께서 내게 벌을 내리시고 더 내리시기를 원하나이다"(룻 1:16-17). 신랑과 신부가 주고받는 결혼 서약에 자주 등장하는 이 문구가(혼인 자리에 쓰인다는 건 곧 그만큼 멋지고 아름답다는 뜻일 수 있다) 여기서는 시어머니와 며느리 사이에 오가고 있음에 주목하라. 그동안 수많은 결혼식을 집례해 왔지만 고부간에 이런 말이 오가는 장면은 단 한 번도 본 적이 없다.

나오미는 마지못해 받아들이고 함께 베들레헴으로 돌아가는 여정에 나섰다. 여러 해 전, 남편을 따라 두 아들을 이끌고 등졌던 고향땅으로 한 발 한 발 돌아가는 나오미의 마음에 얼마나 많은 상념과 회한이 교차했을지 상상이 가고도 남는다. 떠날 때는 은총을 입은 아내의 처지였지만 지금은 쓰라린 아픔만을 끌어안은 여인이 되어 돌아가는 길이다. 멀리서 나오미의 모습을 확인한 베들레헴 아낙네들은 한달음에 쫓아 나와 떠들썩하게 묻는다. "이이가 나오미냐 하는지라. 나오미가 그들에게 이르되 나를 나오미['기쁨'이라는 뜻]라 부르지 말고 나를 마라['쓰라린'의 의미]라 부르라. 이는 전능자가 나를 심히 괴롭게 하셨음이니라. 내가 풍족하게 나갔더니 여호와께서 내게 비어 돌아오게 하셨느니라. 여호와께서 나를 징벌하셨고 전능자가 나를 괴롭게 하셨거늘 너희가 어찌 나를 나오미라 부르느냐"(룻 1:19-21).

더없이 따뜻한 환대였다. 베들레헴의 여인들은 십년 여 만에 돌아온 나오미를 뜨겁게 반겼다. 하지만 나오미의 반응은 간결했다. "날 기쁨이라고 부르셨나요? 얼토당토않아요. 내 이름은 '쓰라림'이랍니다."

이번엔 룻의 입장이 되어 보자. 베들레헴의 아낙들은 나오미의 말을 듣고 충격을 받은 채 멍하니 서 있다. 시어머니의 입에서 다음 말이 흘러나온다. "이제는 재앙의 흔적만 짊어진 채 이렇게 돌아왔습니다." 뭇 시선이 쏠린다. 며느리는 고개를 떨군다. 스스로 재난의 상징임을 잘 아는 까닭이다. 자신이야말로 전능하신 분이 시어머니에게 안기신 불행의 초상이 아닌가!

침울한 침묵이 흐르던 그 순간에는 나오미와 룻, 그 누구도 하나님이 미리 예비해 두신 선물을 알아차리지 못했다. 당장 두 가지가 절실했다. 빈속을 채워 줄 음식과 쉼터를 내줄 가족이었다. 바로 이 대목에서 룻기의 화자는 무대 뒤편에 엘리멜렉의 친척으로 마음씨 넉넉하고 살림살이마저 넉넉한 보아스라는 인물이 기다리고 있음을 알린다.

다음 날, 며느리는 시어머니에게 밭에 나가 먹을 만한 게 있는지 찾아보겠노라고 이야기한다. 하나님은 밭 주인들에게 가난한 이들을 위해 낟알을 남겨 당장 끼닛거리가 없는 빈민들이 주워 가게 하라고 명령하셨다. 이는 하나님이 마련해 두신 궁핍한 백성들의 먹고살 방편이었다. 그래서 성경 기자는 독자들에게 알린다. "룻이 가서 베는 자를 따라 밭에서 이삭을 줍는데 우연히 엘리멜렉의 친족 보아스에게 속한 밭에 이르렀더라"(룻 2:3). 그런데 룻이 막 일을 시작하려는 참에 "마침 보아스가 베들레헴에서부터" 왔다(룻 2:4).

기자가 이야기를 풀어 가는 화법은 이 지점에서 드라마틱한 우연의 일치를 강조하는 쪽으로 흐른다. 룻은 우연히 보아스의 밭에 들어갔다. 때마침 보아스가 돌아왔다. 그런데 알고 보니 보아스는 엘리멜렉과 친척지간이다.

이 대목을 읽을 때마다 아내가 즐겨 보는 애정 영화가 떠오른다. 보통 이런저런 일들이 갑자기 벌어지면서 두 남녀가 뜻하지 않게 계속 만나게 되는 구조다. 함께 보는 경우에는 곁눈질을 해 가며 한마디씩 꼬집고 싶을 때가 있다. "말도 안 돼! 세상에 저렇게 굴러 가는 일이 어디 있어!" 하지만 입을 열기 전에 반드시 헤더의 눈치를 본다. 십중팔구 눈물이 그렁그렁한 채 영화에 넋이 빠져 한 장면 한 장면에 몰입하고 있을 테니 말이다. 형편이 그 지경이면 얼른 입을 닫고 생각한다. '저걸 정말이라고 믿나 보네.' 그리고는 불만을 꾹 누르고 다시 영화에 눈을 준다.

하지만 룻기는 판타지 소설이 아니다. 우주를 지으시고 다스리시는 하나님이 가난한 이들을 먹이고 입히심을 알리려고 쓰신 거룩한 드라마이다. 보아스는 룻을 알아보고 일꾼에게 묻는다. "이는 누구의 소녀냐" 일꾼은 대답했다. "이는 나오미와 함께 모압 지방에서 돌아온 모압 소녀"입니다(룻 2:6).

이야기를 들은 보아스는 밭을 똑바로 가로질러 소외계층 여인인 룻에게 간다. 다른 일꾼들에게는 곁눈도 주지 않고 곧장 다가서서는 다정하게 부르며("내 딸아 들으라") 곡식을 넉넉히 거두라고 권한다. 보아스와 함께하는 한, 여인은 안전하고 부족함 없이 지낼 수 있게 되었다. 외경심에 사로잡힌 룻은 사회에서 무시당하는 가장 밑바닥 신분일 뿐인 자신에게 호의를 베푸는 까닭을 소리 내어 물었다. 보아스는 하나님의 축복을 선포하는 걸로 대답을 대신했다. "이스라엘의 하나님 여호와께서 그의 날개 아래에 보호를 받으러 온 네게 온전한 상 주시기를 원하노라"(룻 2:12).

이렇게 오간 대화가 실마리가 되어 요즘 같으면 '첫 데이트'라고 부를 만한 일이 생겼다. 보아스가 룻을 밥상머리로 초대한 것이다. "이리로 와서 떡을 먹으며 네 떡 조각을 초에 찍으라." 룻기를 적은 기자는 이렇게 덧붙인다. "룻이 곡식 베는 자 곁에 앉으니 그가 볶은 곡식을 주매 룻이 배불리 먹고 남았더라"(룻 2:14).

식사를 마치고 난 뒤, 보아스는 곡식을 넉넉히 들려 보내라고 지시했고, 남자 일꾼들은 그 말을 받들어 "보리가 한 에바쯤"(룻 2:17)을 가져가게 했다. 양을 가늠하기 쉽도록 설명을 붙이자면, 당시 추수꾼들이 하루 종일 일하면 보리 1킬로그램 남짓을 받는 게 보통이었다. 그런데 그날 저녁, 룻은 14-23킬로그램 정도의 보리를 가지고 돌아갔다. 그렇게 무거운 낟알 보따리를 짊어지고 시내까지 걸어서 돌아가다니, 규칙적으로 헬스클럽에 다니며 꾸준히 근육을 키워 온 게 아닌지 의심스러울 정도다.

집에 돌아온 룻을 보고 시어머니가 얼마나 기쁘고 고마워했을지는 굳이 설명할 필요가 없을 것이다. 나오미는 질문을 쏟아 냈다. "오늘 어디서 주웠느냐? 어디서 일을 하였느냐? 너를 돌본 자에게 복이 있기를 원하노라." 며느리가 온종일 어디서 일했는지 시어머니는 새카맣게 몰랐음을 놓치지 말라. 룻의 입에서 "오늘 일하게 한 사람의 이름은 보아스니이다"란 말이 튀어나오는 순간, 나오미가 느꼈을 놀라움을 상상해 보

라. 너무도 감격스러워 소름이 돋았을지도 모른다. "그가 여호와로부터 복 받기를 원하노라. 그가 살아 있는 자와 죽은 자에게 은혜 베풀기를 그치지 아니하도다. … 그 사람은 우리와 가까우니 우리 기업을 무를 자 중의 하나이니라"(룻 2:19-20).

나오미의 외침은 룻기를 통틀어 더없이 중요한 한마디를 소개한다. '우리 기업을 무를 자' 라는 말이다. 하나님은 자비를 베푸셔서 누군가 남편을 잃는 것과 같은 극단적인 어려움에 처할 때 가까운 친척들이 나서서 보살피게 하는 시스템을 마련해 주셨다. 그런 일이 생기면 한집안 사람이 대속의 부담을 지고 역경을 겪는 친지를 위해 행동에 나선다. 토지의 소유권을 갖는 대신 벼랑 끝에 몰린 인척의 생계를 책임지는 식이다.

레위기 25장과 신명기 25장, 예레미야서 32장을 비롯한 구약성경의 본문들은 위와 같은 역할을 하는 이른바 '기업 무를 자'(kinsman-redeemer)의 세 가지 요건을 설명한다. 첫째로 대속할 권리가 있어야 한다. 기본적으로 어려움에 빠진 친척에게 도움을 제공할 후보군 가운데 가장 가까운 혈족이어야 한다. 권리를 가진 이가 일차적인 책임, 그러니까 고난당하는 친척을 보살필 의무를 지는 걸 당연히 여겼다. 둘째로는 그만한 자원을 가진 인물이어야 한다. 역경에 처한 친지를 지원하려면 그 친지를 가족으로 맞아들여 뒷받침할 힘과 여력이 있어야 했다. 마지막으로, 상대를 수렁에서 건져 줄 뜻이 있어야 한다. 자발적인 의지를 가져야 한다는 말이다. 가장 가까운 혈족이며 충분히 도와줄 재력을 가졌지만 친척을 제 그늘 아래 두고 보살피고자 하는 마음이 부족할 수도 있다.

이러한 사실을 바탕에 깔고 이야기는 계속 흘러간다. 룻은 날마다 나오미 일가의 기업 무를 후보자 가운데 하나인 보아스의 밭에서 일한다. 그리고 그때마다 먹을거리를 들고 돌아오지만, 보아스는 가까운 친족을 대신 구제하는 단계로 나가는 데는 소극적인 것처럼 보인다. 조바심이 난 시어머니는 재촉을 해야겠다고 작정하고 작전을 짰다. 한밤중에 룻을 보내 어떻게든 대속을 요청해 보기로 한 것이다. 며느리는 고분고분 그 뜻에 따랐다. 타작마당에서 뜻하지 않게 룻과 마주한 보아스는 말한다. "참으로 나는 기업을 무를 자이나 기업 무를 자로서 나보다 더 가까운 사람이 있으니 이 밤에 여기서 머무르라. 아침에 그가 기업 무를 자의 책임을 네게 이행하려 하면 좋으니 그가 그 기업 무를 자의 책임을 행할 것이니라. 만일 그가 기업 무를 자의 책임을 네게 이행하기를 기뻐하지 아니하면 여호와께서 살아 계심을 두고 맹세하노니 내가 기업 무를 자의 책임을 네게 이행하리라"(룻 3:12-13).

다음날 아침, 보아스는 나오미의 땅을 도로 찾을 일차적인 권리를 가진 사내를 찾아간다. 그이가 "내가 무르리라"라고 선언하면서 이 스토리의 긴장감이 정점을 찍는다. 하지만 보아스는 나오미와 그 땅을 사들이면 모압 여인인 룻도 받아들여 친족의 유산을 보전해야 한다는 사실을 침착하게 지적한다. 의미심장한 이 정보 한 토막이 상황을 뒤집었다. 사내는 우선권을 포기한다. "나는 내 기업에 손해가 있을까 하여 나를 위하여 무르지 못하노니"(룻 4:6). 구제할 자원을 가지고 있었지만 그럴 의지가 부족한 탓에 권리를 넘긴 것이다.

우선권을 가졌던 사내가 물러서자 보아스는 공식적으로 속내를 밝힌다. "내가 엘리멜렉과 기룐과 말론에게 있던 모든 것을 나오미의 손에서 산 일에 너희가 오늘 증인이 되었고 또 말론의 아내 모압 여인 룻을 사서 나의 아내로 맞이하고 그 죽은 자의 기업을 그의 이름으로 세워 그의 이름이 그의 형제 중과 그 곳 성문에서 끊어지지 아니하게 함에 너희가 오늘 증인이 되었느니라"(룻 4:9-10). 보아스의 선언과 함께 두 여인은 보아스의 가족이 되었고 룻은 아내가 되었다.

대속을 선포하자마자 룻은 보아스와 결혼했고 아들을 가졌다. 이제 이야기는 결말로 넘어간다. 아기를 품에 안은 나오미에게 베들레헴 여인들은 너도나도 덕담을 건넨다. "찬송할지로다. 여호와께서 오늘 네게 기업 무를 자가 없게 하지 아니하셨도다. 이 아이의 이름이 이스라엘 중에 유명하게 되기를 원하노라. 이는 네 생명의 회복자이며 네 노년의 봉양자라. 곧 너를 사랑하며 일곱 아들보다 귀한 네 며느리가 낳은 자로다"(룻 4:14-15).

하지만 여기가 종착점은 아니다. 룻기는 마지막 장면까지 보여 준 영화랑 비슷하다. 스크린이 어두워지면 이제 끝났구나 싶을 때 화면이 다시 밝아지면서 그 다음에 무슨 일이 일어났는지 후일담을 전하는 자막이 떠오른다. 룻기는 그 어떤 스토리보다 강렬한 뒷이야기를 담고 있다. 자막은 룻과 보아스가 낳은 아들의 사연을 소개한다. "그의 이름을 오벳이라 하였는데 그는 다윗의 아버지인 이새의 아버지였더라"(룻 4:17).

룻의 이야기를 처음 듣는 유대인들에게 이 자막은 짧지만 입이 떡 벌어질 만한 내용이다. 이스라엘에 왕이 없던 시절에 있었던 친족 대속을 그린 우화에서 출발해 유대인의 역사를 통틀어 가장 유명한 왕이 된 남자의 족보로 발전하고 있지 않은가! 룻기를 마무리하는 몇 구절에는 열 세대에 걸친 가계도가 들어 있다. 모압 땅에서 보낸 죽음과 불임의 10

년 세월과, 모압 족속에게 저주가 될 열 세대를 상징적이지만 설득력 있게 보여 주는 대목이다. 룻의 이야기는 이처럼 하나님이 자비를 베푸셔서, 결연히 친족 대속에 나선 구원자를 통해 멸시받던 모압 여인을 구원하시고, 어떻게 절망적이던 이스라엘 가정을 살리셨는지 정리하는 걸로 막을 내린다.

하나님을 비쳐 보여 주는 거울이 되라

룻기가 단순한 사랑 이야기가 아니라는 점은 앞에서 이미 지적했다. 이야기 속에 또 다른 이야기를 담아 궁극적으로 역사를 지배하시는 하나님의 손길과 고난을 당하는 이들을 향한 주님의 마음을 가리켜 보여 주는 책이다. 무대에 오른 보아스는 그저 마음씨 고운 인간의 본보기가 아니라 하나님의 모습을 되비쳐 주는 거울 역할을 한다. 주님을 믿고 따르는 이들을 모두 아우르는 커다란 가정을 통해 가족이 없는 이들의 절실한 필요를 채우시려는 하나님의 너그러운 뜻을 실감나게 보여 주는 것이다.

우리가 선 자리가 바로 이 지점이다. 물론 지금은 그리스도가 오시기 수백 년 전인 사사시대는 아니지만, 당장 속해 사는 문화 속에서 하나님의 성품을 비추어 주어야 한다는 점은 눈곱만큼도 다르지 않다. 고아와 과부를 짐스럽게 여기는 분위기가 점점 더 짙어 가는 형편이므로 보아스처럼 너그럽게 베풀 반문화적인 기회는 사방에 널렸다.

야고보서 1장 27절 말씀을 본문으로 주일 예배 설교를 준비하면서 지방정부 아동복지 관련 부서에 전화를 걸었다. 고아들을 보살피거나 위탁양육 하는 쪽에 도울 일이 없는지 물었다.

질문을 들은 책임자는 웃음기 배인 목소리로 대답했다. "있고말고요! 산더미 같이 쌓였죠!"

그럼 우리 지역의 위탁양육과 입양 수요를 다 해결하려면 얼마나 많은 가정이 필요하냐고 질문했다. 책임자는 웃느라고 대꾸를 못했다.

"아니, 이렇게 생각해 봅시다." 이번엔 달리 물었다. "몇 가정이나 이 일에 뛰어들어야 선생님이 말씀하시는 갖가지 어려운 문제들이 다 해소되는 기적이 일어날까요?"

한참이나 마음을 가라앉힌 뒤에 책임자는 말했다.

"150가정 이상이 힘을 보태 주면 기적이 일어나지 않을까 싶습니다."

드디어 야고보서 1장 27절로 메시지를 전할 날이 왔다. 말씀을 마치면서 교인들을 다소 낯설고 특별할 수 있는 자리로 초대했다. "여러분 가운데 계신 그리스도께서 이런 일로 우리 지역의 어린아이들을 섬기라고 명령하시면, 2주 뒤에 열리는 모임에 참석해 주시기 바랍니다."

모임 날이 되자 수많은 교인들이 예배당으로 몰려들었다. 그날 밤, 160가정 이상이 위탁양육이나 입양 약정서에 서명했다. 한 그리스도를 좇는 믿음의 식구들은 한마음으로 다짐했다.

"우리 지역의 아이들 한 명 한 명이 밤마다 사랑으로 꼭 끌어안아 주는 이들의 품에 안길 수 있도록 최선을 다하겠습니다. 저마다 아비 없는 이들의 아버지시며 연약한 이들의 보호자가 되시는 분을 바라보도록 이끌겠습니다."

지금 교회에는 시내 곳곳에서 온 아이들로 가득하다. 이런 아이들을 섬기는 일뿐 아니라 그 아이의 부모들을 도와 온 가족이 다시 합치는 일에도 힘을 쏟는다. 위탁양육에서 비롯된 엄청난 기쁨이 교회 구석구석까지 스며들었으며 앞으로도 결코 달라지지 않을 것이다.

처음 설명회가 열리던 날을 떠올릴 때마다 어느 사회사업 담당자와 이야기를 주고받던 때가 생각난다. 교인들이 행사장으로 줄지어 밀려드는 걸 지켜보다가 한쪽으로 날 잡아끌더니 그렁그렁 눈물이 고인 채로 물었다.

"어떻게 이런 결심을 다 하셨어요? 이 많은 분들을 무슨 수로 끌어모은 거죠?"

웃으며 대답했다.

"제가 결심한 게 아니에요. 하나님이 하셨을 뿐에요. 여기 모인 분들은 날이면 날마다 이 아이들이랑 그 가족들에게 주님의 사랑을 비쳐주는 거울들인 셈이죠."

고아와 과부가 넘쳐 나는 문화

지역사회의 아이들을 보살피는 위탁양육과 입양 보호 활동에 발을 깊이 들일수록, 한 가정에 고아와 과부가 함께 사는 경우가 흔하다는 사실을 더 또렷이 볼 수 있었다. 몇 해 전부터 우리 교회 교인 가정 가운데 일부가 특별한 뜻을 품고 시내 빈민가로 이사해 터를 잡았다. 주민들과 어울려 지내다 보니, 그곳 아이들 가운데 적어도 60퍼센트 정도는 부모가 아니라 할아버지 할머니와 살고 있다는 걸 알았다. 사실상 아빠와 엄마가 모두 없다시피 한 경우가 대부분이었다. 한 술 더 떠서, 조부모라고 해도 실은 버림받거나 이혼, 또는 사별로 남편을 잃은 할머니가 홀로 손자손녀를 키우기 십상이었다. 이런 사실들을 종합해 보면, 그 지역 가정 가운데 고아와 과부가 한 지붕 아래 사는 사례가 절대다수를 차지했다.

두말할 필요 없이, 이런 문화 속에서라면 사역의 기회가 무궁무진할 수밖에 없다. 한 부모 가정에서 사는 아이들이 늘어나는 추세까지 감안하면 문화 전반에 널린 사역 기회는 몇 곱절로 불어난다. 성경에서 말하는 고아와 과부는 기본적으로 부모나 남편이 세상을 떠나는 바람에 의지가지없이 남게 된 어린이들이나 여인들을 가리킨다. 하지만 이 시대의 형편을 돌아보면, 미국의 경우만 하더라도 어린이 셋 가운데 하나는 한 부모 가정에서 자라며 미혼모가 낳은 아기가 신생아의 절반에 육박한다.[4] 나중에 다시 살펴보겠지만, 결혼의 우선순위가 떨어지고 영원한 가치가 실추된 데서 오는 불가피한 현상이다. 결국, 아빠엄마 없이 자라는 아이와 남편을 잃은 여성이 한 집에 사는 수치가 수직상승한 것이다.

이런 세태가 현대 문화 속의 교회에 주는 의미는 그야말로 매머드급이다. 이제 교회가 떨치고 일어나서 부모나 남편이 세상을 떠나고 없거나 살아 있더라도 실제 삶에서는 실종된 집안의 어린이, 또는 여성들에게 하나님의 사랑을 보일 기회가 역사상 그 어느 시대보다 많아졌다. 그리스도는 크리스천들에게 문화를 거슬러서 중요한 의미를 가진 가족 구성원을 잃어버린 고아와 과부를 보살피는 일에 뛰어들라고 요구하신다. 아비가 없는 아이들의 아버지시며 과부들의 보호자가 되시는 주님은 거룩한 백성들에게 이런 아이들과 여성들을 제 식구처럼 보살피라고 명령하고 계신다.

현직에서 은퇴하고 주일마다 주차 봉사를 하는 프랭크(Frank)는 이태 전, 어느 호스피스 간호사와 이야기를 나누다 병동 환자들의 온갖 사연과 어려움들을 듣게 됐다. 간호사는 특히 가족도 친구도 없이 혼자 환자를 돌보느라 집에 갇혀 지내다시피 하는 여성들이 무수히 많다고 강조했다. 귀 기울이던 프랭크는 중얼거렸다.

"마치 하나님이 '네가 뭐라도 좀 거들어야 하지 않겠니?'라고 말씀하시는 것 같구려."

프랭크는 행동에 들어가기로 결심했다. '깨끗하고 흠이 없는 경건'은 주일 아침 예배를 드리러 온 교인들을 도와 주차 공간으로 안내하는 데 그치지 않음을 깨달았다. 남편 없이 홀로 삶을 꾸려가는 여성들을 도와 사랑과 보살핌을 받을 수 있는 가족 공간으로 이끄는 일 역시 참다운 신앙의 주요한 요소였다. 프랭크는 즉시 다양한 '독거 여성'의 집을 찾아갔다. 몇 달이 가도록 쓰레기통을 비우지 못한다든지 오랫동안 이부자리를 빨지 못하고 지내는 여성들을 만났다. 이동식 트레일러 주택에서 바깥으로 나가는 계단 세 칸을 걸어 내려가지 못해서 심하면 몇 주씩 방안에 외따로 갇혀 살아야 하는 장애인 과부들도 만났다. 그이들에게는 휠체어를 타고 오르내릴 경사로가 절실했다. 지붕에 구멍이 뚫려 비만 오면 온 방안이 물바다가 되는 집에 사는 여성도 만났다. 야고보서 1장 27절 말씀대로, 프랭크는 그저 과부들을 만나 보기만 하는 게 아니라 교회 식구들로 팀을 꾸려서 그이들을 돌보기 시작했다.

봉사팀은 모린(Maureen) 아주머니 같은 여성들을 돕기 시작했다. 그리스도를 주로 믿는 모린 자매는 머잖아 과부가 되어 혼자 두 손녀를 돌

137

볼 처지였다. 아주머니의 남편은 알코올중독에서 비롯된 간경화로 죽어 가고 있었다. 죄를 짓고 형무소에 들어간 딸 대신 진즉부터 손녀딸들을 정성껏 보살폈지만 정작 애 엄마는 출소하자마자 아이들을 버리고 종적을 감췄다.

모린 아주머니를 찾아간 프랭크는 집 꼴을 보고 기가 막혔다. 싸구려 목재로 대충 지은 건물은 50년도 더 묵은 데다 제대로 관리하지 않아서 흰개미가 들끓었다. 하나뿐인 화장실은 바닥이 움푹 꺼졌고 녹이 잔뜩 낀 강철관이 땅에 뒹굴었다. 어느 날인가는 어린 손녀가 올라서자 마루가 폭삭 꺼져 내리기도 했다.

프랭크와 팀 멤버들은(여기에는 프랭크 손녀도 끼어 있었다) 시간을 내서 모린 자매의 집을 고치기 시작했다. 말이 좋아 수리지 사실은 신축이나 다름없었다. 힘을 합쳐 일하는 동안 기도하며 서로 격려할 기회가 수없이 찾아왔다. 프랭크는 아주머니의 남편 곁에 나란히 섰던 순간을 잊지 못한다. 남편이 기도하고 싶어 하는 것 같다면서 모린 자매는 환자를 일으켜 앉혔다. 프랭크는 당시 상황을 이렇게 설명한다.

"아저씨가 몸을 일으키더니 손을 내밀며 울음을 터트렸어요. 여러 차례 발작을 겪은 탓에 말을 하지 못했지만, 다 같이 기도를 드렸습니다. 내 손녀딸 아이가 그 양반의 손을 꼭 쥐었죠."

야고보서 1장 27절 말씀에 순종해서 어떤 상급을 받았는지 이야기할 때 프랭크 얼굴이 얼마나 환해졌는지 독자들에게 보여 줄 수 없는 게 안타까울 따름이다. 언젠가 프랭크는 고백했다. "이런 일을 경험할 줄은 꿈에도 몰랐어요. 누군가 여러분들에게 미소를 짓는다면, 여섯 달 동안 한 번도 웃어 본 적이 없는 이들이 웃는다면, 그이들은 여러분에게서 하나님을 보고 있기 때문입니다. 크리스천은 마땅히 그래야 합니다."

어쩐지 보아스 이야기를 듣는 것 같은 느낌이다. 그렇지 않은가?

형제자매를 돌볼 권리를 행사하라

그렇다면 더 많은 교회들이 뜻을 모아 고아와 과부들을 위해 집중적인 노력을 기울이지 못하는 이유는 무엇일까? 도대체 무엇 때문에 가정을 외면하고 가족을 방치하는 안팎의 문화적 흐름에 맞서지 못하는 것일까? 분명, 가난한 이들을 돕는 일은 교회의 전유물이 아니다. 고아와 과부를 돌보기 위해 꼭 크리스천이 될 필요는 없다. 하지만 복음을 받아들이고 따르는 이들은 세상의 뭇사람들보다 더 강력한 동기를 가졌다고 믿는다. 대속의 짐을 떠맡는 이가 갖춰야 할 자격과 요건들이, 하나님의 가정에 입양된 크리스천들이 고아와 과부들 곁을 지키며 동행할 수밖에 없는 까닭과 어떻게 맞아떨어지는지 곰곰이 짚어 보기만 해도 금방 납득할 수 있다.

우선, 대속자는 합당한 권리가 있어야 한다. 구약성경에 따르면 우선 혈연관계가 기본이 되었다. 대속하는 권리는 가까운 혈족이 어려움에 빠진 친지를 보살피는 책임을 의미한다. 신약성경도 이를 확실하게 이어받아 크리스천들에게 가까운 친족들을 돌아보라고 명령한다. "누구든지 자기 친족 특히 자기 가족을 돌보지 아니하면 믿음을 배반한 자요 불신자보다 더 악한 자니라"(딤전 5:8).

하지만 신약성경은 육신의 가계를 이루는 구성원들을 보살피는 수준에 머물지 않는다. 크리스천은 그리스도를 통해 육체적인 혈통을 훌쩍 뛰어넘어 완전히 새로운 가정에 입양되었기 때문이다. 전혀 다른 혈통으로 가족이 되었으므로 더 이상 생물학적 핏줄을 따질 이유가 없어졌다. 주님이 피 흘려 인류의 죗값을 치르신 덕에 크리스천들은 모두 형제자매가 되었다. 바울은 1세기를 배경으로 유대인과 이방인의 관계를 설명하면서 이방인들에게 이렇게 말한다.

> 이제는 전에 멀리 있던 너희가 그리스도 예수 안에서 그리스도의 피로 가까워졌느니라. 그는 우리의 화평이신지라. 둘로 하나를 만드사 원수 된 것 곧 중간에 막힌 담을 자기 육체로 허시고 법조문으로 된 계명의 율법을 폐하셨으니 이는 이 둘로 자기 안에서 한 새 사람을 지어 화평하게 하시고 또 십자가로 이 둘을 한 몸으로 하나님과 화목하게 하려 하심이라. 원수 된 것을 십자가로 소멸하시고 … 이는 그로 말미암아 우리 둘이 한 성령 안에서 아버지께 나아감을 얻게 하려 하심이라. 그러므로 이제부터 너희는 외인도 아니요 나그네도 아니요 오직 성도들과 동일한 시민이요 하나님의 권속이라(엡 2:13-16, 18-19).

이 복음의 진리는 그리스도를 따르는 이들이 가족을 생각하고 말하는 방식에 커다란 의미를 준다. 크리스천들의 가정에서는 "친자식이 생기기 전까지는 입양을 고려하지 않을 거야"라든지 "밖에서 들인 아이를 배 아파 낳은 자녀만큼 사랑할 수 있을지 모르겠어" 따위의 이야기를 멈춰야 한다. 그런 대화는 고아들을 '돌보아 준다'는 표현의 참뜻을 제대로 헤아리지 못하고 있음을 고스란히 드러낸다. 돌보아 준다는 건 곧 제 식구처럼 보살필 책임을 진다는 말이다. 크리스천은 유전형질을 보전하기 위해서가 아니라 복음의 메시지를 선명하게 드러내 보이기 위해 세상에 존재한다. 그리고 그 복음의 메시지는 신체적 장벽을 허물고 생물학적인 혈통을 초월한다.

얼마 전에 아시아 어느 나라의 대형교회에서 메시지를 전했다. 자기소개를 하면서 아내와 뜻을 모아 두 아이를 새 식구로 맞아들인 사연을 들려주었다. 설교가 끝난 뒤, 그곳 사역자가 다가오더니 넌지시 말했다. "목사님, 입양 이야기는 교인들한테 아주 낯설게 들렸을 겁니다. 우리나라 사람들은 혈통을 지키는 걸 대단히 중요하게 여기거든요. 피를 나누지 않은 사람을 가족으로 여긴다는 건 우리 문화에서는 좀처럼 생각하기 어려운 일입니다."

이내 되물었다. "그럼 이곳 문화 속에서 고아들은 어떻게 살죠?"

그이가 대답했다. "우리나라 사람들은 웬만해선 입양을 하지 않습니다. 고아들은 시설에 보내서 전담 직원의 보살핌을 받으며 자랍니다. 하지만 피붙이가 없는 아이라는 딱지가 따라다닙니다. 게다가 고아를 입양한 가정도 비슷한 시선을 받습니다."

이유를 캐물었다.

"어째서죠?"

사역자는 설명했다.

"가문의 혈통을 순수하게 지켜 내지 못했다고 보니까요."

한 주간 동안 전하려고 잡아 놓았던 메시지의 방향이 그 한마디로 완전히 바뀌었다. 사역자를 붙들고 더 많은 이야기를 나누었다. 그럴수록 교인들에게 입양에 관해 가르쳐야겠다는 생각이 드는 것 같았다. 다

행히 '복음과 입양'이란 이슈를 더 깊이 다루도록 허락해 주었을 뿐 아니라 권하기까지 했다. 그래서 이틀에 걸쳐 말씀을 전하면서 고아를 돌아보는 일은 하나님의 확고한 명령이며 복음이 제시하는 입양의 개념은 하나님의 자녀가 된다는 게 무슨 뜻인지 정확하게 파악하는 데 꼭 필요한 요소임을 강조했다.

"신체적인 혈통이 이곳 문화 속에서 여러분에게 얼마나 중요한지 잘 압니다. 하지만 그리스도께 나오는 순간부터 또 다른 혈통이 훨씬 중요해집니다. 십자가에서 흘리신 그리스도의 피는 여러분을 새로 빚어 교회와 연합하게 하고 문화적인 수치와 조롱을 참고 견디며 주님이 가족 없이 살아가는 이들을 보살피신다는 사실을 세상에 드러내 보이게 몰아갑니다."

메시지를 전하는 사이에 예배당을 가득 채운 청중들의 마음 문이 활짝 열리는 게 보이는 듯했다. 집회를 마칠 무렵에는 교인들이 입양 약정서를 작성할 수 있는 부스가 대회장 바깥에 설치되었다. 입양을 통해 문화에 맞서라는 그리스도의 명령이 또렷이 드러나자 교인들은 기쁜 마음으로 말씀을 행동으로 옮기기 시작했다.

가족이 되어 주는 길은 무궁무진하다

교회는 육신의 가계를 뛰어넘어 가족이 없는 이들을 보살필 권리만이 아니라 실행할 자원도 가지고 있다. 거룩한 백성들을 이끌어 고아와 과부를 돌보게 하시는 하나님의 모습은 룻기를 비롯해 성경 전반에서 볼 수 있다. 개인적인 삶에서 이를 직접 체험한 적도 있다.

죽는 날까지 그 순간을 잊지 못할 것이다. 미국 서부에서 복음을 전하고 아내가 기다리는 뉴올리언스의 집으로 막 돌아온 참이었다. 짐을 풀고 있는데 애틀랜타 주에서 본가 어른들 가까이에 사는 동생한테 전화가 왔다. 목소리가 심상치 않았다. "형, 아버지가 … 기도해 줘!" 신경이 곤두섰다. 수화기 반대편에서 동생이 더듬더듬 전하는 말 한 마디 한 마디에 귀를 기울였다. 아버지는 더없이 좋은 친구이자 가장 열렬한 팬이었다. 동생의 이야기를 들으면서 마음은 벌써 현장으로 달려가고 있었다.

"형, 이게 무슨 날벼락인지 모르겠어. 지금 막 구급차가 도착했어. 의사가 아버지를 들것으로 옮기는 중이야. 앞일을 가늠할 수가 없어. 무조건 기도해 줘!"

그러마고 대답하자마자 동생은 전화를 끊었다. 당장 무릎을 꿇고 그 어느 때보다 간절하고 다급한 심정으로 하나님께 부르짖었다. 눈물을 쏟으며 아버지의 생명을 건져 주시길 기도했다. 여태 누구보다 건강하게 살아오신 터라 전혀 예상치 못했던 사태였다. 어디가 아프고 일이 어떻게 돌아갈지 전혀 알 수 없는 상황에서 탈이 난 곳을 고쳐 주시기를 간구했다.

손에 전화기를 꼭 쥐고 기도하던 그 30분이 마치 24시간처럼 길게 느껴졌다. 드디어 벨이 울렸다. 이번엔 형이었다. 병원이라고 했다. "데이비드!" 하고 부르던 그 음성이 아직도 귀에 쟁쟁하다.

"응!" 서둘러 대답했다. "아버지는?"

한동안 말이 없었다. 돌처럼 강해 보였던 형이 울음기 섞인 낮은 목소리로 말했다.

"돌아가셨어."

글을 쓰는 이 순간도 눈물을 삼켜 보지만 마음을 추스를 수가 없다. 전화기를 붙들고 엉엉 울고 말았다. 형은 저녁 무렵, 소파에 기대 누웠던 아버지에게 갑자기 호흡곤란이 찾아왔다고 했다. 몇 분 만에 구급차가 달려왔지만 급성심근경색이 와서 이내 세상을 떠났다는 것이다.

그날 밤에 얼마나 고통스러웠는지 여전히 생생하다. 아픔은 며칠을 갔고 아무 때고 불현듯 찾아온다. 시간이 흐른다 해도 과연 떨쳐 낼 수 있을지 의심스러울 지경이다. 하지만 그처럼 뼈아픈 슬픔이 짓누르는 고통스러운 순간에도 하나님의 임재에서 비롯한 고요한 위로를 경험했다. 하나님의 백성들이 잠시도 지체하지 않고 사무치도록 뜨겁게 우리 형제자매와 어머니를 감싸 주었기 때문이다. 안아 주고, 기도해 주고, 애틀랜타까지 차로 태워다 주고, 식구들을 찾아와 주고, 장례식장까지 따라와 준 이들을 하나하나 다 기억한다. 여러 해가 지난 지금까지도 아버지가 그랬던 것처럼 기도하고 격려해 주는 이들의 편지나 이메일, 전화를 받는다. 식구들끼리는 "교회가 없었더라면 이 슬픔을 어떻게 견뎠을까?"라는 얘기를 자주 주고받는다. 이 역시 교회를 통해 하나님이 고아와 과부들에게 베푸시는 보살핌의 일종이다. 얼마나 감사한지 모른다.

교회 식구들이 주위 고아들을 돌보는 장면을 볼 때마다 똑같은 진리가 구현되고 있음을 실감한다. 지역사회는 물론이고 전국에서 아이들을 입양하거나 위탁양육 하는 이들이 있는가 하면, 또 다른 식구들은 그런 어린이들뿐 아니라 그 가정까지 여러 가지 방법으로 뒷받침하고 섬긴다. 하나님은 어떤 가정에는 아기를 식구로 맞거나 맡아 기르기를 요구하시고 또 다른 집에는 그런 아이들을 이곳저곳에 태워다 줄 것을 주문하신다. 위탁양육 가정을 위해 음식을 만들어다 주라고 시키기도 하시고 부모가 잠시 숨을 돌릴 수 있도록 입양한 아기를 대신 봐주길 권하기도 하신다. 이를 비롯해 갖가지 역사들이 벌어지는 걸 보고 있노라면 고아와 과부를 돕는 데 있어서 교회가 얼마나 특별한 자원들을 가졌는지, 그리고 크리스천들이 스스로의 삶에서 그런 보살핌을 모색할 만한 길이 얼마나 다양한지 깊이 깨닫는다.

우리 부부의 이야기를 하자면, 카자흐스탄에서 돌아온 뒤로도 다시 아기를 입양하고 싶은 마음이 있음을 확인했다. 그래서 온갖 질문을 던져 보았다. 국내 입양인가, 아니면 해외 입양인가? 해외 쪽이라면 어느 나라인가? 어떤 입양 기관과 함께 절차를 밟을 것인가? 추진하는 데 필요한 경비는 어떻게 조달해야 하는가? 묻고 답하는 사이에 주님이 해외, 특히 네팔에서 새 식구를 맞도록 이끄시는 걸 감지할 수 있었다.

네팔은 유아사망률이 걱정스러울 지경이고, 극심한 가난이 짓누르고 있으며, 성매매업자의 꼬드김에 넘어가 팔려 가는 어린 소녀들의 숫자가 어마어마하다. 한동안 입양을 금지시켰던 네팔 당국은 독특한 규정을 붙여 문호를 다시 개방했다. 예를 들어, 네팔에서 아기를 입양하려면 자녀가 전혀 없는 가정이어야 했다. 자녀가 있다 하더라도 모두 동성인 경우에 한하여 성이 다른 네팔 어린이를 맞아들일 수 있었다. 우리에게는 당시 두 아들이 있었으므로 네팔 여자아기를 데려오는 게 가능했다. 절차가 다 끝나려면 1년쯤 걸린다는 설명을 듣고 곧장 수속을 시작했다.

한 해 내내 서류 작업, 지문 날인, 신체검사, 가정 조사, 이사, 그리고 다시 서류 작업으로 이어지는 과정에 매달리고 나서야 비로소 네팔 여자아기를 데려오는 데 필요한 자격을 완전히 갖출 수 있었다. 다음 단계는 우리 가정에 들어올 아기를 찾아내는 작업이었다.

그런데 그 사이에 정치적 상황이 상대적으로 불안정해서 끊임없이 정권이 바뀌는 데다 몇가지 변수들까지 겹치면서 네팔 정부는 입양의 문을 닫아걸어 버렸다. 수속을 시작한 지 두 해쯤 지났을 무렵, 메시지를 전하러 입양 컨퍼런스에 참석했다가 미국 정부 당국자를 만났다. 그이는 사연을 듣자마자 당장 때려치우라며 장담하듯 말했다. "두 분이 네팔에서 아이를 데려올 수 있는 길은 전혀 없습니다."

마음이 내려앉는 듯했다. 어찌해야 좋을지 알 수가 없었다. 집회 기간 동안 아내와 함께 눈물로 간구했던 기억이 난다. 지난 두 해 동안, 밤마다 아이들과 함께 네팔에서 예쁜 여동생을 맞을 수 있기를 기도해 왔다. 네팔에는 돌봐 줄 아빠나 엄마가 없는 아기들이 헤아릴 수 없을 만큼 많은데, 어째서 아비 없는 아이들의 아버지가 되시는 하나님은 이 길을 막으시는가?

하지만 당시에는 하나님이 네팔의 문을 닫으시는 대신 중국에서 입양할 통로를 열고 계신다는 사실을 새카맣게 몰랐다. 그쪽으로 방향을 돌려 온힘을 기울이면서도 우리 부부는 네팔에 대한 미련을 지울 수가 없었다. 하나님이 그곳 고아들을 마음에 품게 하신 데는 이유가 있을 것 같았다. 그래서 중국에서 꼬맹이들의 남동생, 또는 여동생을 찾으면서도 네팔 아기를 위한 기도를 멈추지 않았다.

그로부터 얼마 지나지 않아, 우연히 네팔 산악지대에서 어린이사역을 하는 잭(Jack)이란 친구를 만났다. 선교단체를 이끌고 산골을 누비며 어린아이들에게 보건, 교육, 성매매업자들의 인신매매 따위와 관련한 이야기를 복음과 함께 전파하는 한편, 가는 곳마다 교회를 세우려 애쓴다는 소식은 진즉에 들어서 알고 있었다.

    나란히 앉아서 우리 집 식구들에게는 네팔을 향한 특별한 부담이 있다는 이야기를 털어놓았다. 그날 나눈 대화를 계기로 우리 가족은 잭이 이끄는 선교단체에 돈독한 우정과 동지의식이 생겼다. 하나님이 은혜를 베푸셔서 지금은 소중한 네팔 소녀 하나가 아니라 평소에 상상조차 하지 못했던 갖은 어려움을 가진 수많은 네팔 소년소녀들을 돕고 섬기는 일에 동참하고 있다.

    이 얘기를 하면서 꼭 짚어 두고 싶은 점이 있다. 입양은 하나님의 손길이 이끄시는 유일한 통로가 아니라 고아를 으뜸으로 염려하시는 그분의 마음을 저마다의 삶에서 행동으로 옮기는 수많은 길 가운데 하나일 다름이다. 마찬가지로, 주님은 프랭크처럼 과부들을 돕는 선교단체를 만들도록 부르실 수 있지만, 굳이 그 길이 아니더라도 교회와 지역사회, 세계 곳곳에서 남편 없이 홀로 생계를 꾸려 가는 여성들을 섬길 방법은 무수히 많다. 다만, 하나님이 어떤 방식으로든 고아와 과부를 보살피도록 거룩한 자녀들을 빠짐없이 부르고 계신다는 기본적인 사실에만 충실하면 그만이다.

    저마다의 삶에서 어떤 의미를 갖는지를 떠나, 하늘 아버지의 사랑에 사로잡힌 아들딸로서, 크리스천이라면 누구나 따뜻한 가정 없이 세상을 사는 이들에게 주님의 사랑을 되비쳐 보여 주어야 할 책임이 있다.

받은 은혜가 너무 커서 기꺼이!

그러한 사실은 구약성경에 기록된 대속의 마지막 요건과 자연스럽게 연결된다. 궁핍한 처지에 몰린 친족을 대속할 권리와 자원(책임과 능력)을 모두 가졌다손 치더라도 결국 직접 행동에 나설 의지가 뒤따르지 않으면 아무 소용이 없다. 수치라든지 통계자료, 또는 안타까운 사연 따위만으로는 그런 의지가 생기지 않는다. 의지가 흘러나오는 수원지는 복음에 드러난 하나님의 사랑이라는 샘 하나뿐이다.

룻의 역사는 곧 크리스천 한 명 한 명의 현실 이야기와 같다는 점을 잊지 말라. 우리도 한때는 죄에 빠져 궁핍한 처지였으며 곡식 한 줌이라도 얻을까 하여 온 들판을 헤매다 가을걷이를 감독하는 주인의 부름을 받았다. 사실, 상황은 하나같이 적대적이었다. 우리는 멸시당하는 죄인이고, 하나님을 거역하고 멀리 떨어져 나왔으며, 누군가의 도움이 절실했다. 그런데 그분은 친히 찾아와 식구로 삼아 주셨다. 지명하여 택하시고 곧바로 찾아와 피 흘려 사주셨다. 바울은 에베소서에 이렇게 적었다.

하나님 우리 아버지와 주 예수 그리스도로부터 은혜와 평강이 너희에게 있을지어다. 찬송하리로다. 하나님 곧 우리 주 예수 그리스도의 아버지께서 그리스도 안에서 하늘에 속한 모든 신령한 복을 우리에게 주시되 곧 창세 전에 그리스도 안에서 우리를 택하사 우리로 사랑 안에서 그 앞에 거룩하고 흠이 없게 하시려고 그 기쁘신 뜻대로 우리를 예정하사 예수 그리스도로 말미암아 자기의 아들들이 되게 하셨으니 이는 그가 사랑하시는 자 안에서 우리에게 거저 주시는 바 그의 은혜의 영광을 찬송하게 하려는 것이라. 우리는 그리스도 안에서 그의 은혜의 풍성함을 따라 그의 피로 말미암아 속량 곧 죄 사함을 받았느니라(엡 1:2-7).

우주를 다스리시는 하나님이 은혜를 베푸셔서 보좌를 버리고 우리를 찾아오시다니, 얼마나 기쁜 소식인가! 넘치는 사랑으로 우리를 자녀로 입양하기까지 하셨다.

가족으로 삼아 주셨을 뿐 아니라 온갖 해악에서 건져 주셨다. 가슴에 품으시고 날개로 감싸셔서 폭풍우가 요란하게 휘몰아치고 역경이 닥쳐도 "우리의 피난처시요 힘이시니 환난 중에 만날 큰 도움"(시 46:1)이 되신다.

게다가 가을걷이가 한창인 밭주인은 한 상에 앉아 밥을 먹자고 손짓해 부르신다. 한 술 더 떠서, 허리를 굽혀 시중까지 들어주신다. 뿐만 아니라 마음에 감동을 주시며, 소망을 넘치도록 채우셔서 모자람을 채우려 다른 밭을 기웃거릴 필요가 없게 하신다. 베푸신 자비가 얼마나 크고 놀라운지 입이 다물어지지 않을 정도다.

추수하는 들판의 주인은 은혜를 물 붓듯 부어 주셨다. 예수님은 우리를 대속할 권리를 가진 구원자시다. 모든 면에서 우리와 똑같지만 죄는 없으시다(히 4:15 참조). 아울러 대속할 자원을 가지고 계신다. 자연과 민족들, 질병과 마귀들, 죄와 사탄, 고난과 죽음까지 지배하실 권한이 그분 손 안에 있다. 마지막으로 대속할 의지를 가지고 계신다. 의지가 확고하셨으므로 인류의 죄를 대신 떠맡으시고 마땅히 우리에게 돌아와야 할 하나님의 진노를 견디셨다. 그래서 그분을 믿기만 하면 창조주와 분리되어 버림받은 인간이 아니라 전능자의 아들딸로 불리게 하셨다.

우리를 위해 행하신 하나님의 역사를 복음에 드러난 그대로 받아들이면, 거룩한 자녀들이 고아와 과부들을 위해 똑같이 행하길 기대하시는 그분의 소망에도 신경을 쓸 수밖에 없다.

우리는 목숨과 가족을 희생해 가며 고아와 과부들의 필요를 채우는 구원자가 아니라, 가장 깊은 갈망을 해결받고 구원을 얻은 존재들이다. 그래서 하나님의 납득하기 어려운 자비에 사로잡힌 이들은 주님의 그 자비를 전달하는 사역에 몸 바쳐 헌신한다. 받은 은혜가 너무 커서 교회와 주위 세계의 고아와 과부들을 다양한 방법으로 보살필 수밖에 없었던 것이다.

또한 하나님이 룻기를 하나님의 역사 속에서 어떻게 쓰고 계신지 당시에는 전혀 몰랐던 것처럼, 주님이 고아와 과부를 돌보는 우리 사역을 귀중한 구원 계획 가운데 사용하실 길은 워낙 다채로워서 인간의 지각으로는 이루 상상하기 힘들다.

나를 통해 비극을 승리로 바꾸신다

중국에서 입양 절차를 밟기 시작한 뒤로 거의 일곱 달이 지난 뒤에, 금쪽같은 여자아이와 연결되었다. 사연을 듣자마자 아이에게 딱 맞는 이름이 떠올랐다.

마라 루스(Mara Ruth).

'마라'('고통, 쓰다'라는 뜻-옮긴이)라고 부르기로 한 건 반갑지 않아서가 아니라 삶의 첫 순간부터 비극의 그림자가 역력했던 점을 염두에 두었기 때문이다. 앞에서 얘기한 것처럼, 아이는 갈색 종이상자에 담긴 채 고아원 문간에 버려졌다. 우리 부부도 마찬가지였다. 결혼하고 오래도록 아기가 생기지 않자 불임을 숙명으로 여긴 적도 있었다. 하지만 하늘 아버지가 세상에서 하시려는 일은 오로지 그분 자신만이 정확히 아신다. 나오미로서는 하나님이 룻을 통해 자신의 뼈아픈 비극을 놀라운 승리로 바꿔 놓으실 줄 짐작조차 할 수 없었다. 그처럼 아내와 나, 그리고 새로 얻은 딸아이도 주님이 주권적인 섭리에 따라 저마다의 사연을 어떻게 엮어 가시려는지 전혀 몰랐다. 하나님은 마침내 버림받은 갓난이를 데려다 사랑받는 수양딸이 되게 하시는 동시에, 아기를 갖지 못하는 여성에게 역사하셔서 복 받은 어머니가 되게 하셨다.

결국, 하나님은 절망적으로 여길 만한 상황에 몰려 곤궁해 보이는 이들에게 장대한 자비를 펼치신다. 이게 핵심이다. 하나님의 백성들이 주님의 따뜻한 마음을 온 세상 고아와 과부들에게 드러내 보이는 사연이 천지에 가득할 때, 인간사의 면면에 수록될 그 광대한 내용을 누가 짐작이나 할 수 있겠는가? 그리고 수없이 많은 방법들 가운데 어느 길로 여러분과 나를 사용하셔서 그 역사의 한 장을 장식하게 하실지 상상이나 할 수 있겠는가?

문화를 거스르는 '카운터 컬처'의 첫걸음

기도하라

하나님께 구하라

- 눈을 열어 주위의 고아와 과부들을 보고, 마음을 열어 그들을 보살피게 해 주세요.
- 세계 곳곳의 크리스천들에게 힘을 주서서 더없이 연약한 이들을 보호하는 일에 나서게 해 주세요.
- 하나님이 그리스도를 통해 우리를 자녀로 입양하셨음을 잊지 않게 해 주세요.

참여하라

기도하면서 다음 단계를 차근차근 밟아 나가라.

- 위탁양육이나 입양 절차를 시작하라. 또는 어린아이를 위탁받아 돌보거나 자녀로 삼은 이들에게 도움을 줄 실질적인 방법들을 알아보라.
- 혼자서든 가족과 함께든, 교회나 이웃 가운데 고아와 과부들이 있는지 알아보라. 그리고 그이들에게 가서 함께 시간을 보내며 섬길 길을 찾아보라.
- 복음의 가르침을 좇아 사역하는 기독교 선교단체를 통해 다른 나라의 고아와 과부들을 후원하고 도움을 받는 상대와 꾸준히 연락하라.

선포하라

다음과 같은 성경의 진리들을 깊이 묵상하라.

- 그의 거룩한 처소에 계신 하나님은 고아의 아버지시며 과부의 재판장이시라. 하나님이 고독한 자들은 가족과 함께 살게 하시며 갇힌 자들은 이끌어 내사 형통하게 하시느니라. 오직 거역하는 자들의 거처는 메마른 땅이로다(시 68:5-6).

- 때가 차매 하나님이 그 아들을 보내사 여자에게서 나게 하시고 율법 아래에 나게 하신 것은 율법 아래에 있는 자들을 속량하시고 우리로 아들의 명분을 얻게 하려 하심이라(갈 4:4-5).

- 하나님 아버지 앞에서 정결하고 더러움이 없는 경건은 곧 고아와 과부를 그 환난 중에 돌보고 또 자기를 지켜 세속에 물들지 아니하는 그것이니라(약 1:27).

5.

복음과 성 착취

"마음 아프지만 한 사람이 바꿀 수 없는 사회 병폐야"

성의 노예로 전락한
소녀들을 위해 울라

말리하(Maliha)라는 소녀를 만나 보자. 이름의 속뜻은 '아름다운'이다. 앞에서 이야기한 적이 있는 네팔 북부 고산지대에서 태어났다. 세상에 첫발을 내딛는 순간부터 가족들과 함께 살아남기 위한 힘겨운 싸움에 나서야 했다. 깨끗한 물이 부족하고, 음식도 모자라고, 기본적인 의료혜택도 입을 수 없었다.

어느 날, 웬 젊은 남자가 마을에 들어와서 동네 우물가에서 옷을 빨고 있는 말리하를 가만히 지켜보았다. 말리하는 아홉 살이었지만 나이보다 훨씬 어려 보였다. 소녀가 사는 곳을 알아낸 사내는 집으로 찾아가 자신을 소개했다. 청년을 마주한 아이 엄마는 무슨 소망을 품었을까?

"타쉬 델레크!" 합장을 하고 머리를 조아리며 젊은이가 말했다. 티베트불교의 인사말로 "은총과 복을 빕니다"라는 뜻이다.

여인은 화들짝 놀라며 공손하게 답례했다. "타쉬 델레크!"

남자는 그 지역에서 통용되는 방언 누프리(Nupri)로 이야기했다. "따님이 아주 예쁘시더군요."

"못난 얼굴은 아니죠." 소녀의 엄마가 자랑스럽게 대꾸했다. "일은 또 얼마나 잘하게요. 어린 동생들도 알아서 돌보고 시키는 건 뭐든지 척척 해낸답니다."

말리하는 학교에 가 본 적이 없었다. 온종일 걸어도 닿을 수 없을 만큼 멀기도 했지만 설령 가까운 데 있다 하더라도 다닐 수 없었을 것이다. 아버지는 진즉에 엄마를 버리고 집을 나가 버렸다. 집안에는 돌봐야 할 여동생과 남동생이 있었다. 그래도 힘든 줄 몰랐다. 가족을 깊이 사랑했고 살림을 도울 수 있어 뿌듯했다. 한 해 전에는 남동생이 지저분한 물을 마시고 장염에 걸려 심하게 앓았다. 때마침 엄마는 일주일 동안 산 아래 마을에 볼일이 있어서 병구완은 오롯이 소녀의 몫이었다. 말리하는 어린 환자를 너끈히 보살폈다. 엄마와 동생들이 건강하기만 하면 아이는 그저 행복했다.

"착하네요." 남자가 말했다. "듣자 하니, 바깥양반도 없이 어머니 혼자 아이 셋을 키우신다더군요. 그래서 말씀인데, 생활하시는 데 도움을 좀 드리고 싶습니다."

여인은 솔깃해서 물었다. "어떻게요?"

사내가 대답했다. "카트만두에 가면 일자리가 많습니다. 산 아래에 있는 큰 도시죠. 이런 산골에선 만져 보기 어려운 큰돈을 버는 일자리가 많이 있어요."

말리하의 어머니는 저도 모르게 몸이 앞으로 기울어지는 줄도 모르고 집중해 들었다. 젊은이는 열심히 설명했다.

"어머니는 여기서 어린 동생들을 키워야 하니까 제가 따님을 데리고 카트만두로 가겠습니다. 거기 가도 여기 시골에서 하던 일을 똑같이 하겠지만 훨씬 많은 돈을 벌 수 있습니다. 따님이 돈을 벌어 부쳐 주면 어머니는 남은 자제분들이랑 먹고살고도 남습니다. 그뿐이 아니에요."

남자는 잠시 쉬었다가 계속했다. "따님도 물이 콸콸 나오는 근사한 집에서 또래 친구들이랑 잘 먹고 잘 지내게 될 겁니다."

두말할 것도 없이, 말리하의 어머니는 청년의 말에 완전히 홀리고 말았다. 귀 기울여 이야기를 들으며 속으로 생각했다. '정말 그럴까? 그렇다면 식구들이 겪고 있는 이 지긋지긋한 고통과 어려움을 단번에 해결할 길이지 않을까? 나랑 어린 자식들도 먹고살아야 하지만, 무엇보다 큰딸애가 이렇게 자상한 양반의 보살핌을 받을 수 있다지 않은가!' 그러다 금방 도리질을 쳤다. '아니야. 저애와 떨어져 살 수는 없지. 내겐 너무나 소중한 딸이잖아.'

낯선 젊은이의 제안을 다 듣고 난 여인은 대답했다. "우리 식구들을 도와주시겠다는 말씀은 참 감사하지만 받아들일 수 없습니다. 딸아이는 저랑 같이 살아야 해요."

실망한 표정이 역력했지만, 사내는 말했다. "정말 이 댁을 돕고 싶어서 드리는 말씀입니다. 따님은 잘 돌봐 드릴 테니 걱정 마시고요. 오늘은 그냥 가고, 다음에 다시 와서 상의드리겠습니다."

말리하의 엄마는 망설여졌지만 손님이 민망해할까 싶어 그러라고 이야기했다. 젊은이는 곧 자리를 떠났다.

약속한 날이 다가올수록 마음이 복잡했다. 아무리 애를 써도 사내의 제안을 떨쳐 낼 수가 없었다. 어쩌면 열심히 일하고 있는 예쁜 딸을 돌아보며 생각했을지 모른다. '식구들을 더 잘 먹여 살릴 수 있다는 걸 알면 그 남자를 따라나서고 싶을지 몰라. 젊은이도 썩 괜찮아 보이고. 말리하도 그 회사에 다니는 걸 좋아할 게 틀림없어. 언젠가는 저렇게 준수한 청년을 만나 결혼하게 될지도 모르지.' 하지만 아직 어린 딸을 그렇게 멀리 떠나보낸다는 생각만 하면 참을 수가 없었다.

그렇게 고민에 고민을 거듭하던 어느 날, 사내가 다시 말리하의 집을 찾아왔다. 이번에도 소녀는 잔심부름을 하러 나가 있었다. 남자는 미소를 머금은 얼굴로 말리하의 엄마에게 인사하며 말을 걸었다. "몇 주 전에 나눈 이야기를 곰곰이 생각해 봤어요. 따님을 저한테 맡겨서 도시로 내보내는 걸 주저하는 어머니의 심정은 이해하고도 남습니다. 그래서 오늘은 이 댁을 돕고자 하는 제 마음을 확실하게 보여 드릴 증표를 가지고 왔습니다."

여인은 젊은이와 마주앉았다. 잠시 후 청년이 말을 이었다. "여기 사는 이 댁 식구들하고 도시에 나갈 따님을 책임지고 뒷바라지하겠다는 뜻에서 1만 루피를 드리겠습니다." 말리하 어머니의 눈이 휘둥그레졌다. 1만 루피면 10만 원 남짓으로 여인의 여섯 달치 수입과 맞먹었다. 아이 엄마는 생각했다. '평생 이 젊은이만큼 마음씨 좋은 양반은 만나 본 적이 없어.'

"그리고…." 청년이 다시 운을 뗐다. "일 년에 한 번씩 따님을 이곳 산골 마을로 데려와서 동생들과 함께 지내도록 하겠습니다. 약속드립니다. 말리하에게는 물론이고 어머니한테도 이게 중요하다는 걸 잘 알고 있습니다."

그때쯤 말리하가 집에 돌아와 청년이 어머니와 대화하는 걸 보았다. 여인은 딸을 물끄러미 지켜보았다.

한참 동안 뜸을 들이다 딸을 불러 무릎에 앉혔다. "이분이 너랑 온 가족에게 도움이 되는 말씀을 하셨단다."

말리하는 애매한 미소를 지으며 엄마의 다음 말을 기다렸다. "이분은 너를 카트만두로 데려가고 싶어 하시는구나. 산 아래에 있는 큰 도시야. 거기 가면 네 또래 여자아이들이랑 함께 살면서 일할 수 있대. 밥이든 물이든 내키는 대로 먹고 쓸 수 있고, 아주 근사한 집에서 이분의 보살핌을 받으며 살게 된단다. 일은 여기서 하는 거랑 비슷하지만 다른 점이 있어. 아주 많은 돈을 벌 수 있다는 거지. 네가 그 돈을 부쳐 주면 엄마랑 동생들한테는 큰 도움이 될 거야. 그리고 얼마 동안 일하고 나면 이분이 여기 산골 마을로 데려다주실 거란다. 우리랑 같이 지내면서 네 덕에 살림살이가 얼마나 나아졌는지 다 볼 수 있는 거지."

엄마가 이야기를 하는 사이에 말리하의 눈에 눈물이 가득 차올랐다. 듣자마자 머릿속에는 '싫은데 … 난 식구들하고 살고 싶은데'란 생각이 떠올랐지만 엄마의 말을 들을수록 가장 사랑하는 이들을 도울 다시없는 기회라는 느낌이 들었다. 물론 위험부담이 있는 일이었다. 말리하는 태어나서 단 한 번도 산골 마을을 떠나 본 적이 없었다. 하지만 일이 제대로 풀리지 않으면 고향으로 돌아와 식구들이랑 다시 함께 살면 그만일 것 같았다.

여인은 딸을 지그시 바라보았다. 둘 다 울고 있었다. 아이 엄마가 입을 열었다. "네가 이분을 따라가는 게 너한테든 식구들한테든 최선일 것 같구나."

말리하는 고개를 들어 여인의 눈을 들여다보았다. 엄마의 사랑을 확인하고 나니 무얼 어찌해야 할지는 절로 분명해졌다. 소녀는 말했다.

"엄마랑 동생들한테 좋은 일이면 뭐든지 다 할게요."

젊은이는 말리하의 어깨에 손을 올려놓고 환히 웃으며 말했다. "잘 돌봐 줄게. 약속하마." 사내는 이틀 뒤에 다시 오겠다며 돌아갔다.

그리고 약속한 날, 보증금 1만 루피를 들고 나타났다. 눈물겨운 이별이 이어졌다. 말리하는 엄마를, 그리고 어린 여동생과 남동생을 꼭 끌어안아 주고는 남자를 따라 산길을 내려갔다.

며칠 동안 함께 걸으며 사내는 카트만두 근처까지 가면 무슨 일이 생길지 일러 주었다.

"가다 보면 신분증을 검사하는 초소들이 나타날 거야. 경찰관한테 붙들려 봐야 좋을 게 없잖아. 그러니까 그때마다 넌 얼른 사람들 틈에 숨어야 해. 그래야 조금이라도 빨리 시내에 들어가지."

말리하는 그대로 따랐다. 검문소가 보이면 천진스레 뭇사람들 사이로 스며들었다. 초소를 지키는 경찰관들은 하나같이 열심히 일할 마음이 없어 보였다. 식은 죽 먹기였다. 소녀를 데려가는 젊은이한테는 더더욱 놀랄 일이 아니었다. 예전에도 다른 아이들을 데리고 여러 번 해 본 적이 있는 데다가 대다수 경찰관들과는 어떤 식으로든 안면을 튼 사이였기 때문이다.

느지막한 저녁 시간에 둘은 카트만두에 도착했다. 일단 배를 채우러 식당에 들어갔다. 그런데 시설이며 분위기가 다른 곳과는 사뭇 달랐다. 가족들끼리 외식을 하는 평범한 식당들 틈에 끼어 있었지만 특이하게 실내에 조그만 밀폐 공간들이 마련되어 있었다. 이른바 칸막이 레스토랑(cabin restaurant)이었다. 언뜻 보기에는 커다란 네모 궤짝들이 줄지어 들어찬 꼴이었다. 바닥부터 천장까지 연결된 나무 구조물로 칸을 막아 바깥에선 안을 들여다볼 수 없었다. 부스 안에는 조그만 테이블과 천으로 감싼 벤치가 하나씩 놓여 있었다. 레스토랑 앞에는 계집애들이 여럿 앉아 있었다. 다들 언니처럼 보였다. 종일 고되게 일하고 나서 쉬러 나왔거니 생각했다. 지쳐보이는 소녀들을 지나쳐 걸어가며 말리하는 웃음을 지어 보였다.

사내는 말리하를 부스 가운데 하나로 데려갔다. 자리에 앉아서 잠시 기다리자 커다란 접시에 담긴 음식이 나왔다. 오랜 여행에 시장하기도 했지만, 솔직히 말하자면 그렇게 푸짐한 밥상을 받아 본 적이 없는 터라 허겁지겁 남김없이 먹어치웠다. 남자는 2층에 있는 소녀의 방으로 안내했다. 가구라고는 요람처럼 생긴 침대 하나가 전부인 조그만 방이었다. 얇은 매트리스 위에 지저분하고 낡은 시트가 깔려 있었다. 사내가 말했다. "가방은 나한테 주렴. 내일 입을 새 옷을 사다 줄게. 오늘 밤은 푹 자. 내일 아침에 다시 오마."

말리하는 그저 고마울 따름이었다. 말 그대로 죽을 만큼 피곤했다. 두고 온 식구들이 그리웠지만 어쨌든 식구들을 먹여 살릴 돈을 벌 수 있는 곳에 도착했다는 사실에 감사했다. 소녀는 중얼거렸다.

"잘 자고 피로를 풀어야 내일부터 아까 저녁 먹으러 올 때 본 언니들처럼 열심히 일하지."

그러고는 이내 깊은 잠에 곯아떨어졌다. 앞으로 오랫동안 그처럼 평온한 밤을 보낼 수 없으리라고는 꿈에도 생각지 못했다.

다음날 아침, 말리하는 남자의 목소리에 잠이 깼다. 사내는 몸에 딱 달라붙는 멋진 새 옷을 들고 소녀의 방으로 올라왔다. 얼른 씻고 옷을 갈아입은 뒤에 식당으로 내려오라고 했다. 무슨 일을 해야 할지 거기서 알려 주겠다는 것이다. 서둘러 준비를 마치고 다시 사내가 기다리는 부스로 내려갔다. 둘은 테이블을 사이에 두고 마주 앉았다. 남자가 입을 열어 이것저것 가르치기 시작했다.

"엄마랑 동생들을 먹여 살리려면 무조건 시키는 대로 해야 돼. 너희 집에다 이미 큰돈을 치렀으니까 오늘부터 일해서 차근차근 갚도록 해.

돈을 벌어서 가져오면 내가 엄마한테 부쳐 줄게."

말리하는 고개를 끄덕이며 물었다. "그럼 무슨 일을 해야 하는 거죠?" 질문을 하면서도 소녀는 남자의 입에서 어떤 대답이 나올지 상상조차 못했을 것이다.

비극은 그날 저녁, 사내와 저녁을 먹으면서부터 시작됐다. 남자는 술을 따라 주면서 밥에 곁들여 마시라고 했다. 그러고는 정신을 잃다시피 한 아홉 살짜리 계집애를 끌고 위층으로 올라가서 예쁜 옷을 벗기고 순결을 짓밟았다. 끔찍한 성폭행이었다.

사내는 아이를 그대로 버려두고 갔다가 이튿날 아침에 돌아와 아침을 먹겠느냐고 물었다. 소녀는 너무나 무섭고 아직도 어젯밤에 겪은 일을 현실로 받아들이기 어려웠지만, 난생처음 당한 봉변으로 몸이 만신창이가 되었다는 사실만큼은 분명했다.

말리하는 남자를 따라 아래층으로 내려가 밥을 먹었다. 사내는 어젯밤에는 돈벌이를 잘했지만 고향 식구들한테 생활비를 보내려면 일을 더 해야 한다고 소녀를 다그쳤다. 말리하는 울음을 터트렸다. 더는 지난밤과 같은 일을 하고 싶지 않았다. 남자는 아이를 을러댔다. "뚝 그치는 게 좋을 게야. 안 그러면 돈을 벌지 못할 테니까. 식구들을 먹여 살리려면 잠자코 시키는 대로 해! 당장 그치지 못해?"

날이면 날마다 사내는 말리하를 성폭행했다. 하루에 몇 번씩 되풀이될 때도 있었다. 그때마다 술을 먹였다. 몇 주가 지나자 마약까지 보태졌다. 처음에는 맞서 싸워 보기도 했다. 남자가 요구하는 일을 하고 싶지 않았다. 그저 집으로 돌아가고만 싶었다. 하지만 그때마다 사내는 완강한 힘으로 금방이라도 부서질 것만 같은 소녀의 몸을 짓눌렀다. 하루

하루, 한 주 한 주 말리하는 수없이 얻어맞으며 길들여져 갔다. 기껏해야 두 달이나 됐을까? 오래지 않아 말리하의 여린 영혼은 완전히 무너져 내리고 말았다.

그때부터 다른 남자들이 등장하기 시작했다. 레스토랑으로 들어온 남자들은, 입구에 앉아서 마룻바닥을 멍하니 내려다보는 어리고 예쁜 소녀 말리하를 찾았다. 천장에는 줄에 매단 콘돔들이 늘어져 있었다. 한 남자가 아이의 손을 움켜쥐었다. 소녀는 말없이 부스 안으로 따라 들어갔다. 거기서 밥을 먹고 술을 마신 사내는 내키는 대로 말리하에게 별의별 짓을 다 강요했다. 2층 방으로 올라갈 때도 있고 곧바로 부스에서 욕심을 채울 때도 있었다. 한 차례 일을 마치면 소녀는 다시 밖에 나가서 다른 남자를 기다려야 했다. 한 남자를 치르고 나면 새로운 남자를, 그 남자가 지나가면 또 다른 남자를 맞아야 했다. 바쁜 날은 열다섯에서 스무 명까지 손님을 받았다. 남자들의 욕심은 끝이 없었다.

그게 말리하의 삶이었다. 출구는 없었다. 몇 달 전, 고향 마을에 들어와 소녀를 발견하곤 등 뒤에서 음흉한 미소를 짓던 사내는 다른 먹잇감을 물색하러 도로 시골로 내려갔고 말리하는 이제 다른 남자 밑에서 일한다. 레스토랑에서 도망치면 당장 여동생을 붙잡아다 그 자리를 채우겠다고 위협했다. 소녀가 번 돈은 꼬박꼬박 집에 부친다고 장담했다. 사실은 단 한 푼도 보낸 적이 없지만 아이가 그걸 알아챌 길은 없었다. 산골 마을의 엄마와 두 동생은 도시로 나간 말리하가 자기들을 완전히 잊어 버렸다고 믿었다.

도망칠 수도 없었다. 성공한다 해도 어디로 간단 말인가? 살았던 데가 어디쯤이고 어떻게 가야 하는지 소녀에게는 아무런 실마리도 없었다. 아는 사람이라고는 포주 하나뿐이었다. 수중에는 동전 한 푼 없었다. 남은 것이라곤 수치뿐이었다. 전생에 어떻게 살았느냐에 따라 이생의 삶이 좌우된다고 믿는 문화 속에서 말리하는 분명히 저주받은 존재였다. 날이면 날마다 소녀는 "께 거르네"를 읊조렸다. "인생이란 다 그런 것, 그냥 참고 사는 거지"란 뜻으로 네팔 사람들이 흔히 쓰는 말이다. 말리하는 그렇게 살았고 십 대가 되었으며 지금은 '업계'에서 나름대로 성공했지만 한 줌 소망도 없는 인생을 꾸려 가고 있다.

성매매 전쟁터로 끌려가는 여성들

말리하의 사연이 현실과 동떨어진 외계의 이야기처럼 들리는가? 그럼 비슷한 일을 겪은 한나(Hannah)의 경우를 살펴보자. 이제 20대 초반인 이 아가씨는 말리하와 완전히 다른 환경에서 자랐다. 고향은 앨라배마 주 버밍햄으로 미국 바이블벨트의 버클쯤 되는 곳이다. 집안은 가난하고는 거리가 멀었다. 아버지와 어머니는 자식인 한나에게 필요하거나 원하는 것이라면 뭐든지 다 마련해 주었다. 열여섯 살이 되던 해에는 생일선물로 승용차를 사 주었다. 이동 수단이 생기면서 새로운 자유와 기회가 따라왔다. 아무 때고 마음만 먹으면 친구들과 어울려 어디든 갈 수 있었다.

아니, 그런 줄 알았다. 믿음을 저버리고 신뢰를 남용하는 딸의 모습을 한 해 동안 지켜보던 한나의 부모는 곧 브레이크를 걸기 시작했다. 딸이 드나드는 장소와 시간을 제한했다. 아울러 복장을 엄격하게 규제하는 규칙도 만들었다. 그동안 스커트는 점점 짧아지고 웃옷의 목선은 갈수록 깊이 파였던 게 사실이었는데 이제 그런 옷은 더 이상 허용하지 않겠다고 선언했다.

학교에서 새 친구 몰리(Molly)를 만난 게 딱 그 무렵이었다. 무얼 입고 어딜 가고 누굴 만나든 아무 제한을 받지 않는 아이였다. 한나는 몰리처럼 되고 싶었다. 둘은 금세 친해졌다. 그러다 한나가 새 단짝에게 고민을 털어놓았다. 자동차 보험료를 마련하지 못해 고민인 데다 아빠엄마의 눈길이 미치지 못하는 학교에서만이라도 구미에 맞는 옷을 입고 싶은 마음이 간절하지만 새로 장만할 돈이 없어 괴롭다는 얘기였다.

몰리는 기꺼이 도와주겠다고 나섰다. 그리곤 마크(Mark)라는 친구를 소개했다. 여태 몰랐던 신세계가 열렸다. 데이트 자리에 나간 한나를 마크는 여왕처럼 대접했다. 눈부시게 예쁘니 당장 모델이 되어야 한다며 알랑거렸다. 몸값이 어마어마하게 치솟는 느낌이었다. 그리고 마크는 그걸 감당할 수 있을 만한 인물처럼 보였다. 남자는 멋진 새 옷과 향수에 보석까지 말만 하면 뭐든지 다 대령했다. 한나는 금방 사랑에 빠졌다. 꿈에 그리던 바로 그 남자를 만난 것 같았다.

마크는 교외로 나가 함께 살자고 했다. 마다할 이유가 없었다. 이제 그 정도 결정은 스스로 할 수 있는 나이가 되지 않았는가! 두 주 뒤, 한나는 한밤중에 집을 빠져나왔다. 아빠와 엄마는 아무것도 모르고 깊이 잠들어 있었다.

얼마 지나지 않아서부터 마크는 한나를 로스앤젤레스처럼 큰 도시로 데려가고 싶다는 얘기를 부쩍 자주했다. 금방 모델이 될 수 있을 거란 말을 빼놓지 않았다. "정말 캘리포니아에서 모델로 성공할 수 있을까?"

장밋빛 미래를 그리며 한나는 스스로 물었을 것이다. 마크는 차를 팔고 버밍햄에 있는 몇몇 친구들과 찍은 사진 몇 장만 챙기면 충분하다고 했다. 그 돈이면 너끈히 로스앤젤레스까지 갈 수 있을 테고 그래야 한나가 모델 경력을 쌓는 데 도움이 될 거라고 부추겼다.

한나는 그러마고 했다. 곧 모델 수업을 시작했다. 즐거웠다. 그런데 하루는 마크가 누드 사진을 찍자고 했다. 처음에는 망설였지만 마크의 설득은 집요했다. 누가 봐도 예쁘니까 사진만 있으면 캘리포니아에 자리를 잡는 데 큰 도움이 될 거라고 꼬드겼다. 한나는 마지못해 따라나섰다.

하지만 얼마 지나지 않아, 애초에 예상과는 전혀 다른 쪽으로 상황이 흘러갔다. 마크는 자기 친구들을 소개하면서 함께 사진을 찍으라고 했다. 마크가 떠나고 나자 친구라는 남자들은 누드만이 아니라 카메라 앞에서 성행위를 하면서 사진 찍기를 요구했다. 마크와 함께 집으로 돌아가는 길에 한나는 다시는 이런 사진을 찍지 않겠다고 잘라 말했다. 그러자 마크는 불같이 화를 내면서 정말 자길 사랑한다면 계속 촬영을 해야 한다고 우겼다. 여태 가져다준 선물들을 일일이 열거하면서 둘이 잘 살려면 더 많은 돈을 벌어야 한다고 주장했다.

한나는 입을 다물었다. 사진 촬영은 갈수록 어려웠다. 마크와 친구들이 카메라를 들이대며 요구하는 행위를 거부하면 할수록 한층 심한 성화가 돌아왔다. 급기야 손찌검이 시작되고 신분증까지 빼앗아 갔다. 돈을 더 벌어 오라는 독촉이 끊이질 않았다.

한낮의 사진 촬영은 밤일로 이어졌다. 친구들과 사진을 찍고 나면 마크가 와서 주간고속도로 20호선에 딸린 휴게소로 데려갔다. 간단히 요기를 하고 나면 자동차 바깥에 나가 앉아서 트럭 기사들이 다가오길 기다렸다. 흥정이 되면 손님을 따라 대형트럭으로 가서 온갖 서비스로 성적인 쾌락을 주어야 했다. 기사들한테 받은 화대는 마크의 주머니로 들어갔다. 고작 몇 달 만에 한나의 '왕자님'은 포주로 돌변했다.

바로 지금 내 옆에서 벌어지는 일들

솔직하게 고백하자면, 부끄럽게도 최근까지 주위에서 벌어지는 성 착취 인신매매의 심각성을 잘 모르고 있었다. 오랫동안 노예제도라면 수백 년 전에 사라진 구시대의 유물쯤으로 여겼다. 과거 4백 년 동안 대서양을 가로질러 아프리카 대륙에서 실어 나른 노예보다 오늘날 더 많은 노예들이 존재하리라고는 꿈에도 생각지 못했다.[1] 지금도 무려 2천7백만 명에 이르는 이들이 노예 신세로 살아간다는 사실을 받아들이기가 힘들다.[2] 그이들 가운데 상당수는 세계적으로 가장 빨리 성장하는 분야로 꼽히는 섹스 산업에 투입되어 사고 팔리고 착취당한다는 게 도무지 믿어지지 않는다.[3]

하지만 문제는 이런 수치들을 다 듣고도 여전히 먼 나라 얘기처럼 여겼다는 점이다. 종잇장에 적힌 숫자로만 보는 동안은 등을 돌리고 외면할 수 있었다. 참으로 정직하게 털어놓자면, 마치 그런 노예들이 지상에 존재하지 않는 것처럼(수치로든 개개의 인간으로든) 살았다.

그런데 네팔 누프리 계곡, 말리하의 고향을 지나면서 생각이 완전히 달라졌다. 난생처음, 산골 마을 주민들의 참혹한 현실과 정면으로 마주쳤다. 팔려 간 소녀들의 이야기가 꼬리에 꼬리를 물고 들려왔다. 수도 카트만두에 들어선 뒤로는 노예들이 문간에 앉아, 서비스를 받으러 쪽방을 찾는 손님을 기다리는 레스토랑들을 연달아 지나쳤다. 말리하가 살았던 마을을 보았고, 지금 일하는 가게를 본 셈이다. 아무리 지우려 해도 그 광경을 잊을 수가 없다.

　네팔을 떠나 애틀랜타에 내려서 차를 몰고 버밍햄의 집으로 돌아왔다. 텍사스 주 서부로 이어지는 이 주간고속도로를 수없이 오르내리며 자랐지만 이 길이 미국의 '성매매 슈퍼하이웨이'라는 것을 새카맣게 몰랐다. 연간 천만에 이르는 여행자들에게 자유를 상징하는 이 고속도로는 한편으로는 밤마다 수많은 여성들이 노예 노릇을 하는 현실을 보여 주는 길이기도 하다.[4] 휴게소에 마주앉은 젊은 남녀가 어쩌면 흔히 생각하는 사이가 아닐지 모른다고 생각하면 세상을 보는 시각이 달라질 수밖에 없다.

　노예제도는 현대에도 여전히 존재한다. 그것을 알았으니 나로서는 행동에 나서는 것 말고는 달리 선택의 여지가 없다. 나만이 아니다. 이제 진실을 알았으니 다들 떨치고 일어나는 것 말고는 달리 선택의 여지가 없다.

그 누구도 함부로 하지 말아야 하는 까닭

　하지만 어떻게 현대판 노예제도와 싸울 것인가? 어떤 관점에서 바라보느냐에 따라 이 질문에 대한 다양한 답이 나올 수 있을 테고 또 여태

그래 왔다. 어떻게 주변 세계의 노예제도를 끝장낼 수 있는지 잘 아는 전문가 행세를 할 생각은 꿈에도 없다. 들추면 들출수록 얽히고설킨 게 많은 이슈임을 실감한다. 여기서도 여성의 성 착취 문제만 다룰 따름이다. 말로 다할 수 없을 만큼 두려운 마수에 소년들도 피해를 입고 있고, 그밖에도 여러 형태의 노예제도가 있지만 따로 살피지 못한다. 여기에 관해서는 쉬운 답이 없다. 급속히 확산되는 이 문제에는 간단한 해법이란 게 아예 존재하지 않는다.

하지만 오로지 복음만이 노예제도를 종식시키는 데 필요한 관점과 심령의 변화를 이끌어 낼 수 있다고 굳게 믿는다. 지나친 장담처럼 보일지 모르지만, 생각을 바꾸는 복음의 진리와 마음을 움직이시는 성령님의 능력에 기대어 겸손하면서도 자신 있게 고백할 뿐이다. 자, 이제 차근차근 살펴보기로 하자.

복음은 우주를 다스리고 통치하시는 단 한 분 주관자요 주님이신 하나님으로 시작한다. 오직 그분만이 만물의 주인이시다(시 24:1 참조). 하나님만이 우주 만물의 소유주가 되신다는 사실은 사랑이 넘치는 권위자와 거기에 기꺼이 순종하는 이들 사이의 관계를 망치지 않는다. 이는 어린 자녀들을 사랑하고 보살피는 선한 아버지라는 그림에서도 여실히 볼 수 있다. 하지만 그런 구도라 할지라도 아버지가 아들딸을 소유하지도, 자식들이 부모에게 소속되지도 않는다. 궁극적인 소유권은 하나님의 몫이다. 인간은 누구나 하나님의 것이다. 성경은 1세기의 노예들을 언급하면서 세상 주인들에게 "그들과 너희의 상전이" 하늘에 계시고 오로지 그분만이 모두를 다스리신다고 지적한다(엡 6:9).

이는 만물의 주인이신 하나님이 세상 모든 인간을 그분의 형상대로 지으셨다는 복음의 두 번째 기본 요소로 이어진다. 흔히 하는 말로, 인간은 너나없이 하나님 앞에서와 서로에게 동등한 가치를 갖는다. 다른 이보다 나은 사람도, 못한 사람도 없다. 1863년 11월 11일, 당시 미국 대통령이던 에이브러햄 링컨은 미국 역사를 통틀어 가장 유명한 담화로 꼽히는 게티스버그 연설 첫머리에서 "87년 전, 우리 조상들은 자유를 꿈꾸며 이 대륙에 새로운 나라를 세웠으며 '모든 인간은 평등하게 지음받았다'는 대의를 위해 헌신했습니다"라고 부르짖었다.[5] 하지만 "모든 인간은 평등하게 지음받았다"는 개념의 창안자는 링컨이 아니라 하나님이시다.

성경은 첫 장에서 "하나님이 자기 형상 곧 하나님의 형상대로 사람을 창조하시되 남자와 여자를 창조하시고"(창 1:27)라고 명확하게 말한다. 욥은 종들을 함부로 대하지 않는 까닭을 말하면서 같은 뜻을 내비친다. "나를 태 속에 만드신 이가 그도 만들지 아니하셨느냐 우리를 뱃속에 지으신 이가 한 분이 아니시냐"(욥 31:15). 하나님 앞에서 누구나 똑같이 존엄한 존재라는 의식은 신약에도 여실히 드러난다. 바울은 "너희는 유대인이나 헬라인이나 종이나 자유인이나 남자나 여자나 다 그리스도 예수 안에서 하나이니라"(갈 3:28)라고 적었다. 다시 말해, 서로 다른 점들이 있을지라도 하나님 앞에서는 너나없이 존엄하며, 특히 그리스도를 좇는 제자들은 예수님 안에서 동등하다는 것이다. 야고보 사도는 이런 평등과 존엄을 근거로 교회 안에 편애가 존재하는 현실을 비판했다.

모든 인간은 누구나 동일한 존엄성을 갖는다는 사실을 토대로 하나님은 특별히 종들을 신체적으로 학대하는 행위를 맹렬하게 꾸짖으신다(출 21:20-27 참조). 아울러 인신매매는 종류를 가리지 않고 엄하게 규탄하셨다. 누군가를 유괴한 자는 반드시 사형에 처하라고 명령하셨는데 이는 종을 판 쪽이나 산 쪽 모두에게 해당되는 형벌이었다(출 21:16 참조). 바울은 살인과 성적인 부도덕에 잇대어 곧바로 인신매매를 비난한다. 디모데전서 1장 10절이 말하는 '인신매매를 하는 자'는 '노예상인'을 가리킨다.[6] 노예로 팔아먹을 심산으로 인간을 납치하는 자는 "불법한 자와 복종하지 아니하는 자와 경건하지 아니한 자와 죄인과 거룩하지 아니한 자와 망령된 자"(딤전 1:9)다.[7]

당연하지만 중요한 이 성경적 진리를 18-19세기 크리스천들이 받아들이고 순종했더라면 아프리카인들을 납치해서 유럽과 미국에 노예로 내다 파는 짓은 꿈도 꾸지 못했을 것이다. 수백만 명에 이르는 남녀들이 잔인하고 험한 대접을 받으며 대양을 건너 수송됐다. 상당수는 목적지에 도착하기도 전에 목숨을 잃었다. 노예로 팔려 나간 뒤에는 가혹한 중노동에 시달렸을 뿐만 아니라 신체적인 학대와 성폭행, 고문까지 감내해야 했다. 19세기 초, 노예폐지운동에 앞장섰던 프리데릭 더글러스(Frederick Douglass)는 자신의 첫 번째 주인이었던 캡틴 앤터니(Captain Anthony)를 이렇게 그렸다.

> 오랜 세월 노예를 거느리며 마음이 굳어진 잔인한 인간이었다. 시시때때로 노예들을 채찍질하면서 큰 쾌감을 얻는 모양이었다. 이른 새벽, 찢어지는 비명소리에 잠을 깬 적이 얼마나 많았는지 모른다. 툭하면 끌려 나가 기둥에 묶인 채로 … 말 그대로 피투성이가 될 때까지 채찍질을 당했던 이모가 내지르는 소리였다. 피 칠갑을 한 희생자의 그 어떤 말도, 눈물도, 기도도 피비린내를 맡고 싶어 하는 주인의 강철심장을 녹여 내지 못했다.[8]

이런 설명은 하나님이 명백하게 정죄하신 노예제도의 참상을 다시 떠올리게 한다. 남북전쟁 당시, 하나님 말씀을 가지고 노예제도를 합리화했던 목회자와 교인들이 죄 가운데 빠져 살고 있었음은 두말할 여지가 없다. 그때나 지금이나, 성경은 인간의 가치나 존엄을 훼손하는 어떤 형태의 노예제도도 하나님의 주권에 복종하지 않고, 그분의 법을 짓밟으며, 거룩한 형상대로 지으신 한 사람 한 사람을 향해 하나님이 베푸시는 사랑을 명백히 부정하는 처사로 여긴다.

하지만 세상에는 하나님이 누구에게나 동등한 존엄성을 부여하셨다고 믿지 않는 문화가 수두룩하다. 세계 곳곳에 분포하는 여러 종파의 무슬림, 힌두, 불교, 애니미즘, 무신론 문화들은 다채로운 방식으로 여성의 가치를 부정한다. 중동지역의 여성 억압이나 아시아권에서 광범위하게 벌어지는 낙태 풍조는 여성의 가치를 평가절하 하는 마음가짐에서 비롯되며 성매매산업 역시 같은 자리에서 출발한 현상이다. 일단, 여성을 남성보다 덜 중요하고 덜 존엄하며 가치가 떨어지는 인간으로 보면, 함부로 쓰고 버릴 물건쯤으로 취급하기가 한결 쉬워지며, 정부 당국자들 역시 여성들의 고통을 무시하다시피 외면하게 된다.

남아시아의 어느 나라를 찾았던 기억이 난다. 거리에는 힌두교의 으뜸 신이며 다산의 신인 시바를 예배하러 모인 수만 명의 힌두교도들이 물결을 이루고 있었다. 힌두이즘을 좇는 이들은 섹스 자체가 자신들의 신인 시바를 경배하는 행위라고 본다. 시바를 포함한 여러 신들을 기쁘게 하고 달래는 데 꼭 필요한 일로 치부하기까지 한다. 이런 신앙을 추종하는 가정에서는 딸의 나이가 열두 살에 이르면 성행위에 쓰이도록 신에게 바치기도 한다. 어쩌면 이러한 세계관이 수십만에 이르는 젊은 여성들을 뭄바이, 델리, 콜카타 같은 인디아 대도시의 사창가로 이끌어 가는 지도 모른다.

당신도 은밀한 협조자인가

미국이라고 해서 그러한 세계관에서 자유로운 건 아니다. 섹스를 숭배하다시피 하는 문화가 여성 비하로 이어지는 흐름이 여실하기 때문이다. 이는 성매매와 포르노그래피 산업에서 도드라지게 나타나는데, 주변 문화는 물론이고 거기에 맞서야 할 교회에서조차도 크리스천들이 그 풍조를 흉내 내는 사례가 허다하다. 교회에 다니는 남녀 가운데 절반 이상이 적극적으로 포르노그래피를 즐긴다는 사실이 연구 조사를 통해 꾸준히 보고되고 있다. 놀랍게도(조금만 생각해 보면 그리 놀랄 일도 아니지만) 이런 교회를 이끄는 목회자들을 대상으로 조사한 통계 역시 비슷한 양상을 보인다.[9]

이런 수치만으로도 포르노그래피는 심각한 문제인데 더 나아가 성 착취 인신매매와의 연계성도 놓쳐서는 안 된다. 연구 보고에 따르면 성 착취 인신매매와 포르노그래피 생산 사이에는 긴밀한 연관이 있다.[10] 이는 사법당국도 인정하는 사실이며[11] 음란물 제작자들도 동의한다.[12] 정확한 이름을 밝히기는 어렵지만, 성매매근절운동을 펼치고 있는 한 시민단체는 성 착취 인신매매의 희생자 셋 가운데 하나는 포르노그래피 제작에 동원된다고 밝혔다.[13] 성매매와 포르노그래피, 그리고 인신매매 사이의 상관관계를 살핀 또 다른 연구는 9개국에 걸쳐 900건의 매춘 사례를 조사한 결과, 매춘 행위를 하는 동시에 포르노그래피 제작에도 동원된 사례가 절반이 넘었다고 보고한다.[14] 이런 조사 보고들을 보면, 이들 사이에 긴밀한 연결고리들이 형성돼 있음을 알 수 있다. 포르노그래피에 몰두하는 남녀들은 성매매 수요를 창출하고, 자연히 성 착취 인신매매 사업을 번창하게 만든다.

하지만 실제로는 그보다 더 사악한 사이클이 존재한다. 포르노그래피를 더 자주, 더 많이 볼수록 성매매를 통해 성적인 만족을 얻고자 하는 욕구가 커진다.[15] 그런 심리는 남성들(여성들도)로 하여금 신체적인 성매매, 또는 "집집마다 구비하고 있는 컴퓨터가 잠재적인 홍등가 노릇을 하는"[16] 가상 매매춘에 빠지게 만든다. 이렇게 포르노그래피는 성매매를 부추기고 다시 성 착취 인신매매를 부채질한다.

무슨 짓을 하고 있는지 알겠는가? 온라인으로 포르노그래피를 감상할 때마다 저마다 가진 개인 컴퓨터로 은밀하게 성노예 산업의 사이클을 돌리는 셈이다. 거실에서, 사무실에서, 또는 핸드폰으로 이기적인 쾌락을 얻기 위해 인간을 성노예로 만드는 산업이 발전하도록 힘을 보태고 있는 것이다.

여기에 심각한 모순이 있다. 우리 문화 속에 한자리를 차지하는 대학가의 지평을 살펴보면 외형적으로는 세계 곳곳의 노예들을 위해 열성적으로 활동하는 것처럼 보인다. 학생들은 다큐멘터리를 보고, 강연을 듣고, 걷기나 달리기 행사를 벌이고, 성 착취 인신매매 희생자들을 위한 기금 마련에 나선다. 하지만 한편으로는 대학에 다니는 남학생 가운데 90퍼센트, 여학생의 거의 30퍼센트가 기숙사와 아파트에서 컴퓨터로, 또는 핸드폰으로 음란물을 시청한다.[17] 이는 일반대학이나 기독교와 상관없는 운동 단체만의 문제가 아니다. 복음주의권의 기독교 대학들을 대상으로 실시한 최근의 조사 결과에 따르면 학부 남학생 가운데 80퍼센트가 지난 한 해 동안 한 번이라도 포르노그래피를 본 적이 있으며 매주 본다는 응답자도 60퍼센트를 넘었다.[18]

위선의 끝을 보는 느낌이다. 결론은 분명하다. 현대판 노예제도에 반대하는 피켓을 얼마나 자주 쳐들었느냐와 상관없이, 똑같은 손으로 음란 사이트를 클릭하고 마우스 휠을 굴려 야한 그림이나 비디오를 찾아다니고 있다면 '뼛속까지' 사기꾼이란 소리를 들을 만하다.

음란물에 정신을 팔 때면, 인간은 누구나 타고난 존엄성이 있어서 섹스용으로 사고 팔 수 있는 대상이 아니라, '하나님 보시기에 좋았던' 그대로 귀하고 값진 존재라는 복음의 소중한 진리를 부인하는 꼴이다. 사람은 이기적이고 성적이며 관능적인 쾌락에 이용하거나 남용할 수 있는 물건이 아니다. 사랑을 베푸시고 돌봐 주시는 하나님의 형상을 그대로 간직한 인격체들이다. 주일 아침에는 열심히 교회에 나가고 뒤로는 노예제도를 합리화했던 남북전쟁 이전의 크리스천들이 위선적이고 우스꽝스러워 보이는가? 집안에서 포르노그래피에 몰두한다면, 그래서 음란물과 한 끈으로 연결된 성노예 산업을 뒷받침한다면 그이들과 다를 게 무엇인가?

복음을 들고 싸우라

노예제도와 싸우는 전쟁은 복음을 믿는 데서 시작된다. 다시 말해,

의롭고 거룩하며 사랑이 넘치는 창조주 하나님만이 온 인류의 소유주라는 사실을 깨닫는 데서 시작된다. 싸움은 복음을 삶에 적용하면서, 그러니까 온 인간은 하나님의 형상대로 지음받았으므로 마땅히 존중되어야 하고 절대로 노예가 될 수 없다는 진리를 몸으로 살아 내면서 지속해야 한다. 아울러, 노예제도와 맞서 싸우기 위해서는 복음 선포에, 다시 말해 한 점 희망이 없는 이들에게 궁극적인 소망의 원천은 예수 그리스도임을 전하는 데 최선을 다해야 한다.

그러면 마침내 복음이 노예제도를 설명하는 충격적인 방식의 진수와 마주하게 된다. 성경을 보면, 하나님은 세상에 뿌리내린 죄의 소산임에 틀림없는 노예제도를 가져다가 세상을 구원하는 역사의 강력한 상징으로 바꿔 놓으시기 때문이다. 복음의 중심에는 예수 그리스도의 인성이 자리 잡고 있다. 주님은 한 점 흠 없이 거룩하심에도 불구하고 "오히려 자기를 비워 종의 형체를 가지사 사람들과 같이"(빌 2:7) 되셨다. 여기에 쓰인 '종'(doulos)이란 말은 다른 신약성경 본문들에서 주인의 다스림을 받는 노예를 표현할 때 동원되는 단어와 똑같은 뿌리에서 나왔다. 성경은 문자 그대로 예수 그리스도가 인류를 구하기 위해 인간의 종이 되셨다고 말한다. 이런 말씀들을 들으면 십자가를 지러 가시기 직전, 허리에 수건을 동이고 무릎을 꿇은 채 제자들의 발을 씻는 예수님의 모습이 저절로 떠오른다(요 13장 참조). 제자들의 마음에는 일찍이 주님이 들려주셨던 말씀이 메아리쳤을 것이다. "인자가 온 것은 섬김을 받으려 함이 아니라 도리어 섬기려 하고 자기 목숨을 많은 사람의 대속물로 주려 함이니라"(막 10:45).

이것이 복음의 정수다. 기독교 메시지의 클라이맥스는 온 세상을 다스리는 주인이 섬기는 종이 되셨다는 소식이다. 하나님은 육신을 입고 모든 면에서 우리와 똑같은(죄가 없다는 점만 빼고) 인간이 되셨다. 죄와 고통이 가득한 세상을 누비고 다니셨으며 인류를 위해 고난을 받으셨다. 그리고 마침내 우리 대신 십자가에서 돌아가셨지만 죽음을 딛고 다시 일어나서 그리스도를 주님으로 고백하는 모든 이들에게 영원한 생명을 주신다.

기독교의 복음은 하나님을 '주인을 기쁘게 하거나 심기를 달래기 위해 노예의 신분인 내가 해야 할 일들의 목록'을 나눠 주는 분으로 설명하지 않는다. 오히려 "죄와 고통의 깊고 깊은 수렁에 빠진 너를 찾아가 만나겠다. 너를 회복시키겠다. 대속하겠다. 내 목숨으로 값을 치르고 널 사서 언젠가 죄와 고통에서 완전히 벗어나게 하겠다"고 말씀하시는 주님으로 묘사한다.

복음은 말리하와 한나가 그 무엇보다 간절히 소망하는 것을(또는 분을) 제시한다. 레스토랑 쪽방이나 주간고속도로 한쪽 귀퉁이를 서성이는 이 소녀들에게 죄를 무섭게 꾸짖으면서 이러저런 조건을 채우지 못하면 구원받지 못한다고 가르치는 신에 관한 소식은 필요가 없다. 말리하와 한나 같은 소녀들은 어른이 되기도 전에 숱하게 짓밟힐 수밖에 없는 처지다. 그런 이들에게는 찾아갈 때까지 손 놓고 기다리는 구세주는 소용이 없다. 찾아와 만나 주는 주님이 간절할 따름이다. 양 아흔아홉 마리를 남겨 둔 채 길 잃은 한 마리를 구하러 사방팔방 헤매는 목자처럼, 잃어버린 동전 한 닢을 찾아 눈에 불을 켜고 집안을 샅샅이 뒤지는 여인처럼, 말 안 듣고 집을 나갔다가 되돌아오는 아들이 반가워 단걸음에 쫓아 나가는 아버지처럼 달려와 주는 구세주가(눅 15장 참조) 절실할 뿐이다.

쓰레기처럼 더러워졌다는 느낌에 사로잡혀 있는 수많은 말리하와 한나들은, 한없이 따뜻한 눈길로 바라보시며 "깨끗하게 되어라"고 말씀해 주실(눅 5:12-14 참조) 구세주가 필요하다. 수치심에서 헤어나지 못하는 그이들에게는, 이 땅에서 잃어버린 명예를 회복시키고 영원한 나라를 바라보는 소망을 되살려 줄 구세주가 있어야 한다.

말리하와 한나 같은 친구들을 후려다 성적으로 착취하는 이들에게도 똑같은 구세주가 필요하다. 성매매 산업을 이면에서 뒷받침하는 이들은 스스로 저지르고 있는 죄의 본질이 얼마나 심각하며 날로 가까워지는 하나님의 심판이 얼마나 맹렬한지 알아야 한다. 동시에 죄인들의 영혼을 대속하기 위해 하나님이 얼마나 크고 너그러운 희생을 치르셨는지 알아야 한다. 그이들에게는 죄를 용서하시고, 삶을 변화시키셔서 더는 소녀들을 착취해 제 배를 채우는 게 아니라 불쌍한 희생자들을 보호하는 데 앞장서게 이끌어 갈 구세주가 필요하다. 복음의 능력만이 사악한 심령에 그런 변화를 일으킬 수 있다. 피해자들을 이용해 성적인 욕구를 채우고 음란물을 즐기는 남녀들에게도 마찬가지다.

이쯤 되면, 너나없이 누구에게나 구세주가 필요하다고 해야 할 것이다. 자비로 구원을 베풀어 주시고 속속들이 변화시키셔서 단 한 분뿐인 주님으로 모시고 따르며, 이웃들을 사랑하고, 한 사람 한 사람에게 부여하신 존엄성을 깨닫게 하시는 하나님이 필요하다. 복음을 받아들이고 삶이 바뀌면 문화에 대응하는 방식도 달라지게 마련이다.

머리 해리스(Murray J. Harris)라는 학자가 뭉뚱그려 정리한 말을 빌자면, 복음은 "대폭발을 일으켜 온갖 노예의 사슬을 폭파하고 깨부순다."[19]

끝까지 찾아가시는 치유의 하나님과 함께

여태 네팔 이야기를 자주 꺼냈고 제4장에서도 현지에 살면서 선교 단체를 이끌고 있는 잭이란 친구를 소개했었다. 잭이 네팔을 처음 찾은 건 트래킹을 위해서였다. 히말라야 산간을 누비는 꿈을 꾸며 하이킹 준비에 많은 시간과 공을 들였다. 마침내 산을 오르는 일정이 시작되고 첫날밤이 찾아왔다. 쉼터에는 적지 않은 여행객들이 북적거리고 있었다. 그런데 문득, 남자 몇이서 한 무리의 소녀들을 데리고 다니는 게 눈에 들어왔다. 잭이 말을 걸자 사내들은 스스럼없이 무슨 일을 하고 있는지 털어놓았다. 국경으로 데려가는 계집애들인데 인디아의 어느 대도시에 성매매 여성으로 팔려 나갈 상품이라는 것이다.

잭으로선 기겁할 노릇이었다. 여자아이들의 얼굴을 들여다보니 마음이 미어지는 것 같았다. 눈물을 쏟으며 울었다. 친구는 당시를 떠올리며 말한다.

"피상적인 울음이 아니었어요. 바닥을 알 수 없는 우물처럼 깊은, 정말 깊은 데서 터져 나오는 울음이었습니다. 솔직히 말씀드리자면 지금도 그 밑바닥을 모르겠어요."

평생을 통틀어 그 어느 때보다 뼈저린 무력감을 느낀 순간이었다. 당장 그 소녀들을 위해 할 수 있는 일이 아무것도 없었지만 비슷한 처지에 있는 다른 이들을 위해서는 무언가 할 일이 있을 것 같았다. 잭의 말을 빌자면, "환멸을 환호로 바꾸기로 작심한" 것이다.

잭은 곧장 짐을 꾸려 산을 내려갔다. 벌써 10년도 더 지난 일이다. 그날부터 지금까지 친구는 히말라야 산골에 복음의 소망을 전하는 일에 삶을 드리고 있다. 잭이 이끄는 선교단체는 복음을 기반으로 한 40여 개 단체와 힘을 합쳐서 교육을 비롯한 다양한 방식으로 성 착취 인신매매와 치열하게 싸우는 중이다. 이는 지극히 복잡하고 말도 못하게 어려운 전쟁이지만 복음에 실린 소망에 목말라하는 수많은 말리하들에게는 더없이 소중한 사역임에 틀림없다.

뿐만 아니라 버밍햄의 한나 같은 무수한 여성들에게도 값진 전쟁이다. 타후안(Tajuan)만 해도 그렇다. 남자친구 행세를 하다가 포주의 본색을 드러낸 남자에게 열다섯 살 때부터 착취당해 온 아가씨다. 버밍햄으로 끌려오기를 여러 차례 되풀이하다 보니 이젠 아예 고향처럼 느껴질 지경이 됐다. 하지만 하나님의 은혜로 매춘 사업의 마수에서 풀려날 수 있었다. 지금은 복음으로 변화되어 성매매의 사슬에서 벗어났을 뿐만 아니라, 단 한 분 그리스도가 베풀어 주시는 소망과 치유를 통해, 회복 과정을 밟고 있는 버밍햄 지역의 성 착취 인신매매 피해자들에게 숙소를 제공하고 용기를 불어넣는 일을 하고 있다.

복음에 나타난 그리스도의 진면목을 알고 있는 크리스천이라면 세상의 온갖 노예들의 족쇄를 깨부수고 해방시키는 싸움에 나서게 마련이다. 예수님은 절대로 놓치지 않고 끝까지 추적하시는 구세주시다. 그분과 하나가 된 크리스천들은 노예 신세에 몰린 이들을 끝까지 찾아가야 한다. 침묵할 수도, 가만히 앉아 있을 수도 없다. 우리 사전에 그런 말은 없다. 성적으로 착취당하는 희생자들이 마수에서 풀려나 새로운 생명을 되찾도록 기도하고 베풀고 열심히 뛰어야 한다. 기도하고 베풀고 뛰노라면 자연히 그리스도를 전할 수밖에 없다. 오로지 주님만이 온전한 자유를 주실 수 있기 때문이다. 예수님을 좇는 제자들은 머리에 복음의 진리를 담고, 마음에 복음의 능력을 품고, 두 손에 복음의 사랑을 쥐고 갖은 방법을 총동원하여 이 선한 싸움을 싸워 나가야 한다.

문화를 거스르는 '카운터 컬처'의 첫걸음

기도하라

하나님께 구하라.

- 세계 곳곳에서 성노예로 살아가는 이들 하나하나의 삶에 개입하셔서 구원을 베풀어 주세요.
- 크리스천들과 교회들의 눈을 열어 주셔서 성매매에 내몰리는 노예들의 곤고한 처지를 정확히 볼 수 있게 해 주세요.
- 희생자들 위에 군림하는 가해자들이 주님을 만나게 해 주세요. 아니면 정의를 실현해 주셔서 저들이 죗값을 치르게 해 주세요.

참여하라

기도하면서 다음 단계를 차근차근 밟아 나가라.

- 성노예 문제를 파고드는 선교단체를 지원하고 활동에 참가할 방법을 찾아보라.
- 교회 식구나 지도자들을 일깨워 성노예들을 위해 기도하고 도움을 줄 전략을 세우도록 이끌라.
- 포르노그래피 산업과 성 착취 인신매매를 다루는 정부부처에 전화를 걸고 편지를 보내 민원을 제기하라.

선포하라

다음과 같은 성경의 진리들을 깊이 묵상하라.

- 땅과 거기에 충만한 것과 세계와 그 가운데에 사는 자들은 다 여호와의 것이로다(시 24:1).
- 가난한 자와 궁핍한 자를 구원하여 악인들의 손에서 건질지니라 하시는도다(시 82:4).
- 하나님은 의로우신 재판장이심이여 매일 분노하시는 하나님이시로다(시 7:11).

Part 3

복음과 문화가 충돌할 때, 성경의 가치를 사수하라

6.
복음과 결혼

"동성애는 개인의 취향 아냐?"

최초의 디자인에
이런저런 손을 대지 말라

말뜻을 정확하게 정의하는 게 대단히 중요하다.

언젠가 독일에서 복음을 전할 기회가 있었는데, 새로 사귄 친구들이 물었다.

"오후에 축구 한 게임 할까요?"

축구라면 구경하는 것도, 직접 뛰는 것도 다 좋아한다. 고등학교와 대학에 다니던 시절에는 마음 맞는 친구들과 즉흥적으로 팀을 꾸려서 주말 내내 공을 던지고 받으며 놀았다. 그래서 이번에도 잔뜩 들떠서 소리쳤다. "좋지요! 저도 끼워 주세요!"

그런데 운동장에 들어서자마자 깜짝 놀라고 말았다. 눈에 익은 골대도 없고 끝이 뾰족한 갈색 공도 보이지 않았다. 대신에 그물망이 쳐진 골대 두 개와 둥근 흑백 점박이 공뿐이었다. 퍼뜩 짚이는 게 있었다. 유럽을 비롯해 대다수 국가에서 축구는 미국인들이 생각하는 것과 많이 다르다는 게 생각난 것이다. 그래서 영어에서는 유럽의 축구를 '사커'(soccer)라고 구별해 부른다.

말은 똑같이 '축구'(foodball)지만 의미는 이렇게 다르다. 유럽 친구들이 하자는 운동이 '사커'인 줄 알았더라면 그렇게까지 흥분하진 않았을 것이다. 사실, 말뜻을 정확하게 규정하는 게 중요하다는 예로 삼기에 축구는 너무 단순하고 상대적으로 무게감이 떨어진다. 하지만 중요하고 결정적인 다른 사례들도 많이 있다. 제3장에서 살펴본 바와 마찬가지로, '인간'을 어떻게 정의하느냐는 낙태를 바라보는 시각에 커다란 영향을 미친다. 문화가 이런 부류의 어휘들에 부여하는 의미는 그 속에서 살아가는 구성원들이 내리는 갖가지 결정뿐 아니라 삶을 이끌어 가는 방식 전체를 크게 좌우한다.

그렇다면 '결혼'의 경우는 어떠한가?

이는 우리 시대와 문화 가운데 벌어지는 윤리 혁명의 구심점을 이루는 질문이다. 지난 천 년 동안, 문명사회는 결혼을 남성과 여성의 배타적이고 영구적인 연합으로 규정해 왔다. 20년 전, 미국의 정치인들은 이러한 정의를 지켜 내기 위해 각 정당이 추구하는 노선을 초월해 이른바 결혼보호법(Defense of Marriage Act)을 통과시켰다. 하지만 2013년 6월, 미국연방 대법원은 법안의 핵심 조항들을 폐기했다. 미국 문화가 결혼을 완전히 새로 정의할 길을 활짝 열어 놓은 것이다. 그때부터 각 주는 저마다 다른 용어들을 구사하며 결혼을 공식적으로 정의하기 시작했으며 이제는 동성 간의 관계도 결혼의 범주에 포함시키기에 이르렀다.

대법원의 이런 결정만으로는 패러다임을 바꾸기에 부족하다는 생각이 들었던지, 앤터니 케네디 대법관(Justice Anthony Kennedy)은 다수의견을 기술하면서 결혼보호법에 찬동하는 이들은 혼인의 의미를 손상시킬 의도를 품고 있다고 주장했다. 소수의견을 내놓은 존 로버츠(John Roberts)와 안토닌 스칼리아(Antonin Scalia) 대법관은 대다수 법원들이 오히려 오랜 세월 지켜 온 결혼의 정의를 그대로 지켜 내려는 이들을, '편견'에 사로잡혀 동성커플들을 '비하'하고 '폄하'하며 '굴욕'을 안기고 '상처'를 주는 부류로 규정하고 있음을 지적했다. 결국 미국연방 대법원은 압도적 다수의 의견을 반영해 동성 관계를 "사회 전반에서 문제없이 대부분 그 존재를 인정해 온 결혼의 일면"으로 다시 정의했다. 전통적인 결혼관을 지지하는 이들은 자연스레 '인류의 적'이 되었다.[1]

2013년에 나온 법원의 판결은 전통적인 결혼을 배척하는 서구 사회의 여러 광범위한 흐름들 가운데 한 갈래일 뿐이다. 이런 시류가 형성된 건 한두 해만의 일이 아니다. 정확한 데이터를 제시하기는 어렵지만, 일단 인구 통계 조사만 보더라도 초혼의 절반 정도는 이혼으로 마무리된다.[2] 그나마도 남녀가 만나 결혼하기로 작정한 경우에 국한된다. 미국 문화를 기준으로 보자면, 동거하는 커플의 숫자가 지난 30년 사이에 거의 네 배로 늘어났다.[3] 독신 남녀들 가운데 결혼을 미루거나 아예 포기하는 비중이 갈수록 높아지고 있다. 결혼을 통한 연합은 확실히 하향세에 접어들었다. 마크 리그너러스(Mark Regnerus) 박사가 조사한 바에 다르면, 지난 40년 간 "미국에서 여성이 독립적으로 세대를 구성하는 숫자는 65퍼센트쯤 늘어난 반면, 남성 단독 가구는 120퍼센트에 이르러 폭발적인 성장세를 보였다. 결과적으로, 미국에서는 결혼해서 가정을 이룬 세대의 비율이 50퍼센트 이하로 떨어지고 말았다."[4]

이 모든 현실은 의구심을 불러일으킨다. '과연 결혼은 첫손에 꼽을 만큼 중요한 요소인가? 결혼의 의미를 시대에 맞춰 다시 정의하는 게 무슨 문제인가? 동성결혼을 정말 잘못이라고 해야 할까? 동성 간의 사랑을 부정하는 편이 더 그릇되고 혐오할 만한 짓이 아닐까?' 결혼의 의미를 다시 정립해야 한다고 주장하는 어느 '크리스천' 지도자의 말을 빌자면 "하나님은 자녀들을 이끌어 더 큰 사랑이 필요하다는 큰 깨달음을 주신다. … 서로 깊이 헌신할 더 많은 대상이 필요하다. '혼자 있는 것'은 좋지 않다. 따라서 수많은 크리스천들이 더 이상 낡은 시각이 통하지 않는다는 사실을 알아 가고 있는 지금이야말로 대단한 시점이 아닐 수 없다."5

그렇다면 현대 문화 속에서는 결혼에 대한 논의가 그저 '해묵은 시각'을 버리고 새로운 사고방식으로 옮겨 가는 문제일 따름이라는 말인가? 결혼은 시대의 변화에 발 맞춰 얼마든지 달라질 수 있는 전통에 지나지 않는가? 아니면 시대와 세대가 달라져도 한결같도록 만들어진 제도인가?

이 모든 질문보다 더 근본적인 물음들이 있다. 복음을 어떻게 결혼에 적용할 것인가? 창조주 하나님은 결혼에 대해 뭐라고 말씀하시는가? 주님이 주신 가르침에서 벗어나지는 않았는가? 그리스도가 십자가에 달려 돌아가신 사건은 결혼을 규정하는 데 어떤 작용을 하는가? 성경말씀과 딴판으로 결혼을 정의하기 일쑤인 문화 속에서 산다는 건 그리스도를 좇는 제자들에게 어떤 의미를 갖는가? 정직하게 이런 질문을 던지고자 한다면 먼저 놀라운 답을 들을 각오를 해야 한다. 그리고 더 중요한 건 특별한 방식으로 주위 문화를 거스를 준비를 갖춰야 한다는 점이다.

하나님이 만드신 최초의 결혼 설계도

성을 제대로 이해하는 작업은 결혼관을 정립하는 기초 과정에 해당한다. 서구 문화에서 성 차이는 그저 사회적인 해석에 지나지 않는다. 신체적으로 차이가 있는 건 분명하지만, 내키는 대로 얼마든지 바꿀 수 있다. 그것만 아니라면 남성과 여성은 동등하다. 여기서 동등하다는 건 똑같다는 뜻이다. 따라서 남성과 남성, 또는 여성과 여성의 결혼도 남녀 간의 혼인과 같은 차원에서 받아들인다. 인간이 다 똑같다면 동성이든 이성이든 무슨 상관이냐고 현대 서구 문화는 반문한다.

하지만 하나님도 그렇게 말씀하시는가?

창세기 1, 2장은 서로 보완해 가며 인간의 창조 과정을 설명한다. "하나님이 자기 형상 곧 하나님의 형상대로 사람을 창조하시되 남자와 여자를 창조하시고"(창 1:27). 첫머리부터 인간의 존엄한 가치가 드러난다. 세상의 그 어떤 피조물도, 심지어 더없이 위풍당당한 천사마저도 '하나님의 형상'을 간직하지 못했다. 오로지 남자와 여자만이 하나님을 닮았다. 하지만 하나님의 속성을 모두 가진 건 아니다. 창조주는 무한하시지만 인간은 유한하다. 그분은 하나님이시지만 우리는 인간이다. 주님은 영이지만 우리는 육이다. 그럼에도 불구하고 인간은 다른 피조물들과 달리 하나님의 윤리적, 지적, 관계적 특성들을 어느 정도 지니고 있다. 사유할 힘이 있고, 사랑을 갈망하며, 말할 줄 알며, 도덕적인 특질을 가졌다. 무엇보다 중요한 사실은 하나님과 관계를 맺을 기회를 부여받았다는 점이다. 개와 고양이, 산이나 바다, 더 나아가 천사와 악마한테도 없는 속성이다. 하나님은 남자와 여자를 지으시고는 곧바로 복을 주셨다. 창조 질서를 통틀어 유일하게 그분을 닮은 존재로 지으시고 관계의 문을 열어 주셨다.

여기가 바로 성경이 제시한, 남성과 여성이 출발점으로 삼아야 할 지점이다. 남성과 여성 모두 하나님 앞에서와 서로에게 똑같이 존엄한 존재로 지음받았다. 제5장에서 성노예와 관련해 이러한 사실이 무얼 의미하는지 이미 살펴보았지만, 동일한 존엄성이란 개념은 양성을 이해하는 데도 중요한 도구로 삼아야 한다. 남성과 여성은 누구랄 것도 없이 하나같이 하나님의 형상대로 빚어진 이루 말할 수 없을 만큼 소중한 존재들이다. 하나님은 성경의 첫 장부터 남성과 여성 가운데 어느 한쪽이 어떤 형태로든 우월의식을 갖거나 상대를 지배하면 안 된다는 입장을 이렇게 큰 소리로 밝히셨다. 성경책의 마지막 대목쯤에서 하나님은 남성과 여성을 "생명의 은혜를 함께 이어받을 자로"(벧전 3:7) 지칭하신다. 하나님의 설계에는 남성이 여성보다 낫다거나 여성이 남성보다 우월하다는 개념이 어디에도 들어 있지 않다. 도리어 남자든 여자든 이성을 낮춰 보고 이용하거나 학대하는 행위를 끔찍이 미워하신다. 남녀 가운데 어느 쪽도 상대편 성보다 크거나 위대해질 수 없다. 이건 영원히 변치 않는 원칙이다. 따라서 누구도 남성과 여성 가운데 어느 편을 본질적으로 우월하거나 열등하게 보아선 안 된다.

하지만 판박이처럼 똑같지는 않다. 동일하게 존엄하지만 그렇다고 남녀의 구별마저 없어지는 건 아니다. 창세기 기자는 1장에서 창조주께서 인간을 남자와 여자로 지으셨다고 못 박아 기록하고 있으며 여기에는 그만한 이유가 있다. 하나님은 첫 남자와 여자를 축복하신 뒤에 곧바로 명령하신다. "생육하고 번성하여 땅에 충만하라"(창 1:28). 이런 명령에 따를 수 있는 건 남성과 여성이 제각기 특징을 가지고 있기 때문이다. 주님이 인류를 남성 또는 여성만으로 지으셨더라면 생육이나 번성은 애초에 불가능한 일이었을 것이다. 하나님은 인간을 독특하게 설계하셔서 거룩한 명령에 순종할 수 있게 하셨다.

뿐만 아니라, 창조주의 설계에는 재생산 능력보다(또는 만큼이나) 중요한 요소가 들어 있다. 생물학적인 우연이나 진화론적인 적응 따위만으로는 설명할 수 없는 위대한 원리가 여기에 존재한다는 것이다. 하나님은 남녀의 동등성을 소중히 여기시지만 동시에 다양한 차이점을 두어 서로 보완하도록 인간을 지으셨다.

창세기 2장은 창조주께서 처음으로 인간을 지으시던 모습을 한층 상세하게 그린다. 주님은 흙으로 사람을 빚으시고, 코에 생기를 불어넣으셨으며, 에덴동산에 머물게 하셨다. 그리고 동물들을 끌어내 그 앞에서 행진하게 하시고 하나하나 이름을 붙이는 책임을 맡기셨다. 이런 과정을 보면, 애초에 인간은 혼자였음이 분명하게 드러난다. 비슷한 존재는 어디서도 찾아볼 수가 없다. 눈앞을 지나는 짐승들을 굽어보며 저마다의 특성에 잘 들어맞는 이름을 궁리하면서 아담은 생각했을지 모른다. '나랑 본질적으로 비슷한 녀석은 하나도 없구나.' 어쩌면 너무 외로워 그 자리에 털썩 주저앉았을지 모른다. 성경은 처음으로 말한다. "혼자 사는 것이 좋지 아니하니"(창 2:18).

죄가 세상에 들어오기 전에 일어난 사건임을 잊지 말라. 창세기 1장에는 창조와 하늘의 선포가 지속적으로 교차되고 있다. 빛을 만드시고 참 좋다고 선언하셨다. 땅과 바다를 지으시고 나서 "참 좋구나!"라고 말씀하셨다. 하늘과 별, 동물과 식물을 지으시고 마찬가지였다. 하지만 이번에는 좋지 않다고 하셨다. 인간은 혼자뿐이었다.

그래서 하나님은 말씀하셨다. "그를 돕는 사람, 곧 그에게 알맞은 짝을 만들어 주겠다." 남자가 잠들자 하나님은 인류 최초의 수술을 단행하셔서 갈비뼈 하나를 뽑아내셨다. 굳이 이렇게까지 하실 필요가 없는 일이었다. 남자를 흙으로 빚으셨던 것처럼 여자도 그렇게 지으실 수 있었다. 하지만 창조주는 그러지 않으셨다. 대신에 남자의 옆구리에서 갈

비뼈를 취해서 여자를 만드셨다. 눈을 뜨자마자 얼마나 놀랐는지 남자는 말문이 막힐 지경이었다. 기록에 남은 인간의 첫마디는 시(詩), 남성이 부르는 노래였다.

"이제야 나타났구나, 이 사람!
뼈도 나의 뼈, 살도 나의 살,
남자에게서 나왔으니
여자라고 부를 것이다"(창 2:23, 새번역).

성경이 설명하는 이 장면의 장대한 그림을 놓치지 말라. 창조주는 동등한 존재, 그러니까 똑같은 본질을 가졌지만 한편으로는 또 다른 특성을 소유해서 남자 혼자서는 죽었다 깨나도 할 수 없는 일들을 해내도록 도울 누군가가 필요하다는 사실을 깨닫게 하셨다. 이것이 바로 하나님이 여성을 통해 남성들에게 주신 가르침이며 결혼 제도가 서는 무대이기도 하다. 바로 다음 구절을 보자. "이러므로 남자가 부모를 떠나 그의 아내와 합하여 둘이 한 몸을 이룰지로다"(창 2:24).

남자와 여자, 결혼을 설계하신 하나님의 솜씨를 보라! 존엄한 두 인간이 서로의 빈 구석을 메우도록 독특하게 지으시지 않았는가! 주님은 남성과 여성을 빚어 한 몸이 되게 하셨다. 크게 다른 두 몸을 물리적으로 묶어 가장 견고한 결합을 이루신 것이다. 결혼은 다채로우면서도 통일성을 가지며, 다르면서도 같은 특성을 가지며, 성관계를 통한 인격적인 만족까지 아우르는 제도다.

결혼 속에 복음의 신비가 들어 있다

어느 것 하나도 우연의 산물이 아니다. 태초부터 하나님은 특별한 목적을 염두에 두고 결혼 제도를 설계하셨다. 예수님이 십자가에 달려 돌아가셨다가 죽음을 이기고 부활하신 뒤에 교회가 세워지고 나서야 거룩한 설계의 전모가 여실히 드러났다. 성경은 결혼 제도를 하나하나 되짚은 뒤에 말한다. "이 비밀이 크도다. 나는 그리스도와 교회에 대하여 말하노라"(엡 5:32). 하나님은 남자를 창조하시고, 이어서 여자를 지으셨으며 결혼이라는 관계를 통해 둘이 하나가 되게 하셨다. 주사위를 던지거나, 제비를 뽑거나, 동전을 던져서 결정하신 게 아니다. 창조주는 정교한 그림을 그리셨다. 처음부터 거룩한 사랑을 뭇사람들에게 보여 주실 뜻으로 시작하신 일이었다.

이러한 계시 앞에서 1세기 사람들은 충격을 받았다. 놀랍기는 21세기를 사는 현대인들에게도 마찬가지다. 뿐만 아니라 이는 문화를 초월해 결혼을 이해하는 방식에도 대단히 중요한 의미를 갖는다. 그레코-로마 시민이든 오늘날 어느 나라의 시민이든, 결혼을 성적인 만족이 따르는 자기완성의 수단으로 여긴다. 결혼을 꿈꾸는 남녀들은 자신을 완성해 줄 짝을 찾아 헤맨다. 이런 관점에서 보자면 결혼은 그 자체가 목적이다. 성관계는 완성을 축하하는 잔치다.

하지만 성경은 달리 가르친다. 하나님은 목표가 아니라 목표를 이루는 수단으로 결혼을 설계하셨다. 인격적인 즐거움이나 성적인 기쁨은 거룩한 계획의 일부를 차지할 따름이다. 주님의 목적은 거기에 그치지 않는다. 더 크고 위대한 실재를 드러내 보이시려고 결혼 관계를 설정하셨기 때문이다. 결혼이라는 제도가 성립되는 순간부터 하나님은 인류에게 복음을 알아듣기 쉽게 설명할 뜻을 품으셨다. 역사상 특정한 시기의 인물이나 이벤트를 보여 주는 사진 한 장처럼, 역사를 통틀어 가장 중요한 지점에 서 있는 주인공과 사건을 또렷하게 드러내시기 위해 결혼이라는 제도를 만드신 것이다. 에베소서 5장에 따르면, 결혼은 그리스도와 교회의 관계를 정밀하게 묘사한다. 세상 모든 사람들을 너무나 사랑하셔서 그 죄를 지워 죽이기까지 하신 거룩한 화가가 그려 낸 생생한 그림인 셈이다. 하나님은 교회를 향한 그리스도의 사랑과 주님을 바라보는 교회의 사랑을 인간의 문화라는 캔버스에 고스란히 옮겨 담고자 하신다.

그렇다면 하나님이 그리신 그림에는 어떤 모습이 실려 있는가? 성경은 이렇게 설명한다. "이는 남편이 아내의 머리 됨이 그리스도께서 교회의 머리 됨과 같음이니 그가 바로 몸의 구주시니라. 그러므로 교회가 그리스도에게 하듯 아내들도 범사에 자기 남편에게 복종할지니라"(엡 5:23-24). 정리해 보자면, 하나님은 남편들로 하여금 아내를 아끼듯 교회를 품는 그리스도의 사랑, 그리고 아내들로 하여금 남편을 대하듯 그리스도를 흠모하는 교회의 사랑을 되비쳐 보이게 하셨다.

얼마나 반문화적인 이야기인가! 정치적으로 얼마나 부적절한 가르침인가! "남편이 아내의 머리라고? 아내는 남편에게 순종해야 한다고? 제정신이요?"라고 묻고 싶을지 모른다.

하나님은 농담을 하고 계신 게 아니다. 주님은 언제나 옳으시다. 한계가 분명한 인간의 이성을 바닥에 깔고 에베소서 5장 말씀을 들으면 질겁할 수밖에 없다. 하지만 여유를 가지고 복음의 눈으로 결혼이란 그림을 들여다보면 반응은 달라지게 마련이다.

"남편이 아내의 머리 됨이 그리스도께서 교회의 머리 됨과 같음이니"란 말씀을 읽었으면 곧바로 물어야 한다. "그리스도가 교회의 머리가 되신다는 건 무슨 뜻일까?" 성경은 곧바로 대답을 내놓는다. "아내 사랑하기를 그리스도께서 교회를 사랑하시고 그 교회를 위하여 자신을 주심 같이 하라. 이는 곧 물로 씻어 말씀으로 깨끗하게 하사 거룩하게 하시고 자기 앞에 영광스러운 교회로 세우사 티나 주름 잡힌 것이나 이런 것들이 없이 거룩하고 흠이 없게 하려 하심이라"(엡 5:25-27).

숨이 막히도록 아름다운 그림이지 않은가? 그리스도가 교회의 머리가 되신다는 말은 교회를 위해서라면 주님이 무엇이든 다 주시겠다는 뜻이다. 책임지고 신부를 아름답게 만들겠으며 아내를 빛내기 위해서라면 권리를 포기할 준비가 되어 있을 뿐만 아니라 목숨까지도 서슴없이 내놓겠다는 말씀이다.

아내에게 가진 걸 다 내주는 남자, 신부의 아름다움을 책임지는 남자, 아내를 빛내기 위해서라면 권리를 포기할 각오가 되어 있고 목숨마저 기꺼이 버릴 줄 아는 남자. 이것이 바로 하나님이 설계하신 남편의 모습이다. 주님은 이처럼 남편들로 아내의 머리가 되게 하셔서 남자가 제 짝을 지극히 사랑하는 모습을 통해 온 세상 사람들이 거룩한 백성들을 향한 그리스도의 극진한 사랑이 어떠한지 볼 수 있게 디자인하셨다.

말기 암을 앓고 있는 아내 그웬(Gwen)을 지성껏 보살피던 남편 던(Don)의 모습이 떠오른다. 진단이 내려지고 병이 깊어질수록 남편이 아내를 얼마나 소중히 여기는지가 도드라지게 드러났다. 불치 판정을 받고 숨을 거두기까지 13개월의 여정 동안 던은 개인적인 생활을 포기하다시피 하고 온 힘을 기울여 아내를 돌보았다. 나란히 걷고 기다리고 약속 자리에 데리고 나가고 필요한 게 있으면 다 채워 주었다. 자신을 돌아보지 않고 아내를 목숨보다 귀하게 여겼다. 십자가에서 자신을 버리고 스스로의 생명보다 교회를 앞세우셨던 그리스도의 모습과 정확하게 겹쳐지는 장면이었다.[6]

마찬가지로 "교회가 그리스도에게 하듯 아내들도 범사에 자기 남편에게 복종"(엡 5:24)해야 한다. '머리 됨'과 마찬가지로 '순종'이란 단어 역시 듣자마자 우등과 열등이나 지배와 복종을 떠올리는 게 보통이다. 하지만 성경이 이 단어에 담은 뜻과는 거리가 먼 얘기다. 앞에서도 살펴보았지만, 하나님은 애초부터 남자든 여자든 똑같이 존엄하며 값지고 소중하다는 점을 분명히 하셨다. 순종이란 한쪽의 삶을 일방적으로 낮춰 보는 개념이 아니다. 성경에 쓰인 순종은 사랑으로 다른 이에게 양보한다는 뜻이다.

성경 곳곳에서 보는 이러한 순종은 우리가 쉽게 만나기 어렵지만 인간관계의 근사한 구성 요소가 아닐 수 없다. 예를 들어, 난 네 아이의 아빠다. 꼬맹이들은 나와의 관계에서 순종해야 하는 입장이다(서글프게도 늘 그걸 의식하는 것 같지는 않지만). 하지만 아이들한테는 지극히 유리한 지위다. 아빠가 늘 사랑하고 이끌고 섬기고 보호하고 필요를 채워 주기 때문이다. 꼬마들이 보이는 순종이 내가 녀석들보다 우월하고 우세하다는 뜻은 결코 아니다. 아빠가 자기들에게 보내는 사랑을 전폭적으로 신뢰함을 보여 줄 뿐이다.

이런 식의 순종은 인간 사이에 국한되지 않으며 하나님과의 관계에서도 어김없이 적용된다. 성경은 한 분 하나님을 성부, 성자, 성령의 세 위격으로 드러낸다. 삼위일체의 세 위격은 모두 동등하다. 성부도 온전한 하나님이고, 성자도 온전한 하나님이시며, 성령 또한 온전한 하나님이시다. 어느 위격도 하나님으로 영원히 찬양받으시기에 모자라거나 더하지 않다. 하지만 성자는 성부께 순종했다. 예수님은 말씀하셨다. "나의 양식은 나를 보내신 이의 뜻을 행하며 그의 일을 온전히 이루는 이것이니라"(요 4:34). 십자가를 목전에 두고는 간구하셨다. "아버지여 만일 아버지의 뜻이거든 이 잔을 내게서 옮기시옵소서. 그러나 내 원대로 마시옵고 아버지의 원대로 되기를 원하나이다"(눅 22:42).

남편을 아내의 머리로, 성부를 성자의 머리로 설명하는 중요한 구절이 또 있다. "그러나 나는 너희가 알기를 원하노니 각 남자의 머리는 그리스도요 여자의 머리는 남자요 그리스도의 머리는 하나님이시라"(고전 11:3). 성부 하나님이 지배력을 행사해서 성자 하나님을 억지로 끌어다 복종시킨다는 의미가 아님은 두말할 필요가 없다. 오히려 성자는 친밀한 관계 속에서 성부께 즐거이 순종했다.

교회가 그리스도께 순종하는 일과 관련한 이야기를 할 때 성경이 의도하는 바가 여기에 있다. 교회를 이루는 그리스도의 제자들은 주께 순종해야 할 위치에 있다. 이게 나쁜 일인가? 천만의 말씀이다. 오히려 엄청난 일이다. 그리스도께서 늘 사랑하고 이끌고 섬기고 보호하고 필요를 채워 주신다. 크리스천은 예수님과 가까이 사귀며 선뜻 순종한다.

하나님은 이런 관계를 잘 드러내도록 결혼을 설계하셨다. 주님을 따른다는 게 제멋대로 지배권을 휘두르는 신에게 이를 악물고 억지로 순종하는 게 아님을 알리고 싶어 하신다. 그리스도를 좇아 산다는 건 사랑이 넘치는 주님께 자발적으로 복종하는 일임을 보여 주길 바라신다. 그래서 하나님은 아내들에게, 제 짝을 위해서라면 목숨이라도 내놓을 각오가 되어 있는 남편의 사랑 가득한 리더십에 순종하라고 명령하시는 것이다. 이런 결혼 그림이 온 세상에 알려지도록 하나님은 그분을 신뢰하는 이들을 사랑으로 이끌어 주신다.

얼마 전에 다른 도시로 이사 간 클린트(Clint)와 케이티(Katie)의 경우를 살펴보자. 클린트는 의사였는데 아주 생소한 곳에서 예전 동료와 함께 일할 기회가 생겼다. 처음 소식을 전해 들은 케이티는 망설였다. 가야 할지 말아야 할지, 걱정도 많고 궁금한 점도 수두룩했다. 남편은 아내의 말에 귀를 기울이고, 염려에 깊이 공감했으며, 묻는 대로 슬기롭고 자상하게 대답해 주었다. 수없이 대화하고 오래 기도한 끝에, 클린트는 이사하는 쪽으로 이끄신다는 결론을 내렸고 아내도 남편의 결정을 지지해 주었다. 사실 케이티가 애초부터 바라던 일은 아니었다. 우려가 다 가시지 않았고 물어보고 싶은 애매한 점들이 많아서 아직 흔쾌하진 않았다. 혼자였더라면 결코 자리를 옮기지 않았을 것이다. 하지만, 사랑으로 가정을 이끌어 가는 남편의 리더십을 믿고 즐거운 마음으로 그 뜻에 따르기로 한 것이다. 세상 문화에 익숙한 이들은 케이티를 '유약하다'고 평가할 것이다. 한 걸음 더 나아가, 남편만 보내고 혼자 남았어야 한다고 말할지도 모른다. 하지만, 결혼이란 제도를 고안하신 하나님의 의도를 케이티는 잘 알았다. 설령 주님의 역사를 온전히 이해하지 못한다 할지라도, 그분의 사랑이 넘치는 리더십을 신뢰하고 인도하시는 대로 기쁘게 따라가는 게 어떤 모습인지 결혼을 통해 뭇사람들에게 보이게 하신다는 것이다. 다른 한편으로는, 새로운 도시에 적응하는 과정에서 온갖 문제들과 씨름하는 가운데도 남편이 변함없이 아끼고 섬기면서, 거룩한 백성들을 보살피는 그리스도의 사랑을 보여 주리라 믿었다.

현대 문화가 내리는 결혼의 정의에 맞서 성경적인 결혼관을 지켜야 하는 까닭이 여기에 있다. 이는 문화적인 공격이 예상되는 상황에서도 성경적인 결혼을 내세워야 하는 이유이기도 하다. 태초부터 하나님은 세상에 복음을 드러내 보이는 주요한 통로가 되도록 결혼 제도를 만드셨다. 남편이 아내를 위해 삶을 희생하는(사랑하고 이끌고 섬기고 보호하고 필요를 채우면서) 모습을 통해 세상은 하나님의 은혜를 언뜻언뜻 감지한다. 죄인들은 자신들을 위해 그리스도가 십자가에 달려 고난을 받으시고 피를 흘리시고 돌아가셨음을 깨닫고, 기꺼이 주께 순종하여 영원한 구원을 경험할 것이다.

이러한 부부의 관계를 보면서 순종은 기를 쓰고 견뎌야 할 짐이 아님을 알게 된다. 아내는 늘 헌신적으로 섬겨 주는 남편의 사랑을 행복하게 경험하고, 자연스럽고 기꺼운 마음으로 순종하며, 자신을 희생해 사랑을 돌려준다. 육안으로 확인할 수 있는 방식으로 표현된 복음을 듣고 본 세상 사람들은, 그리스도를 따르는 일은 강제 노동이 아니라 완전하고 영원하며 절대적인 기쁨임을 깨닫기에 이른다.

왜곡되고 변질된 하나님의 설계

불행하게도, 세상은 보편적으로 결혼을 이렇게 생각하지 않는다. 우리 문화 속 결혼에는 복음이 선명하지 않다. 나라마다 법이 다르고 대법원 판례가 엇갈려서가 아니다. 크리스천의 결혼생활에 복음이 또렷이 드러나지 않기 때문이다.

그저 스스로 크리스천임을 고백하는 이들의 이혼율이나 동거 패턴만을 두고 하는 말이 아니다. 이러한 현실과 관련한 데이터를 정확하게 뽑을 수 없는 이런저런 이유들이 있다.[7] 사연이야 어찌됐든, 결혼 이면에 숨겨진 사연들, 다시 말해 복음의 메시지를 고스란히 재현해 내도록 만드신 하나님의 결혼 설계와 부부 관계의 유형들이 이른바 그리스도를 좇아 산다는 제자들의 삶 속에서 부정되고 왜곡되고 폄하되는 사태를 솔직하게 털어놓지 못하는 것만큼은 엄연한 사실이다. 프랜시스 쉐퍼의 말을 들어 보자.

> 결혼과 성윤리에 관해서라면, 복음주의는 이 시대를 풍미하는 세상의 영에 속속들이 물들었다. … 가정과 교회에서 남성과 여성이 관계를 맺어 가는 성경적인 양식을 완전히 부정하면서도 복음주의자, 또는 복음주의 지도자를 자처하는 부류가 있다. 성경의 가르침을 외면하고 남녀 사이에 구별이 전혀 없는 동등 개념을 받아들이는 이들이 허다하다.[8]

하지만 성경 처음 몇 장에 비쳐 보면 그다지 놀랄 일이 아니다. 인류 최초의 범죄는 포괄적인 유혹이 아니라 한쪽 성에 국한된 시험에 반응하는 과정에서 비롯되었다. 창세기 3장을 보면, 뱀은 남자와 여자를 지으신 하나님의 창조 계획을 의도적으로 뒤트는 작전으로 아담과 하와를 속여 넘겼다.

창세기 2장에서, 하나님은 아직 여자를 짓기도 전에 남자에게 선악을 알게 하는 나무는 먹지 말라고 말씀하셨다(창 2:16-17 참조). 주님은 그렇게 남자에게 거룩한 명령을 지키는 책임을 맡기셨다. 하지만 창세기 3장에서 뱀은 남자가 아니라 여자에게 접근한다. 사탄이 여자에게 속삭이는 동안 남자는 아무런 조처도 취하지 않는다(창 3:1-6). 자신과 여자를 유혹에서 보호하는 소임을 다하는 대신 겁쟁이처럼 입 닫고 앉아 있었다. 그런데 하나님이 죄를 추궁하자 뻔뻔스럽게도 아내 탓을 한다(창 3:12). 이런 일련의 과정을 통해 인류는 아내를 사랑하고 섬기고 보호하고 필요를 채워 줄 책임을 가진 남자가 줏대 없이 직무를 유기하는 사상 최초의 사건을 목격한다.

오늘날 크리스천 남성들의 결혼생활을 들여다보면 이렇게 겁쟁이처럼 책임을 저버리는 경우가 아주 흔하다. 최선을 다해 아내를 사랑하고 섬기고 보호하고 필요를 채우는 책임을 다하지 않는 남편들이 사방에 널렸다. 일을 해서 가족의 물리적인 필요를 책임지고 채워 주고 있노라고 자부할지 모르지만, 조심하지 않으면 바로 그 일 때문에 아내의 영적, 정서적, 그리고 관계적 욕구를 채우지 못하기 십상이다. 집에 돌아와서도 휴대폰이나 이메일을 제쳐 놓지 못한다. 텔레비전을 켜거나 인터넷을 뒤지거나 집 안팎을 손보느라 바쁘다. 뭐가 됐든지 간에, 몸은 집에 들어와 있을지언정, 정서적으로는 아내와 멀리 떨어져 지내는 셈이다. 감정이 어떤지 묻는 법도 없고 마음에서 무슨 사달이 벌어지는지도 관심이 없다. 일터에서 성과를 올리고 살아가며 이것저것 성취하기만 하면 남자로서 제몫을 다했다고 착각하지만, 사실은 영적으로 아내를 이끄는 지상에서 가장 막중한 책임을 내팽개치는 겁쟁이 짓을 하고 있을 뿐이다.

결혼을 결정하고 가정을 꾸린 수많은 남성들 사이에서 벌어지는 일이다. 아예 결혼 자체를 기피하는 남자들은 더 말할 것도 없다. 독신으로 살면서 복음을 전하도록 부름받은 이들을(고전 7장 참조) 가리켜 하는 얘기가 아니다. 거기에 관해서는 나중에 다시 다루겠다. 여기서 지목하는 싱글은 오로지 '나'와 '내가 좋아하는 것'만 좇는 사춘기 정서에서 벗어나지 못한 20-30대 남성들을 가리킨다. 어디 가서 제짝을 구해야 할지 모르겠다며 십 년 넘도록 졸업을 미루고 미적거리는 대학생들의 이야기일 수도 있다. 잠깐 나가 아르바이트 하는 걸 제외하면 종일 비디오 게임이나 하고, 생활비 대부분은 부모나 교회 식구들에게 얻어 쓰는 젊은이들의 이야기일 수도 있다. '자아를 찾아가는 시간'이라고 둘러대지만 자신을 책임지지 않으려는 핑계일 뿐이며, 실제로는 자신뿐 아니라 아무도 책임지려 하지 않는 것이다. 또는 세상에서 출세하려고 죽도록 열심히 일하지만, 아내를 위해 제 삶을 희생할 수 있다고는 꿈에도 생각지 않는 이들의 이야기일 수도 있다. 세상 문화가 제시하는 기준에 따라 성공하기 위해 정신없이 달려갈 뿐, 경력 쌓는 데 투자하는 시간을 줄이고 결혼 생활에 더 많이 투자하도록 하나님이 어떻게 이끄시는지 따위는 염두에 두지 않는다. 이처럼 뒤틀린 독신의 초상들에는 남성들 사이에 하나님이 맡겨 주신 책임, 곧 그리스도가 교회에 보여 주신 모범을 좇아 아내를 사랑하라는 직무를 유기하려는 경향이 짙음을 드러내는 증거들이 수두룩하다.

아내에 대한 직무유기에서부터 권위를 남용하는 데까지, 스펙트럼은 다양하다. 창세기 3장에 기록된 죄의 결과로 남성들은 완력과 억압적인 방법들을 동원해 여성의 동등한 존엄을 짓밟고 아내를 지배하려는 성향이 생겼다. "겁쟁이가 되지 말라고? 오케이, 그렇다면 결혼생활을 내 손에 쥐고 흔들겠어!"라고 작심하는 식이다.

'머리 됨'이라든지 '순종' 같은 낱말들이 시대적인 기피와 혐오의 대상이 된 주원인이 여기에 있다. 이러한 개념들이 위험스럽게 악용되는 사례들을 숱하게 보아 왔기 때문이다. 특히, 아내가 어떻게 느끼며 어떤 영향을 받는지 조금도 고려하지 않고 정서적으로나 말로, 심지어 신체적으로 학대한다든지 그때그때 원하는 걸 얻기 위해 이기적으로 이용하는 남편들은 굳이 애쓰지 않아도 어디 가든 볼 수 있다. 그리스도가 교회를 사랑하는 방식과 전혀 다르며 성경이 가르치는 머리 됨과 순종의 개념과 완전히 동떨어졌음은 두말할 필요가 없다. 그럼에도 불구하고 무수한 남성들이 세상에 대고 이것이 바로 머리 됨과 순종의 의미라고 떠들어 댄다.

여성들의 삶에도 죄의 영향이 남성들 못지않게 또렷이 나타난다. 여성들은 죄로 틀어져 버린 창조 섭리에 예민하게 반응한다. 창세기 3장 16절에서 여자에게 벌을 내리시면서 하나님은 죄의 결과로 남편은 아내를 지배하려 들겠지만 여성들 또한 거부하고 저항하는 성향을 지닐 것이라고 말씀하신다. 결혼생활에서 남편이 감당해야 할 역할에 맞서게 된다는 얘기다. 아내들도 무엇이든 바라는 게 있으면 남편이 무슨 말을 하고 어떻게 행동하든 제 뜻을 고집한다. '남편이 아니라 내가 결혼생활의 책임자'라고 생각하면서 남편, 더 나아가서는 하나님을 거역한다.

창세기 3장에서 사탄이 기본적으로 인류 전체가 아니라 남성, 여성, 결혼생활로 잘게 나누어 공략하는 것을 보았는가? 원수가 빙글빙글 웃으면서 '자, 이제 쟤들을 헷갈리게 해서 결혼생활을 영영 엉망진창으로 만들어 볼까?'라고 생각하는 장면을 머리에 그려 보라. 사탄은 복음을 사정없이 뒤틀어 혼란을 일으키고 싶어 안달을 한다. 남편들에게 속닥거려 사랑해야 할 책임을 기피하고 주도권을 남용하게 한다. 아내들을 들쑤셔서 사랑을 불신하고 리더십에 반기를 들게 한다. 그리고 줄곧 그리스도가 십자가에서 베풀어 주신 은혜로운 희생이 교회의 자발적인 순종을 이끌어 낸다는 사실을 왜곡하고 폄훼하려 든다.

문화의 압력을 거스르는 결혼

그렇다면 결혼이라는 영역에서 문화를 거스르는 크리스천은 어떤 모습이어야 하는가? 출발점은 당연히 정치적인 차원이 아니라 저마다의 행동이다. 완벽한 결혼생활을 꾸려 가는 이는 아무도 없음을(나를 포함해) 잊지 말라. 너나없이 어떤 식으로든 하나님의 계획을 왜곡해 왔다. 예전에 그랬을 수도 있고 지금 그럴 수도 있으며, 미혼 상태로 죄를 지을 수도 있다. 하지만 복음은 누구에게나 기쁜 소식이다.

밥(Bob)과 마가렛(Margaret)의 삶을 돌아보자. 둘은 일찌감치 결혼했다가 곧 이혼했다. 둘 다 재혼했지만 그 역시 금방 깨지고 말았다. 하지만 하나님의 은혜로 복음을 듣고 남편과 아내의 역할을 깨달았다. 무려 40년에 이르는 장구한 호시절을 고단하게 소모하고도 아직도 배워 가는 중이다. 앤드류(Andre)의 경우는 어떠한가? 아내 에밀리(Emily)가 바람을 피웠을 때도 그리스도가 보여 주신 모범을 좇아 용서하고 인내하며 사랑을 거두지 않았다. 지금은 아이들과 온 식구가 한데 어울려 즐거이 지내며 하나님의 영광을 드러내고 있다. 원망 따위는 어디서도 찾아볼 수 없다. 이들 부부는 세상과 하나님의 능력을 정확히 꿰뚫어 본 것이다. 현대 문화는 은혜가 깊이 배어든 복음 중심의 접근 방식을 제시하지도, 권유하지도 않지만, 하나님께서는 중요한 관계를 대속하고 회복시킬 힘이 있으며 주님의 방법을 신뢰하며 말씀을 좇아 사는 이들을 세우고 지탱해 주신다.

이미 살펴본 대로, 하나님은 남편들에게 "아내 사랑하기를 그리스도께서 교회를 사랑하시고 그 교회를 위하여 자신을 주심 같이 하라"(엡 5:25)고 명령하신다. 이 구절을 시작으로 에베소서 5장에는 아내를 사랑하라는 주문이 아홉 구절에 걸쳐 네 번 나온다.

성경은 사심 없이 사랑하라고 말한다. 우리 문화는 지키고 주장하고 관심을 끌어모으라고 주장하지만 그리스도는 아내를 위해 자신을 희생하라고 가르친다. 머리 됨은 아내를 쥐고 휘두를 기회가 아니라 죽음을 무릅써야 할 책임을 가리킨다.

여기에 근거해서 아내를 사랑하고 있는지 짚어 보아야 한다. 세상이 규정한 부부의 사랑만 남은 건 아닌지 점검할 필요가 있다. 세상은 독특한 매력과 마음을 끄는 특성들을 보고 아내를 사랑하라고 속삭이지만, 이는 언제라도 변할 수 있는 위태로운 사랑이다. 매력과 호감이 가는 자질들이 사라지면 사랑도 끝난다. 남편은 아내의 어떠함이 아니라 그리스도를 바라보고 아내를 사랑해야 한다. 그래야 깊이 사랑할 수 있다. 주님의 사랑을 되비쳐 보여 주는 일은 남자가 마땅히 감당해야 할 책임이다.

그리스도가 하신 일을 하나도 남김없이 그대로 따라가지 못한다는 데는 토를 달 여지가 없다. 아내의 죄를 대신 지고 죽지는 않았으니 하는 말이다. 하지만 살아서 아내를 섬기고 그리스도를 닮아 가는 모습을 지켜볼 수는 있다. 남편은 아내가 갈수록 사랑스러워지도록 사랑할 책임이 있다. 그리스도가 교회의 건강을 책임지시듯, 아내와 결혼생활의 건강을 책임져야 한다.

군함을 지휘하는 함장이 곤히 잠든다고 생각해 보라. 코를 고는 사이에 선원들이 선상 반란을 일으켜 함선을 뭍에 댄다고 치자. 선원들의 잘못인가? 물론이다. 함장에게도 책임이 있는가? 두말하면 잔소리다. 이와 마찬가지로, 성경은 제 삶을 꾸려 가며 무슨 죄를 짓든지 아내에게는 잘못이 없다고 말하지 않는다. 다만, 남편에게 아내를 영적으로 잘 보살필 의무가 있음을 강조한다. 아내가 죄에 빠져 허우적거리거나 결혼생활을 힘겨워하면 남편이 궁극적인 책임을 져야 한다.

그러기에 하나님은 남자들에게 "그리스도께서 교회에게 함과 같이"(엡 5:29) 아내를 '먹여 살리고 돌보기'에 힘쓰라고 명령하신다. 성경은 이 대목에서 말투를 달리한다. 남편은 아내를 보물처럼 여기고 세워 주며 위로해야 한다. 아내가 정색을 하고 "우리 관계에 문제가 있는 것 같아요"라고 이야기하기를 기다리지 말고, 주도적으로 먼저 다가가서 "어떻게 하면 당신을 더 사랑하고 결혼생활을 한결 잘 꾸려 갈 수 있을까?"라고 물어야 한다. 개인적으로는 가끔씩 이렇게 묻는데, 아내도 한 점 주저 없이 답을 내놓곤 한다. 솔직하게 고백하거니와, 결혼생활에 관해서라면 아직도 많이 미숙해서 갈 길이 멀다. 하지만 성장하길 원하는 마음만큼은 분명하다. 아내를 사랑할 뿐 아니라, 그리스도를 우리 문화 속에 정확하게 그려 보여 주길 원하기 때문이다.

중요한 게 무엇인지 놓치지 말라. 남편들은 아내를 사랑하는 방식을 통해 사방에서 지켜보는 세상의 눈앞에 그리스도를 선명하게 제시해야 한다. 아내를 함부로 대하면 그리스도는 백성들을 학대하는 분이라고 세상에 외치는 꼴이다. 아내를 무시하면 그리스도는 거룩한 백성들과 교제하길 싫어하는 분이라고 설명하는 셈이다. 아내를 버리면, 그리스도는 제 백성을 저버리는 분이라고 소개하는 것이다. 우리의 결혼생활은 그리스도와 교회의 관계에 대해 어떤 그림을 문화 속에 제기하고 있는가?

이와 마찬가지로, 아내들은 남편을 존중해서 그리스도를 드러내야 한다. 에베소서 5장 마지막 절에 담긴 하나님의 지혜에 주목하라. "너희도 각각 자기의 아내 사랑하기를 자신 같이 하고 아내도 자기 남편을 존경하라"(엡 5:33). 본문은 남편들에게 아내를 이러저러하게 사랑하라고 주문하고 나서 곧바로 아내들에게 남편을 존경하라고 명령한다. 남편은 사랑만 하고 아내는 존경만 하라는 뜻이 아니다. 하나님의 말씀은 여성에게는 사랑받고자 하는 마음이, 남성에게는 존경받고 싶은 욕구가 있음을 은근하지만 확실하게 지적한다.

여성들은 남편을 존경하기보다 사랑하는 편을 훨씬 쉽게 생각한다. 여자들끼리 어울려 남편 흉을 보다가도 집에 돌아가서는 살뜰히 보살핀다. 어째서 그런가? 남편을 사랑하기 때문이다. 하지만 그보다는 존경하는가가 더 중요한 질문이다. 덜컥거리는 가정생활을 바로잡으려 애쓰는 아내는 남편에게 사랑한다고 고백하기 십상이다. 바로 그 말을 듣고 싶기 때문이다. 하지만 다시 말하거니와, 정작 중요한 질문은 남편을 존경하며 존경심을 담아 이야기하고 있느냐는 것이다.

아내는 속으로 '우리 남편은 존경해 줄 만큼 열심히 일하거나 돈을 잘 벌지 않잖아'라고 생각할지 모른다. 그렇다면, 혹시 "존경하고 말고는 순전히 남편이 어찌하느냐에 달렸다"는 비성경적인 거짓말에 속아 넘어간 건 아닐까? 아내를 향한 남편의 사심 없는 사랑은 하나님이 부어 주신 사랑에 토대를 두고 있다. 매한가지로, 남편에 대한 아내의 사심 없는 존경 역시 하나님이 베풀어 주신 존경에 근거한다.

그러므로 아내들은 남편과의 관계가 경쟁적이 아니라 상호보완적임을 알아야 한다. 크리스천의 결혼생활은 교회와 그리스도의 관계를 상징한다는 점을 기억하고 사랑으로 리더십을 양보하라. 남편을 존경하지 않으면 세상을 향해 교회는 그리스도를 존경하지 않는다고 이야기하는 셈이다. 남편을 따르지 않으면 세상에 대고 그리스도는 좇을 가치가 없는 존재라고 외치는 꼴이다. 남편을 두고 한눈을 판다면 그리스도는 그 뒤를 따르는 이들에게 만족을 주지 못한다고 주장하는 셈이다.

이와 관련해, 혹시 싱글이라면 남편이나 아내가 아닌 남녀에게 눈길을 주지 말라. 충격적이게도, 복음주의자를 자처하는 미혼 청년들이 빈곤이나 현대판 노예제도 따위의 사회적인 이슈에 대해서 누구보다 열렬하게 반대 의사를 보이면서도, 혼외성관계를 통해 결혼의 사회구조를 망치는 데 대해서는 무감각하기 이를 데 없다. 하나님이 싱글 형제자매들에게 결혼의 울타리 밖에서 성관계를 가져서는 안 된다고 명확하게 명령하신다는 점에 대해서는 다음 장에서 살펴볼 작정이다.

갓 성인이 된 청년들을 대상으로 실시한 전국적인 표본조사에 따르면, "현재 누군가와 교제 중인 보수적인 프로테스탄트 미혼 청년들 가운데 대략 80퍼센트 정도는 모종의 성관계를 맺고 있는 것으로 나타났다."[9] 혹시라도 여기에 해당된다면, 지금이라도 결혼으로 한 몸이 되는 연합을 통해 교회를 향한 그리스도의 사랑을 보이시려는 하나님의 설계가 얼마나 신비롭고 영광스러운지 깨닫고, 멈추기를 간절히 바란다.

그러지 않으면 가난한 이들과 노예처럼 사는 이들을 위해 대단한 활동을 한다 하더라도, 복음을 전한다지만 실제로는 약화시키고, 하나님을 예배한다지만 사실상 조롱하는 꼴이 된다. 그동안 줄곧 부르짖은 얘기지만, 인간에게는 어느 지점에서 하나님께 순종할지 고르고 선택할 권리가 없다.

성경 또한 미혼 남녀들에게 같은 맥락의 메시지를 전달한다. 성적인 욕구가 적지 않은 이들은 결혼하는 게 좋다고 권유한다(고전 7:2 참조). 여기서 일차적인 책임은 결혼 관계의 주도권을 쥐도록 하나님이 특별히 설계하신 남성에게 돌아간다. 하지만 결혼해서 아내와 함께 살라는 명령 역시 결혼의 중요성을 최소화하려는 현대 문화의 트렌드에 정면으로 배치되는 것이다. 그럼에도 불구하고 세상의 편리를 추구하고 경력을 쌓아 출세하려는 욕구를 뛰어넘어(또는 상관없이) 결혼을 추구하게 하시려는 것 또한 하나님이 인간을 남자와 여자로 지으신 중요한 동기다.

성경은 배우자를 기다리는 미혼 남녀에게 주는 권면도 있지만 특별히 독신의 부름을 받은 이들에 관한 가르침도 실려 있다. 사도 바울은 스스로 후자의 범주에 든다면서 "모든 사람이 나와 같기를 원하노라"(고전 7:7)라고까지 말한다. 핍박과 변절이 꼬리를 무는 1세기 당시의 주변 문화를 돌아보며, 사도는 "곧 임박한 환난으로 말미암아 … 흐트러짐이 없이 주를 섬기게"(고전 7:26, 35) 결혼하지 않고 싱글로 살아가는 것도 나쁘지 않다고 가르친다. 이렇게 성경은 아직 결혼하지 않은 상태라면, 주위를 에워싼 문화 속에서 주님이 감당하길 요구하시는 일에 헌신함으로써 미혼의 잠재력을 극대화하라고 권면한다.

모두가 다 유익하다. 남편이 아내를 위해 삶을 던지는 것도 유익하다. 예수님이 약속한 그대로 목숨을 잃는 이는 얻을 것이기 때문이다(마

10:38-39). 뿐만 아니라, 아내가 이러한 사랑을 받고 남편을 존경하는 것 역시 유익하다. 헌신적으로 사랑하고 섬겨 주는 남편을 따르고 싶어 하지 않는 아내가 있다면, 한 번 만나보고 싶다. 마지막으로, 싱글 남녀가 만나 하나님이 두 쪽을 다 만족시키도록 디자인하신 초자연적인 역사 속에 연합하는 일 또한 유익하다. 반면에 싱글로 남아 있는 동안(역사를 통틀어 그리스도를 비롯해 수많은 크리스천들처럼 평생 결혼하지 않을 수도 있다) 하나님 앞에서 순결을 지키며 열정을 가지고 복음을 전파함으로써 독신의 장점을 극대화하는 것도 유익한 일이다.

결국, 이 모두가 하나님을 영화롭게 한다. 그분은 아들을 보내 죄인들을 위해 죽게 하셨으며, 그러한 사실 관계를 가장 잘 드러내는 장치로 결혼이라는 제도를 만드셨다. 이러한 사실을 제대로 안다면 결혼의 존재 이유가 인간보다 하나님 쪽에 더 무게가 실린다는 걸 이해할 수 있을 것이다. 창조주는 궁극적으로 인간의 필요를 채우기보다 복음을 통해 주님의 영광을 드러내도록 결혼을 설계하셨다. 따라서 복음을 전파하고자 하는 크리스천은 반드시 결혼을 순수하게 지켜 내야 한다.

성경적 결혼관의 증인으로 살라

이런 까닭에, 결혼의 의미를 다시 정의하려는 시도들이 거듭되는 우리 문화의 현실은 참으로 서글프기만 하다. 정부 당국조차 이제는 이른바 '동성결혼'의 실체를 합법적으로 인정하는 추세다. 하지만 정부의 해석은 하나님이 세우신 정의를 뒤집지 못한다. 하나님 보시기에 참다운 결혼은 한 남자와 한 여자가 만나 배타적이고 영구적으로 연합하는 형태뿐이다. 미국 대법원과 입법부가 제아무리 의도적으로 이러한 사실을 부정한다 하더라도 달라지는 건 없다. 우리는 분명 중대한, 그러나 파괴적인 의미에서 결정적인 시기를 살고 있다.

하지만 아직 다 잃은 건 단연코 아니다. 두 해 전과만 비교하더라도 현대 문화 속에서 복음의 증인으로 살 기회는 훨씬 커졌다. 영적인 어둠이 우리 문화에 내려 성경이 그리는 결혼의 초상을 뒤덮고 있지만, 그럴수록 영적인 빛은 아내를 위해 삶을 내려놓는 남성과 사랑이 넘치는 남편의 리더십에 즐거이 순종하는 아내의 모습을 통해 더 밝게 타오르는 법이다. 이것 하나만은 분명히 하고 넘어가자. 하나님이 설계하신 결혼은 너무도 기가 막히고 만족스러워서 인간이 만들어 낸 것으로는 감히 견줄 수조차 없다. '이런 식의 결혼'이든 '저런 꼴의 혼인'이든 인간이 손을 대고 조작할수록 만족을 얻기는 점점 더 어려워진다. 오로지 결혼을 고안하신 왕의 왕만이 궁극적인 만족을 주실 수 있기 때문이다.

뿐만 아니라, 하나님이 규정하신 모습대로 결혼이 복원될 수 있음을 확신할 만한 근거가 수두룩하다. 무엇보다 창조 역사가 시작되는 그때부터 존재해 왔다(창 2:24-25 참조). 예수님도 하나님의 창조 질서 속에서 결혼이 갖는 근본적인 실체를 확인해 주셨다(마 19:1-12 참조). 또한 결혼은 인류의 마지막 순간 너머까지 존재한다. 물론, 그때는 지상의 그림자가 걷히고 영원한 본질이 드러나게 되므로 결혼도 지금과 같은 형태는 아닐 것이다. 그날이 오면 그리스도는 교회와 완벽하게 연합하고 온 하늘은 소리친다. "할렐루야 주 우리 하나님 곧 전능하신 이가 통치하시도다. 우리가 즐거워하고 크게 기뻐하며 그에게 영광을 돌리세. 어린양의 혼인

기약이 이르렀고 그의 아내가 자신을 준비하였으므로"(계 19:6-7). 사도 요한은 계시록에 이렇게 적었다. "천사가 내게 말하기를 기록하라 어린양의 혼인 잔치에 청함을 받은 자들은 복이 있도다 하고 또 내게 말하되 이것은 하나님의 참되신 말씀이라 하기로"(계 19:9).[10]

'하나님의 참된 말씀'을 딛고 선다면, 결혼을 두고 이것저것 염려할 필요가 없다. 결혼의 참뜻을 찾아 법원이나 정부기관을 기웃거릴 이유도 없다. 하나님은 이미 정확한 의미를 규정해 두셨으며, 주님이 내린 정의는 국회의원의 투표나 대법관의 선고에 좌우되지 않는다. 창조 세계를 주관하는 가장 높은 재판관은 진즉에 결혼이란 말의 뜻을 최종 결정해 놓으셨다. '결혼'이란 축구처럼 문화가 달라지면 그 뜻도 자연스럽게 변하는 용어가 아니다. 결혼은 문화를 초월해 하나님이 어떤 분이시며 얼마나 사랑하시는지 설명하는 영원한 진리가 함축한 단어이기 때문이다. 바로 그 진리를 좇아 사는 것이야말로 오늘날 크리스천에게 주어진 명령이자 도전이다.

문화를 거스르는 '카운터 컬처'의 첫걸음

기도하라

하나님께 구하라.

- 복음의 아름다움과 성경적인 결혼관의 증인이 되게 해 주세요.
- 이른바 '동성결혼'과 관련한 정부 관계자들의 마음과 생각을 바꿔 주세요.

참여하라

기도하면서 다음 단계를 차근차근 밟아 나가라.

- 지인들 가운데 결혼생활에 어려움을 겪고 있는 이들이(동성) 있으면 대화를 나누거나, 함께 기도하거나, 개인적인 만남을 제안하라.

선포하라

다음과 같은 성경의 진리들을 깊이 묵상하라.

- 이러므로 남자가 부모를 떠나 그의 아내와 합하여 둘이 한 몸을 이룰지로다(창 2:24).
- 모든 사람은 결혼을 귀히 여기고 침소를 더럽히지 않게 하라. 음행하는 자들과 간음하는 자들을 하나님이 심판하시리라(히 13:4).

7.

복음과 성윤리

"이 정도는 괜찮겠지?"

날마다
은혜 안으로 도망가라

그날의 대화가 마치 엊그제 일처럼 생생하다.

결혼식을 코앞에 두고 있었다. 주말에 열리는 식에 참석하려고 먼 데 사는 여러 친지들이 찾아왔다. 어려서는 해마다 사방팔방 흩어져 사는 친척들이 한자리에 모여 즐거운 시간을 보내곤 했다. 웬만하면 지리적으로 가까이 살면서 친밀한 관계를 지키려 안간힘을 썼다. 덕분에 온 집안이 서로서로 친하게 지냈다. 하지만 장성하면서 다들 고향을 떠나 저마다 새로운 가정을 꾸리면서 날을 정해 한자리에 모이는 일이 점점 없어졌다. 그래서 내 결혼식은 이산가족 상봉 비슷한 성격까지 띠게 되었다. 우린 와자지껄 떠들고 먹고 놀고, 옛일을 떠올리며 눈물이 쏙 빠지도록 웃고, 요즘 세상 사는 이야기를 나눴다.

결혼식 전날 밤, 친구처럼 지내는 친척을 호텔까지 차로 데려다주었다. 이것저것 대소사를 전하고 밀린 얘기를 나누느라 시간 가는 줄 몰랐다. 마침내 호텔에 도착했다. 차에서 내리려던 그 친구가 몸을 돌리고 말했다. "잠깐! 해 주고 싶은 말이 있어!"

"뭔데?" 답이 궁금했다.

"실은, 나 게이야."

차안에 어색한 침묵이 깔렸다. 할 말을 찾을 수가 없었다. 오만 가지 생각이 머리에 떠올랐다. 이 대목에서 무얼 어떻게 해야 하는 걸까?

친척이 말을 이었다.

"오랫동안 꿈꿔 왔는데, 이제부터는 동성애자로 살기로 마음을 정했어."

다시 침묵. 입이 떨어지지 않았다.

돌아보면 후회스럽기 짝이 없는 일이었다. 상처받기 쉬운 일을 감추지 않고 솔직하게 털어놔서 고맙다고 말했더라면 얼마나 좋았을까? 게이라는 걸 알았어도 그 친구를 아끼고 사랑하는 마음에는 변함이 없다는 점도 알려 주었어야 했다. 어떻게 그런 결론에 이르게 됐는지 진지하게 묻고 답하면서 속내를 더 잘 알아보았어야 했다. 이런 사실을 또 누구와 이야기했는지, 게이로 살고 싶다는 뜻을 품고 결단을 내린 뒤에 얼마나 큰 부침을 겪었는지 들어 봤어야 했다.

안타깝게도 이렇다 할 얘기를 나누지 못했다. 친척은 차에서 내렸고 만나서 정말 반가웠다는 인사 정도만 했던 것 같다. 대화는 거기서 멈췄다.

하지만 생각은 복잡하게 이어졌다. 차를 몰고 집으로 돌아오는데 머릿속이 복잡했다. 결혼식 전날 밤임에도 불구하고 온갖 질문들이 난무했다. 여성을 향해 성적인 욕망을 품는 이가 있는가 하면 그 친척처럼 남성에게 끌리는 이가 있는 까닭은 무엇인가? 그런 욕구는 살아가면서 생기는 것인가, 아니면 타고나는 것인가? 이는 그 친구의 선택인가, 아니면 하나님이 그렇게 살게 만드신 것일까? 어째서 내가 꿈을 이루는 것은 다들 옳게 여기고 축하해 주면서, 그 친구가 바라던 바를 성취하는 것에는 적잖은 이들이 그릇된 일로 여기고 비난하는 것일까? 내가 여성을 사랑하듯, 그 친구는 남성을 사랑할 수 있는 게 아닐까?

이런 질문들이 소용돌이치는 탓에 밤늦게까지 잠을 이룰 수가 없었다. 그날 이후로도 동성에게 마음을 주는 친지와 친구, 교회 식구들, 주변 남녀들과 많은 이야기를 나누었다. 그처럼 함께 살아가는 가까운 이들의 이야기에다 문화적인 트렌드에 대한 고민까지 겹쳐져, 복음이 동성애를 어떻게 조명하는지 깊이 들여다보고 싶어졌다. 물론 복음의 광선은 동성애뿐만 아니라 섹슈얼리티 전반을 두루 비추고 있었다. 하나님의 성품과 속성, 그리고 그리스도가 십자가에서 이루신 역사는 한 인간으로서 우리는 어떤 존재이며 성적으로 무얼 소망하는지 파악하는 데 결정적인 실마리를 제공했다. 당연한 얘기지만, 그런 단서들은 문화에 대응하는 길을 찾는 데에도 큰 영향을 미쳤다.

올바른 몸 사용법

이미 살펴본 바와 마찬가지로, 창조주는 인간을 성적인 존재로 만드셨다. 하나님의 형상대로 남자와 여자를 지으셨지만 서로 구별되는 몸을 주셨다. 성경은 몸의 중요성을 강조하면서 몸은 "오직 주를 위하여 있으며 주는 몸을 위하여"(고전 6:13) 계신다고 말한다. 이 짧은 한마디는 하나님이 인간을 어떻게 설계하셨는지 이해하는 확실한 출발점이 된다. 인간의 몸은 하나님의 손으로, 그리고 그분을 위해 창조되었다.

이는 우리 문화에 속한 대다수 사람들이 생각하는 것과는 판이하게 다른 출발점이다. 현대인들은 무엇이든 육신이 가장 즐거운 쪽을 선택하고 추구하며 산다. 무얼 먹고 만지고 보고 하고 듣고 무슨 일을 해야 몸이 갈망하는 바를 채울 수 있을까? "몸의 욕구를 채워라!"는 외침이 파도처럼 일렁이는 문화의 바다를 헤엄치는 셈이다.

하지만 몸이라는 게 본래 자기만족을 위해 지어진 게 아니라면 어떻게 되겠는가? 처음부터 하나님을 영화롭게 할 목적으로 빚어진 것이라면 어찌하겠는가? 게다가 하나님을 영화롭게 하는 게 가장 커다란 육신의 만족을 얻는 길이라면 어떻게 될까?

고린도전서 말씀으로 돌아가 보자. "몸은 … 오직 주를 위하여 있으며 주는 몸을 위하여 계시느니라." 육신은 하나님을 위해 고안되었을 뿐 아니라 하나님 또한 우리 몸에 마음을 기울이신다. 성경구절을 그대로 인용하자면 '몸을 위하여' 계신다. 하나님은 더할 나위 없이 큰 즐거움을 누리도록 몸을 지으셨으므로 그렇게 되길 바라신다. 몸을 지으신 창조주로서 무엇이 육신에 가장 큰 기쁨을 주는지 정확하게 알고 계신다. 하나님은 인간을 사랑하시고 적대하지 않으시며 우리를 위해 존재하신다는 복음의 핵심 진리로 자연스럽게 눈이 돌아갈 수밖에 없는 대목이다. 하나님은 자녀들에게 최상의 선물을 주고 싶어 하신다. 주님은 스스로의 영광을 위해서만이 아니라 우리의 유익을 위해 몸을 지으셨다.

하나님이 사랑으로 인간의 육신을 둘러싸고 울타리를 세우시는 까닭이 여기에 있다. 해를 받지 않게 지키시고 사람이 알지 못하는 더 크고 위대한 무언가를 주시려는 것이다. 부정적인 명령 하나를 내리실 때마다 주님은 두 가지 긍정적인 선물을 선사하시는 셈이다. 더 나은 걸 공급하시는 동시에 더 나쁜 걸 막아 주신다. 일생생활 속에서 쉽게 찾을 수 있는 예를 들어 보자. 나는 아이들에게 마당에서만 놀고 절대로 찻길에 나가지 말라고 신신당부한다. 다 아이들을 위해서 하는 얘기다. 길에서 자동차가 갑자기 달려들면 어떤 일이 벌어질지 알고 있기에 적절한 울타리를 치는 것이다. 아이들에게 가장 좋은 환경을 확보해 주고 싶은 마음에서 비롯된 일이다. 꼬맹이들이 마음껏 즐길 수 있는 안전한 여건을 제공하는 동시에 위험에서 보호하길 바라는 것이다. 몸을 설계하신 하나님은 그와 비교할 수 없을 만큼 크고 높은 차원에서 무엇이 인간을 가장 풍요롭게 할 수 있는지 그 누구보다 잘 알고 계신다.

이런 단순한 진리들 덕분에 하나님의 가르침을 외면하는 게 어떤 의미인지 한층 선명하게 파악할 수 있다. 성경 첫 장부터 끝장까지 주님은 몸을 어떻게 써야 하는지 경계를 설정해 주셨다. 그런데 그 울타리를 무시한다는 건 곧 "몸 사용법을 잘 모르시는군요. 제가 더 잘 알고 있으니 알아서 하겠습니다"라고 말씀드리는 꼴이다. 오만방자하기 짝이 없다. 그렇지 않은가? 아빠에게 "차가 갑자기 달려들다니, 통 무슨 말씀인지 모르겠군요!"라고 들이대는 네 살배기 꼬맹이와 다를 게 무언가!

하나님은 사랑하는 마음으로 몸을 가장 잘 사용하는 법을 알려 주시고 성을 어떻게 다룰지에 관해서도 구체적으로 말씀하셨다. 성경 첫머리에서도 볼 수 있듯, 하나님은 결혼을 통해 남자와 여자의 몸이 결합하여 '한 몸'을 이루게 하셨다(창 2:24). '한 몸'이란 말은 이 연합의 인격적인 속성을 가리킨다. 섹스는 두 사물의 기계적인 행위가 아니라 두 인격체의 관계적인 결합을 가리킨다. 하나님은 언약 관계 속에서 서로에게 삶을 맡기기로 작정한 남자와 여자가 육체적으로 연합을 이루게 하셨다(잠 5:3-20, 말 2:14 참조). 남편과 아내가 결혼 관계 가운데서 한 몸을 이루는 것 말고는 하나님은 그 어디서도 섹스를 옹호하거나 축복하지 않으신다. 그런 사례는 단 한 건도 찾아볼 수 없다.

하나님 말씀에 따르자면, 결혼은 섹스를 즐길 수 있는 안전지대다. 주님은 이처럼 사랑의 울타리를 마련하셔서 성 경험에 내장된 풍성한 의미를 극대화시키게 하셨다. 이는 결혼의 테두리 밖에서 벌이는 남녀의 성행위를 성경이 일절 금지하는 이유기도 하다. 예를 들자면, 하나님은 매춘(레 19:29, 신 23:18, 잠 6:25-26 참조)과 성폭력(신 22:25-27 참조)을 엄금하셨다. 짐승과 관계하지 말라고 하셨고(레 18:23, 20:15-16 참조) 친족 간의 섹스도 막으셨다(레 18:6, 고전 5:1-2). 적어도 여기까지는 오늘날 문화 속에서도 대다수 구성원들이 동의하는 선이다. 그러나 성경에는 그 외에도 더 많은 울타리를 제시한다.

하나님은 똑같은 강도로 서로 결혼하지 않은 남녀 사이에 성관계가 있어서는 안 된다고 명령하신다. 성경은 이를 간음으로 규정하고 십계명에 기록할 만큼 엄격하게 금했다(출 20:14, 레20:10, 잠 6:28 참조). 구약에 국한된 명령이 아니다. 예수님과 신약성경 기자들은 이 금지규정을 고스란히 되풀이한다(마 19:7-9, 롬 13:9, 히 13:4 참조). 하나님 말씀에 따르면, 남편과 아내 사이가 아닌 남녀의 섹스는 결혼 전이든, 결혼생활 중이든, 그 이후든 상관없이 모두 죄다.

이미 살펴본 바와 마찬가지로 하나님은 결혼을 염두에 두고 남자와 여자를 상호보완적으로 만드셨다(제6장). 따라서 이 금지규정은 남자와 남자, 여자와 여자 사이의 성관계에도 해당된다. 이에 관한 성경의 입장은 명확하고 단호하다. 구약성경은 짐승과의 관계를 금지하고 나서 곧바로 말한다. "너는 여자와 동침함 같이 남자와 동침하지 말라. 이는 가증한 일이니라"(레 18:22). 고개를 갸우뚱하는 이들도 있을 것이다. "하지만 그건 구약 율법에 나오는 얘기잖아요. 거기에는 돼지고기를 먹지 말라는 규정도 나오는데(레 11:7 참조), 그럼 삼겹살 파티도 죄가 되나요?"

　그럴싸한 반박처럼 들리겠지만, 레위기에 기록된 여러 유형의 율법 조문들 사이에는 명확하고도 섬세한 구분이 있다. 우선 민법의 성격을 갖는 규정들이 있다. 특히 고대 이스라엘 행정과 연관된 내용으로 요즘 통치 체계와는 별 상관이 없는 것들이다. 다음은 의식에 관한 규정들로 구약 아래 있는 하나님의 백성들을 위해 희생물, 제사, 축제 따위를 설명한다. 이런 민법과 의식법은 특별히 구약시대 유대인들에게 적용되는 율법이며 알다시피 신약시대에는 되풀이해 따를 필요가 없어졌다. 하지만 다양한 도덕법들은 지금도 틀림없이 유효하다.[1] 하나님의 성품에 바탕을 둔 이 규정들은 시대를 뛰어넘어 모든 이들에게 적용된다.[2]

　도덕법에는 도둑질하지 말라, 거짓말 하지 말라 같은 규정 외에도 동성애를 금하는 조문도 포함된다. 신약시대에 들어서면, 예수님도 남녀의 만남 외에 하나님의 뜻에 부합하는 결혼 형태는 '독신'뿐이라고 가르치셨다(마 19:10-12 참조). 신약성경은 여기에 그치지 않고 "남자와의 바른 관계를 바르지 못한 관계로" 바꾸는 여성들과 "여자와의 바른 관계를 버리고 서로 욕정에 불탔으며, 남자가 남자와 더불어 부끄러운 짓을" 하는 남성들을 '부끄러운 정욕'의 본보기로 꼽는다(롬 1:26-27, 새번역). 하나님은 이처럼 동성애를 금지한다는 뜻을 말씀에 명문화하셨다.[3]

　돌이키기에는 이미 너무 멀리 나왔다고 생각하는 이들이 적지 않다. 하지만 하나님의 보호망과 성경의 금지규정을 제대로 보고 이해하는 바로 그 자리가 실질적인 출발점이 될 수 있다. 죄를 부르는 정욕과 탐욕, 욕구와 시험에서 거룩한 자녀들을 지키기 위해 성경은 남편과 아내의 결혼 관계를 벗어난 성적인 행위는 보지도, 생각지도 말라고 주문한다. 예수님은 "음욕을 품고 여자를 보는 자마다 마음에 이미 간음하였느니라"(마 5:28)고 말씀하신다. 남편이나 아내 외에 다른 누군가를 보고 그이를 향해 성적인 생각을 품는 것만으로도 죄가 된다는 것이다(벧후 2:14 참조).

남편이나 아내 외에 제3자에게 성적인 욕심을 마음에 품고 키우는 행위는 하나님의 원대한 소망을 거스르므로 당연히 잘못이다. 뿐만 아니라, 결혼한 짝이 아니라 다른 이의 심중에 성적인 욕망을 불러일으키는 행동 또한 잘못이다. 하나님은 야한 차림새를 금하시며(딤전 2:9-10 참조) 유혹하는 언사를 엄하게 경계하신다(잠 5:1-23, 7:1-27 참조). 더 나아가 다만 얼마라도 외설스러운 뜻이 담긴 조잡한 이야기, 우스갯소리, 놀이 따위를 금지하신다. 에베소서 5장의 표현을 빌자면 "음행과 온갖 더러운 것과 탐욕은" 입에 담지 말라는 것이다. "누추함과 어리석은 말이나 희롱의 말이 마땅치 아니하니 … 너희도 정녕 이것을 알거니와 음행하는 자나 더러운 자나 탐하는 자 곧 우상 숭배자는 다 그리스도와 하나님의 나라에서 기업을 얻지 못하리니"(엡 5:3-5). 에베소서 기자는 5장에서 초대교회를 둘러싼 성적으로 문란한 문화가 걷잡을 수 없는 지경에 이르렀음을 설명한 뒤에 이렇게 덧붙인다. "그들이 은밀히 행하는 것들은 말하기도 부끄러운 것들이라"(엡 5:12).

이러한 말씀들은 21세기 문화 속에 있는 교회를 향해서도 똑같은 칼끝을 들이댄다. 교회들이 난잡한 현대 문화에 맞서기보다 함께 장단을 맞추기 일쑤인 까닭이다. 자신을 잘 지켜서 부도덕한 행위에 몸담지 않는 크리스천들조차도, 성적으로 문란한 면을 강조하거나 내보이거나 부채질하거나 가볍게 여기게 만드는 영화와 쇼를 보고, 책과 기사를 읽고,

인터넷 사이트들을 들락거린다. 세상에 대고 "댁들과 똑같은 짓을 하지는 않겠지만, 여러분들이 하는 짓을 구경하면서 신나게 즐길 작정이요"라고 말하는 셈이다.[4] 남들이 성적인 죄를 짓는 걸 지켜보면서 즐거워하다니, 구역질 나는 취향이 아닌가?

하나님은 성을 우상화하고 성행위를 인격 완성의 기본적인 방편으로 보는 성적인 제의를 엄금하신다. 성경과 역사를 통틀어, 인류가 툭하면 걸려드는 올가미가 있다. 하나님이 지으신 성과 성생활의 쾌락이 궁극적인 만족을 주리라고 여기는 것이다(출 32:2-6, 신 23:17, 잠 7:1-27, 고전 10:8 참조). 서글프게도 이 시대를 사는 현대인 역시 다를 게 없어 보인다. 이 시대의 문화에 젖은 현대인들은 '성적으로 이렇게, 또는 저렇게 자유를 누릴 수만 있다면 정말 행복할 거야'라고 생각한다. 그렇지 않다. 섹스는 좋은 것이지만 하나님이 아니다. 궁극적인 만족을 줄 수 없다. 우상으로 변할 수 있는 존재들이 다 그렇지만, 섹스 역시 진정으로 최상의 기쁨을 주실 유일한 분으로부터 인간의 마음을 돌려놓는다. 되로 주고 말로 가져가는 셈이다.

"음행을 피하라"(고전 6:18). 짤막한 이 한 구절은 성경에 기록된 성적인 금지 조항들을 모두 아울러 압축한 명령이다. 결혼하지 않은 싱글 남녀들이 섹스에 빠져들고, 결혼한 부부들이 남편, 또는 아내가 아닌 상대와 성적인 관계를 맺으며, 동성애를 자연스럽게 받아들이며, 성매매가 일상일 만큼 성이 범람하는 도시, 고린도에 있는 교회에 주신 말씀이다. 2천 년이 지난 오늘의 세계도 크게 달라진 게 없어 보인다. 당시 문화 속에 자리 잡은 교회를 향해, 그리고 현대 문화 가운데 서 있는 교회를 향해 하나님은 말씀하신다. "음행을 피하라. 결혼해 남편과 아내로 맺어진 사이가 아니라면 성적인 생각과 시선, 욕구와 접촉, 말과 행동을 모두 삼가라. 핑계대지 말라. 합리화하지 말라. 거기서 도망치라. 힘닿는 대로 서둘러 피하라."

하나님은 거룩한 영광을 위해 이렇게 말씀하신다.

하나님은 자녀들의 유익을 위해 이렇게 말씀하신다.

애초부터 그렇게 태어났다

하지만 대부분 하나님을 이렇게 믿지 않는다. 아니, '아무도' 믿지 않는다. 이쯤 되면 분명히 해야겠다. 성경은 그저 간음이나 동성애 이야기를 하는 게 아니다. 이 땅을 딛고 살아가는 한 사람 한 사람이 보여 주는 성적 타락의 다양한 징후들을 지적하고 있다.

이야기를 더 진전시키기 전에 한 가지 확실한 사실을 고백해야겠다. 남성 이성애자야말로 이처럼 성적인 부도덕이 차고 넘치는 요즘 세상에 막중한 책임이 있는 인간 계층이며 나 역시 그 가운데 한 사람이다. 남성 이성애자들은 세계 포르노그래피와 매춘 산업의 돈줄이다. 현대 서구 문화가 성적으로 이토록 혼란스러워지기까지는 이성애자 남편과 아버지들에게서 사랑에 뿌리를 둔 리더십과 자신을 돌보지 않는 희생정신을 찾아보기 어려워진 점이 커다란 요인으로 작용했다.

그 점을 힘주어 강조하는 까닭이 있다. 가까운 친척이 게이임을 고백했을 때 가장 먼저 떠오른 질문들을 좇아 복음에 이렀을 때, 가장 먼저 눈에 띈 건 그 가족의 삶에 도사린 죄가 아니라 내 삶에 자리 잡은 죄였다. 성적인 부도덕 문제를 제기하는 목적은 세상 문화에 음란이 판을 친다고 손가락질하려는 게 아니다. 저마다 내면에 숨어 있는 성적인 죄가 얼마나 깊은지 드러내자는 것이다. 나는 물론이고 이 책을 읽는 독자들 역시 정도 차이는 있을지언정, 결혼 관계를 벗어난 성적인 생각과 욕망, 말과 행동에 얽힌 죄책감을 가지고 있다. 성적인 부도덕이라는 잣대 앞에 결백한 이도 없고 영원히 자유로울 수 있는 이도 없다.

　복음은 그럴 수밖에 없는 연유를 설명한다. 인간은 너나없이 교만해서 하나님으로부터 등을 돌리고 멀어지려는 성향이 있다(창 8:21 참조). 성적인 부도덕과 관련해 성경을 통틀어 가장 중요한 본문 가운데 하나로 꼽히는 말씀은 이렇게 시작된다. "하나님을 알되 하나님을 영화롭게도 아니하며 감사하지도 아니하고 오히려 그 생각이 허망하여지며 미련한 마음이 어두워졌나니 … 그러므로 하나님께서 그들을 마음의 정욕대로 더러움에 내버려 두사 그들의 몸을 서로 욕되게 하게 하셨으니"(롬 1:21, 24). 이 강력한 가르침은 어두워진 마음을 죄에 물든 욕망의 근원으로 진단한다. 인간의 마음에는 하나님의 길에서 벗어나 제 뜻대로 하려는 죄성이 뿌리박고 있다. 그러한 성향은 섹슈얼리티에도 어김없이 영향을 미친다. 성경이 두 끝을 절묘하게 연결하고 있음에 주목하라. 마음에서 하나님을 몰아내는 순간, 삶 가운데서 성적인 순결을 잃어버리기 쉽다.

　게다가 인간은 애초부터 그렇게 태어났다. 아담과 하와가 에덴동산에서 죄를 지은 이후로 단 한 명의 예외도 없이 모두가 죄를 물려받았다. 생물학적으로는 저마다 다른 유산을 물려받지만 영적으로는 '죄'라는 유산을 공동으로 상속받은 것이다(시 51편, 롬 5:12-21 참조). 반드시 기억해야 할 중요한 일이다. "하나님이 나한테만큼은 이만저만한 성적인 죄에 빠지는 성향 없이 세상에 발을 딛게 하셨어"라고 말할 수 있는 인간은 단 한 명도 없다. 오히려 너나없이 누구나 성적인 죄에 기우는 본성을 가지고 태어났다고 성경은 또박또박 못 박아 말한다.

하지만 성향이 있다고 해서 반드시 그렇게 행동해야 한다는 뜻은 아니다. 현대인은 태생적인 본성이 윤리적인 의무와 통한다고 보는 문화 속에 살고 있다. 이러저러한 욕구를 가지고 태어났다면 고유한 됨됨이를 지키기 위해 반드시 그 욕구를 실현해야 한다고 믿는다. 섹슈얼리티를 둘러싼 이 시대의 담론이 인권 문제라는 엉뚱한 판에서 벌어진 중요한 요인이 여기에 있다. 동성애적인 욕구가 DNA와 연계되어 있다는 과학적 증거는 사실상 전혀 없다. 그런 상황에도 불구하고 최근 부상한 새로운 문화 윤리들은 개인적인 욕망에 최고의 권위를 부여하며 저마다 내키는 대로 성욕을 채울 '권리'를 부여하고 있다. 한 술 더 떠서, 그런 '권리'를 부정하는 이들은 인종차별주의자나 다름없다고 주장한다. 요즘 주류를 형성하는 견해에 따르자면, 흑인과 백인을 차별해서는 안 되듯, 이성애 성향과 동성애 기호 사이에 구별을 두어서는 안 된다. 이성애나 동성애 가운데 어느 한쪽이 부도덕하다고 말하는 건 곧 백인이나 흑인 중에 어느 한편이 열등하다고 말하는 꼴이나 다름없다는 뜻이다.

하지만 이런 논리 체계는 근본적인 결함을 안고 있다. 인종의 정체성과 성행위는 명확히 구별되는 사안임을 부정하고 있기 때문이다. 인종 정체성은 윤리적으로 중립적인 특성이다. 검거나 흰 피부색은 옳고 그름의 문제가 아니다. 그렇지 않다는 주장이 제기되면 반드시 맞서서 반대해야 한다(제8장에서 더 자세히 살펴보자). 하지만 성행위는 윤리적으로 선택하는 행동이다. 물론, 피부색의 경우처럼 특정한 성행위에 대해 저마다 다른 성향을 가질 수 있다. 하지만 인종적인 특질은 윤리적인 선택이나 명령의 결과가 아니며, 성행위는 도덕적인 결정이다. 어떤 행동들에 끌린다고 해서 그런 행위들이 정당화되는 건 아니라는 말이다.

예를 들어 보자. 《타임》지에 불륜을 저지르는 건 유전자 탓일지 모른다는 기사가 실렸다.[5] 그렇다면 결혼한 남성에게는 아내가 아닌 여성과 성적인 관계를 맺고자 하는 선천적인 욕구가 있으므로, 자신을 온전히 실현하기 위해 그 욕망을 채워야 한다는 뜻인가? 전혀 그렇지 않다. 욕구의 존재 자체가 아내에게 지조를 지키지 않는 핑계가 될 수는 없다. 문제의 핵심은 남성의 기질이 아니라 윤리에 있다. 특정한 행위를 향한 성향은 그 행위 자체를 정당화시키지 못한다. 어떤 기호를 가졌느냐와 어떻게 행동하느냐는 다른 문제다. 불륜은 필연이 아니라 부도덕이다.

이러한 원리는 하나님의 설계에서 벗어난 성행위들에도 모두 적용할 수 있다. 누구나 마음 한구석에 성적인 죄에 기우는 성향을 가지고 있다. 그러한 기질은 다채로운 유혹들을 빚어낸다. 동성에게 성적인 욕구를 느끼는 이가 있는가 하면 이성에게서 성적인 만족을 얻으려 한다. 성적인 욕망을 실현하는 방식은 그 안에서도 제각기 다르다. 어째서 이런 이는 이런 욕구를 가진 반면, 저런 이는 저런 욕망을 품는지는 두말할 것 없이 타락한 세상의 수수께끼에 속한다. 어디에 끌릴지를 선택할 수는 없지만 그 유혹에 어떻게 반응할지는 선택할 수 있다.

"하나님이 정말로 말씀하셨느냐?"

그렇다면 과연 하나님은 무어라고 말씀하시는가 하는 기본적인 물음으로 돌아가 보자. 성경에 등장하는 첫 질문에서 원수는 여자에게 묻는다. "하나님이 참으로 너희에게 동산 모든 나무의 열매를 먹지 말라 하시더냐"(창 3:1). 이미 알고 있다시피, 하나님의 명령에 회의를 품음과 동시에 죄가 시작됐다. 바로 그 순간, 치명적인 영적 힘이 은밀하게 세상에 스며들었다. 하나님 말씀이 인간의 심의 대상이 된 것이다.

바로 그 힘이 오늘날 우리 문화에 살아 날뛸 뿐만 아니라 교회를 위협하고 있다. 성적인 부도덕의 본보기로 동성애 문제를 살펴보자. 한 꺼풀 깊이 들어가서 질문을 던져 보라. 하나님 말씀은 여기에 대해 무어라고 가르치는가?

창세기 2장에 기록된 하나님의 결혼 설계도만 봐도 남자와 여자의 성적 연합이 어떠해야 하는지 모형을 그려 내기에 부족함이 없다. 하지만 그보다 뒤편, 창세기 19장에서도 동성 사이의 성행위가 소돔과 고모라에 하나님의 심판이 내린 주요 원인으로 작용했음을 볼 수 있다. 개중에는 두 도시가 가난한 이들을 보살피지 않았다는 등의 다른 이유로 멸망했다고 주장하는 이들이 있다. 물론 그 역시 하나의 요인이었던 건 사실이다(겔 16:49 참조). 하지만 신약성경에서 유다는 창세기 19장을 돌아보며 전혀 다른 입장을 내놓는다. "소돔과 고모라와 그 이웃 도시들도 그들과 같은 행동으로 음란하며 다른 육체를 따라 가다가 영원한 불의 형벌을 받음으로 거울이 되었느니라"(유 1:7).

앞에서 살펴본 대로, 구약에서 하나님은 율법을 제정해 거룩한 백성들에게 내려 주시면서 "너는 여자와 동침함 같이 남자와 동침하지 말라. 이는 가증한 일"(레 18:22)이라고 명령하셨다. 어떤 이들은 여기서 동성 간의 성행위를 죄로 보는 경우는 당시 유행하던 우상숭배 의식과 결합되었을 때뿐이라고 말한다. 하지만 본문은 동성애를 간음, 근친상간, 수간, 어린아이를 제물로 바치는 행위 따위들과 함께 취급한다. 이런 죄악들을 우상숭배의 맥락에서 용납하지 않았던 게 아니라는 것이 분명하다.

더 나아가 바울은 고린도전서 6장과 디모데전서 1장에 레위기 18장에 쓰인 '남자와 교합'이라는 표현을 그대로 가져다가 쓰면서 동성 간의 성행위를 하나님에 대한 불경이라고 지적한다.[6] "불의한 자가 하나님의 나라를 유업으로 받지 못할 줄을 알지 못하느냐. 미혹을 받지 말라. 음행하는 자나 우상 숭배하는 자나 간음하는 자나 탐색하는 자나 남색하는 자나 도적이나 탐욕을 부리는 자나 술 취하는 자나 모욕하는 자나 속여 빼앗는 자들은 하나님의 나라를 유업으로 받지 못하리라"(고전 6:9-10). 그리고 "살인하는 자며 … 거짓말하는 자"와 더불어 "음행하는 자"와 "남색하는 자"를 "복종하지 아니하는 자"의 명단에 포함시켰다(딤전 1:8-11). 로마서에 등장하는 "순리대로 쓸 것을 바꾸어 역리로" 쓰는 여자, 그리고 "순리대로 여자 쓰기를 버리고 서로 향하여 음욕이 불 일듯" 한 남자라는 말도 같은 맥락의 표현들이다(롬 1:26-27). 성경의 입장은 명쾌하고 한결같다. 첫 장부터 끝장까지 한목소리로 동성의 성행위는 하나님 앞에서 음행이라고 지적한다.

하지만 에덴동산의 아담과 하와처럼, 문화 속에서뿐만 아니라 교회에서도 하나님의 말씀보다 스스로의 판단을 앞세우는 일이 얼마나 많은

지 모른다. 하나님 말씀에 순종하기보다 정말 그렇게 말씀하셨는지 회의한다. 연합감리교회 동성애연구위원회(United Methodist Committee to Study Homosexuality) 위원인 윌리엄 켄트(William Kent)의 이야기를 들어 보자. 보고서를 끝내며 켄트는 이렇게 결론짓는다. "동성애 관습을 죄로 규정하는 구약과 신약성경의 본문들은 하나님의 영감을 받은 것도, 크리스천의 가치를 잘 지켜 지탱하는 것도 아니다."[7]

켄트는 그나마 솔직해서 이 구절들이 주장하는 바를 인정하기는 했지만, 뻔뻔스럽게도 성경은 하나님의 말씀이 아니라고 강변한다.

웨슬리언 대학(Wesleyan University)의 개신교 교목 게리 데이비드 캄스톡(Gary David Comstock)은 또 어떠한가?

> 동성애를 부정하며 비판하고 규탄하면서 하나님을 믿지 않는 것과 동일시하는 바울의 등식은 위험하기 짝이 없다. 저마다 고유의 크리스천 전통에 매어 이처럼 모멸적이고 파괴적인 본문들에 도전하지 않는 건 억압에 기여할 뿐이다. … 크리스천들이 정경(the biblical canon)에서 삭제하기를 요구하거나 행동을 규정하는 권위를 공식적으로 불신하지 않는 한, 그러한 본문들은 거듭 동원되고 이용될 것이다.[8]

성경의 가르침을 이렇게 인식하다 보니 캄스톡은 성경이 위험하며 진지한 편집이 필요하다는 딱지를 붙이기에 이르고 말았다.

에모리 대학 캔들러 스쿨(Candler School of Emory University)의 신약학 교수 티머시 존슨(Timothy Johnson)은 거기서 한 걸음 더 나간다. "성경은 그 어디서도 동성 간의 사랑을 긍정적으로, 아니 중립적으로조차도 이야기하지 않는다"는 점을 인정한다. 하지만 이어서 이렇게 결론짓는다.

> 동성 간의 연합이 거룩하며 선할 수 있다고 선언하려면 사실 성경의 직접적인 명령을 거부하고 다른 권위에 호소하는 것임을 명확하게 해 두는 게 중요하다고 생각한다. 그렇다면 그 권위는 정확히 무엇인가? 자신과 수많은 이들의 경험, 스스로의 성적 지향성을 주장하는 것이 실은 하나님이 인간을 창조하신 방식을 받아들이는 일이라는 사실을 증언해 온 그 경험의 힘에 호소하는 것이다. 그렇게 함으로써, 우리는 동성애를 정죄하는, 다시 말해 제멋대로 선택한 악행이며, 인간의 타락을 보여 주는 증상이고, 하나님의 창조 질서에 대한 불순종이라는 성경의 가정을 단호히 배격하게 된다.⁹

존슨 자신부터 제 주장의 이면에 깔린 뻔한 질문을 피해 갈 수 없다. 하나님의 말씀을 제쳐놓고 인간의 경험을 좇아야 한다면 도대체 누구의 경험을 신뢰해야 하는가? 여기에 명확하게 답하는 일은 존슨과 그 의견에 동조하는 이들의 몫이다.

위에 인용한 글을 보면, 동성 간의 성행위를 옹호하고 싶으면 우선 성경은 현대 인류와 아무 상관이 없으며, 인간 경험에 부합하지 않으며, 진리와 지도의 근원이 되기에 부족하다는 논리부터 펴야 한다는 사실이 명확하게 드러난다. 한마디로 성경은 빈 구석이 많고 위험하기 짝이 없다고 가정해야 한다는 뜻이다.

사실, 동성애를 옹호하는 순간, 성경의 권위를 깎아내리게 된다. 그리고 성경의 권위를 깎아내리는 과정에서 복음의 온전한 진실성마저 해

친다. 그러기에 대니얼 하임바흐(Daniel Heimbach)는 《참다운 성윤리》(*True Sexual Morality*)라는 뛰어난 글에 이렇게 적었다.

> 오늘날 성을 둘러싼 갈등 문제는 교회가 여태 거쳐 온 어떤 논란보다 더 첨예하고 더 중요하며 더 본질적인 이슈다. 대단히 결정적인 진술이지만 흥분하지 않고 차분하게 이야기하고자 한다. 성을 중심으로 벌어지는 이 시대의 갈등은 전통과 정통, 그리고 계율이나 결혼, 성역할 같은 영역에서 권위를 존중하는 따위에 대한 도전에 그치는 문제가 아니다. 인간 생명의 존엄성, 성경의 권위와 신뢰성, 삼위일체, 그리스도의 성육신처럼 대단히 중요한 교리들에만 영향을 미치는 게 아니다. 성에 관한 크리스천들 사이의 전쟁은 죄와 구원에서 복음, 그리고 하나님의 실체에 이르기까지 애당초 크리스천이 되는 데 없어서는 안 될 본질적이고 핵심적인 이슈 전반에 걸쳐 벌어지고 있다.[10]

성윤리에 대한 오늘날의 논란을 어떻게 평가하느냐를 떠나서, 크리스천으로 산다는 것의 의미와 하나님 말씀에 순종할 것인지의 여부가 결국 이 이슈를 좌우하는 결정적인 요인으로 작용한다는 점에는 의문의 여지가 없다.

어두워진 마음, 흐트러진 생각

놀랄 필요가 없다. 복음은 성윤리를 바라보는 크리스천의 관점이 그토록 위협받는 까닭을 정확히 설명하기 때문이다. 성경은 인간의 어두워진 마음과 흐트러진 생각을 한 줄로 연결한다. 마음에서 하나님을 거역한 결과, 인간의 생각은 '공허'해졌다. 그 결과, 로마서 1장을 풀이해서 한결 개인적인 차원으로 바꾼다면, "비록 스스로 지혜롭다고 주장한다 할지라도 하나님의 진리를 거짓과 맞바꾸고 창조주보다 피조물들을 숭배하고 섬기는 멍청이가 될 것이다"쯤 되지 않을까 싶다(롬 1:22, 25 참조).

인간은 실제로 생각 가운데서 제 방식이 하나님보다 낫다고 믿기 시작한다. 하나님이 지어서 선사하신 성이라는 선물을 받아서 창조주 하나님을 의심하는 데 사용한다. 애초에 그 선물을 주신 바로 그분을 말이다. 주님이 주신 표본을 내버리고 제 취향으로 대신한다. 섹슈얼리티에 관해 하나님이 가르쳐 주신 말씀을 제 의견과 경험이 들려주는 이야기로 대체한다. 그러면서도 자신의 어리석음을 깨닫지 못한다. 마치, "어떤 길은 사람이 보기에 바르나 필경은 사망의 길이니라"는 잠언 14장 12절 말씀을 삶으로 살아내 보이는 듯하다. 여기서 정말 위험한 요소는 하나님보다 자신이 제 몸에 가장 좋은 걸 더 잘 안다고 주장하며 결국 성적인 죄를 정당화하는 행태다.

성적인 죄를 짓는 이들은 극악무도한 성범죄를 포함해 온갖 죄를 요리조리 변명하고 핑계 댈 수 있다. 어린 소녀들을 대상으로 저지르는 성 착취 인신매매나 요즘 툭하면 불거져 나와 기독교계를 떠들썩하게 만드는 기독교 지도자들의 섹스 스캔들을 생각하면 도대체 어떻게 설명을 해야 좋을지 모르겠다. 그럼에도 불구하고 일을 저지른 당사자들의 입에서 나오는 말을 들어 보면 소름이 끼칠 정도다.

예를 들어, 어린 여자아이를 교묘하게 꼬드겨서 욕심을 채웠다는 혐의를 받은 성인 남성의 이야기를 들은 적이 있다. 남자는 말했다. "꼬드기다니요? 꼬드긴다는 말의 정확한 뜻이 뭐죠? 그리고 성적인 표현들에는 어느 정도 유혹적인 일면이 있는 거 아닙니까?" 주장은 계속 이어진다. "어차피 채우지도 못하게 하실 거면 하나님이 뭐하러 그런 욕구를 주었겠습니까? 주님이 본래 이런 성향을 갖도록 지으신 게 틀림없습니다. 무엇보다, 예수님은 단 한 번도 거기에 대해 부정적으로 말씀하신 적이 없다고요. 오히려 아이들을 환영하셨죠."

이런 말을 글로 옮기는 것만도 넌덜머리가 나지만 두렵게도 그런 합리화와 핑계는 우리 마음과 생각을 고스란히 되비쳐 보여 주는 게 분명하다. 싫어도 인정할 수밖에 없는 사실이다. 남자든 여자든, 이성애자든 동성에 끌리든, 너나없이 죄에 물든 성적인 욕구를 품고 있다. 한 남자와 한 여자 사이의 결혼 관계 밖에서 그런 욕망을 채우고 싶은 유혹에 흔들리는 어두운 마음을 가졌다. 그러한 욕심을 좇는 행위를 해명하거나 변명하고자 하는 흐트러진 생각을 가지고 있다. 심지어 원하는 대로 상황을 끌어가기 위해서라면 하나님 말씀을 뒤트는 짓도 삼가지 않는다. 인간은 누구나 인격적으로, 생물학적으로, 문화적으로, 영적으로 성적인 죄에 끌리는 성향이 있다. 똑같이 약하지만 문화적으로 용인되기가 더 쉬운 방식이냐 아니냐의 차이가 있을 따름이다. 한마디로, 단 한 사람의 예외도 없이 모두가 성적인 죄인이라는 뜻이다.

이는 또한 단 한 사람의 예외도 없이 누구에게나 구세주가 절박하게 필요하다는 의미다.

하나님이 지극히 사랑하셔서

구세주는 복음 속에서 만나는 바로 그분이다. 성경은 "음행을 피하라"라고 권고하고 곧바로 "여러분은 하나님께서 값을 치르고 사들인 사람"(새번역)이라고 말한다(고전 6:18, 20). 하나님은 성적인 죄를 범한 죄인들을(결국 우리 모두) 지극히 사랑하셔서 독생자를 보내 그 죗값을 치르게 하셨다. 이 기쁜 소식이 바로 복음이다. 바울은 이렇게 적었다. "하나님이 죄를 알지도 못하신 이를 우리를 대신하여 죄로 삼으신 것은 우리로 하여금 그 안에서 하나님의 의가 되게 하려 하심이라"(고후 5:21). 예수님은 십자가에 달려 돌아가시면서 우리의 모든 죄를 스스로 짊어지셨다. 마르틴 루터의 설명을 들어 보자.

> 더없이 자비로우신 하늘 아버지께서는 … 독생자를 세상에 보내셔서 인류의 모든 죄를 그분께 씌우시면서 말씀하신다. 주를 부인한 베드로, 박해자이자 신성 모독자인 동시에 잔인한 압제자인 바울, 간통을 저지른 죄인 다윗, 에덴동산에서 금지된 열매를 따먹은 죄인들, 십자가에 매달린 도둑이 되어라. 간단히 말해, 인간이 범할 수 있는 죄를 남김없이 저지른 죄인이 되어라. 그래서 그 모든 이들을 위해 값을 치르고 빚을 갚으라.[11]

오, 한번 생각해 보라! 예수님, 그러니까 육신을 입으신 하나님이 우리의 모든 간음죄와 포르노그래피, 여태 품었고 앞으로 품을 모든 정욕에 대한 징벌을 스스로 받으셨다. 예수님은 터무니없이 비싼 값을 치르고 우리 몸을 사셨다.

하나님은 인간의 마음이나 영혼, 또는 정신세계에서 벌어지는 일에만 관심을 두시고 몸은 중요하게 여기지 않으신다는 착각에 빠질 때가 있다. 하지만 주님은 자녀들의 몸도 소중히 여기신다. 십자가에서 치르신 대가 때문이기도 하지만 십자가 전후로 그분의 몸에서 일어난 일 때문이기도 하다.

예수님은 우리 몸을 위해 돌아가셨을 뿐만 아니라 몸을 가지고 이 땅에 나시고 또 사셨다. 기독교 신앙 전체를 통틀어 가장 커다란 신비는 바로 성육신, 하나님이 몸을 입고 우리 가운데 오신 사건이다. 예수님은 우리와 한 점 다를 게 없는 생명을 지니고 태어나셨다. 예수님이 여느 사람들처럼 육신을 입으셔서 먹고 마시고 걷고 자고 웃고 우셨음을 잊어버리고 그분의 신성을 최대한 축소하고 싶어 하는 이들이 적지 않다. 인류의 죄를 지고 돌아가시기 위해 영으로 오신 게 아니라 죄인들 가운데 갓난이로 오셔서 성장하고 또 살아가셨다.

예수님 역시 뭇사람들과 똑같은 삶을 사셨다. 반드시 기억해야 할 정말 중요한 점이다. 어떤 이들은 말한다. "성적인 욕구를 좇아 생각하고 행동하지 않는다면 어딘가 결함이 있다는 얘기다. 창조주가 지으실 때 품으셨던 모습에 들어맞지 않기 때문이다." 하지만 예수님은 이런 정서를 딱 잘라 물리치신다. 지상에 존재했던 그 누구보다 완전체였던 주님은 결혼하신 적이 없다. 성적인 생각이나 말, 또는 남녀 간의 결혼을 벗어난 성행위를 포함해 어떤 식으로든 음행에 연루되신 적이 없다(히 4:15). 하나님의 창조 섭리에 충실하다는 말은 성적 욕망에 이끌린다는 의미가 아니다.

예수님은 인간의 몸을 온전히 입으시고 십자가에 못 박히셨고 인류의 죄를 지고 돌아가셨으며, 하나님은 주님의 몸을 죽음에서 일으키셨다. 예수님의 영이나 정신만의 부활이 아니라 몸의 부활이기도 했다. 이는 우리 몸에도 대단히 중요한 의미를 갖는다. 성경은 말한다. "하나님이 주를 다시 살리셨고 또한 그의 권능으로 우리를 다시 살리시리라"(고전 6:14, 고전 15장 참조). 예수님의 몸을 죽음에서 일으키신 것처럼, 하나님은 우리의 몸도 죽음에서 살리실 것이다. 본문을 보면 창조주는 몸에 영원성을 부여하신다. 언젠가 주님은 거룩한 백성들의 몸을 일으켜 새 하늘과 새 땅에서 더불어 살게 하신다. 그러므로 우리가 지상에서 입고 있는 몸은 하나님과 무관한 게 아니다. 언젠가 하늘에서 하나님과 영원히 함께할 터이기 때문이다.

이러한 사실들을 종합하면 입이 다물어지지 않을 만큼 어마어마한 진리와 맞닥뜨린다. 하나님은 인간의 몸에 지극히 마음을 쓰셔서 아들에게 육신을 입혀 인류 가운데 보내시고 어울려 살게 하셨다. 단 한 번도 죄를 지으신 적이 없고 형벌을 받으실 이유가 없음에도, 하나님의 독생자는 죄의 대가를 온몸에 짊어지고 돌아가셨다(롬 8:3 참조). 예수님은 우리의 죄 때문에 돌아가셨다. 그리고 사흘 뒤, 영원히 죽지 않는 몸을 입고 죽음에서 신체적으로 살아나셨다. 그리고 죄에서 돌이켜 그리스도를 구세주로 믿고 의지하는 모든 이들의 몸도 되살리시겠다고 약속하셨다(고전 15:42-55 참조).

잠시 하던 일을 멈추고 이 진리에 깊이 잠겨 보라. 우주의 하나님이 우리 한 명 한 명을 깊이 사랑하고 염려하신다. 우리 몸을 부서지기 쉽고 값을 매길 수 없을 만큼 귀중한 작품으로 여기신다. 그리고 그리스도를 믿기만 하면, 몸으로 어떤 성적인 죄를 지었든지 간에, 언젠가 죄로 망가진 몸을 정결하고 거룩하며 영원토록 썩지 않게 하실 것이다.

기쁨에 겨워 이 글을 쓰면서도, 한편으로는 그리스도를 믿지 않는 쪽을 선택한 이들, 하나님 말씀을 무시하고 음행을 회개하지 않는 이들 모두에게 보내는 성경의 경고가 떠올라 정신이 번쩍 든다. "불의한 자가 하나님의 나라를 유업으로 받지 못할 줄을 알지 못하느냐. 미혹을 받지 말라. 음행하는 자나 우상 숭배하는 자나 간음하는 자나 탐색하는 자나 남색하는 자나 도적이나 탐욕을 부리는 자나 술 취하는 자나 모욕하는 자나 속여 빼앗는 자들은 하나님의 나라를 유업으로 받지 못하리라"(고전 6:9-10. 마 5:27-29, 갈 5:19-21, 엡 5:5, 유 1:7, 계 21:8 참조). 어떤 식으로든 한 번이라도 음행을 저지르면 지옥에 간다는 얘기가 아니다. 여기서 성경이 지목하는 대상은 성적으로 부도덕한 삶에서 돌이켜 그리스도를 신뢰하기를 거부하는 이들이다. 하나님이 주신 은혜의 복음에 따르면, 성적인 죄를 지었더라도 겸손하게 회개하는 죄인들은 하늘나라에 들어간다. 하지만 그 죄를 뉘우치고 돌아서지 않으면 마침내 지옥에 떨어질 것이다.

전혀 다른 기준점에서 출발하라

이러한 회개는 총체적인 완전함이 아니라 새로운 방향을 뜻한다. 여태 살펴본 것처럼, 누구나 성적인 죄에 기우는 성향을 가지고 있으며 이는 사람마다 다른 형태로 나타난다. 인간은 제각각이다. 남자가 있고 여자가 있으며, 싱글도 있고 결혼한 이도 있다. 욕구도 다르고 취향도 가지각색이다. 하지만 한 사람 한 사람을 향한 복음의 명령은 동일하다. 예수님은 말씀하신다. "아무든지 나를 따라오려거든 자기를 부인하고 날마다 제 십자가를 지고 나를 따를 것이니라"(눅 9:23). 회개에는 값비싼 대가가 따른다. 인간 본연의 속성을 가진(죄에 빠진) 자신에게 "노!"를 선언하고 주님의 속성과 성품에 기대어 완전히 새로운 정체성을 찾는 작업이기 때문이다.

정체성과 섹슈얼리티를 동일시하다시피 하는 문화에서, 이는 대단히 중요한 사실이다. 이성에게 끌리면 본질적으로 이성애자라는 딱지가 붙는다. 마찬가지로 동성에게 마음이 가면 기본적으로 동성애자 소리를 듣는다. 자연스레 여기에 토대를 둔 자아 개념을 갖게 되고 갈수록 그 표준선에 비추어 만사를 보게 마련이다.

하지만 복음은 전혀 다른 기준점을 제시한다. 하나님이 참으로 옳고 선하다는 진리에 눈뜨게 하는 것이다. 주님의 성품은 거룩하고 그 말씀은 참되지만 인간은 중심에서부터 그분께 등을 돌린다. 이런 의미에서 우리의 정체성은 죄인이다. 하지만 그리스도가 오셔서 죄인들을 대신하여 그 형벌을 감당하셨다. 그런 역사를 통해 주님은 새로운 정체성을 제안하신다. 바로 그분 자신의 정체성이다. 하나님으로부터 분리된 상태에서 벗어나 이제 그분과 연합한 존재가 되었다. 죄로 더러워진 상태에서 벗어나 이제 죄에서 깨끗해졌다. 심판하시는 주님 앞에 선 죄인의 신분에서 벗어나 이제 아버지의 사랑을 받는 자녀가 되었다. 영원히 죽어 마땅하며 하나님의 창조 의도를 전혀 파악하지 못하는 처지에서 벗어나 이제 영원한 생명을 소유하고 점점 더 창조주가 설계하신 뜻에 정확히 맞아 들어가는 삶을 살게 되었다.

그러기에 바울은 감격에 겨워 이렇게 적었다. "내가 그리스도와 함께 십자가에 못 박혔나니 그런즉 이제는 내가 사는 것이 아니요 오직 내 안에 그리스도께서 사시는 것이라. 이제 내가 육체 가운데 사는 것은 나를 사랑하사 나를 위하여 자기 자신을 버리신 하나님의 아들을 믿는 믿음 안에서 사는 것이라"(갈 2:20). 사도는 그리스도 안에 있으면 정체성이 어떻게 총체적으로 달라지는지 설명한다. 그리스도가 우리 안에 있고 우리가 그리스도 안에 있게 된다. 이성애와 동성애, 중독자와 간통을 저지른 죄인 따위는 더 이상 정체성을 형성하지 못한다. 바울은 또 다른 본문에서 그런 식의 정체성을 가지고 있던 이들에게 분명히 말한다. "너희 중에 이와 같은 자들이 있더니 주 예수 그리스도의 이름과 우리 하나님의 성령 안에서 씻음과 거룩함과 의롭다 하심을 받았느니라"(고전 6:11).

로자리아 버터필드(Rosaria Champagne Butterfield)는 한때 성경과 온 마음을 다해 하나님 말씀을 믿는 이들을 흠뜯기를 좋아했다. 이 페미니스트 학자는 이렇게 썼다. "어리석고 멍청하며 위험스러운 존재. 내 생각에 크리스천과 그네들의 신, 여러 그림들 속에서 샴푸 광고 모델처럼 강렬한 시선을 던지는 예수는 딱 그랬다." 반면에 '좌익 레즈비언 교수'로서 살아가는 삶은 달리 설명했다. "내 인생은 행복하고 뜻 깊으며 충만하다. 파트너와 함께 에이즈 관련 활동, 아동 보건과 문맹 퇴치, 골든리트리버 구조 활동, 유니테리언 유니버설리즘 교회(북미를 중심으로 활동하는 이단종파로 예수님의 신성과 삼위일체를 부정한다 – 옮긴이) 따위의 갖가지 중요한 관심사들을 나눈다."[12]

그러다가 지역신문에 실린 버터필드의 비평 기사를 보고 점잖게 반박하는 글을 보내온 목회자를 통해 우연히 복음을 알고 살펴보게 되었다. 목회자 내외는 하나님을 모르고 사는 교수를 가엾게 여기고 그 삶에 개입해서 주님의 사랑을 보여 주었다. 버터필드는 성경을 읽으며 마음에 밀려드는 물음과 씨름하기 시작했다. "정말 하나님의 관점에서 동성애를 이해하려고 이러는가, 아니면 한판 논쟁을 벌이려는 것인가?"

어느 날 밤, 교수는 무릎을 꿇었다. 기도는 동이 틀 때까지 이어졌다. 버터필드는 이렇게 적었다. "거울을 보면 여느 때나 똑같아 보였다. 하지만 성경의 렌즈로 마음을 들여다보면 의문이 꼬리를 물었다. 난 레즈비언인가, 아니면 이 모두가 잘못 잡은 정체성에서 비롯된 일인가? 예수님이 세상을 여지없이 부숴 버리고 심령과 골수를 쪼개어 나누실 수 있는 분이라면 진정한 정체성도 빚어 주실 수 있지 않을까? 나는 누구인가? 하나님은 나를 어떤 인간이 되게 하시려는가?"[13]

이런 신앙의 갈등 끝에 버터필드는 스스로 표현한 대로 '어느 평범한 날' 그리스도 앞에 나갔다. 그이는 썼다. "세계관 전쟁에서 예수님이 승리했다. 난 박살이 나서 엉망진창이 됐다. 회심은 철도 사고나 다름없었다. 사랑했던 것들을 다 잃어버리고 싶지는 않았다. 하지만 하나님의 음성은 산산조각이 나 버린 내 세계 속에서 의기양양, 사랑 노래를 부르고 계셨다. 연약하나마 믿음이 생겼다. 죽음을 이기신 예수님이라면 내 세계도 바로 세워 주실 것이다."[14]

좌익 레즈비언 교수만 이런 고백을 하는 게 아니다. 온갖 성적인 죄와 그릇된 성향을 가졌지만 그리스도의 은혜로운 죽음에 이끌려 기꺼이 자기를 부인하고 주님 안에서 완전히 새로운 삶을 경험한 숱한 남녀들이 쏟아 내는 똑같은 간증이 인류 역사의 각 장마다 울려 퍼지고 있다. 이것이 바로 크리스천이 된다는 말의 핵심이다.

값비싼 대가를 요구하는 부름

복음의 초대는 정체성과 섹슈얼리티를 사실상 동일시하는 문화에 반드시 필요할 뿐만 아니라 기독교 신앙을 소비자 중심주의로 끊임없이 퇴보시키는 교회에도 대단히 중요하다. "그리스도께 나오면 건강에서 부와 행복, 번영에 이르기까지 세상에서 바라는 걸 다 가질 수 있습니다"라고 선전하는 교회가 얼마나 많은지 모른다.

커다란 대가를 치르고 그리스도를 따랐던 로자리아 버터필드의 경우를 머리에 그려 보라. 그에게 주께 나가는 일은 사랑하는 파트너만이 아니라 라이프 스타일 전체를 등지고 떠나는 결단이었다. 삶의 자질구레한 일상사에 이르기까지 숱한 요소들이 레즈비언이라는 자아정체감에 토대를 둔 까닭에 그 정체성을 바꾼다는 건 곧 삶의 세밀한 질서가 다 흐트러진다는 뜻이었다. 버터필드는 복음에 저항할 수밖에 없었던 이유를 이렇게 썼다. "모든 것과 다 싸워야 했다. 그러고 싶지 않았다. … 치러야 할 대가를 계산해 봤다. 등호(=) 반대편의 수치가 마음에 들지 않았다."[15] 로자리아 버터필드의 삶에서 그리스도를 따르라는 부르심은 세상에서 원하는 걸 다 받아 가라는 초대장이 아니라 가진 걸 다 버려두고 떠나라는 소환 명령이었다.

따라서 그리스도를 따른다는 말의 광범위한 의미를 축소하지 않도록 온 교회가 조심할 필요가 있다. 그렇다. 복음은 동성애자 여성에게 파트너와 자는 걸 그만두라고 손짓해 부르는 데 그치지 않는다. 이성애자 남성에게 포르노그래피에 빠지지 말라고 부르는 복음이며, 싱글들에게 결혼할 때까지 성관계를 미루라고 부르는 복음이기도 하다. 물론, 결혼하지 않고 살기로 작정한 크리스천들은 더 값비싼 희생을 치러야 할지도 모른다. 하지만 세상에서 그리스도를 따르며 선포하기 위해 서슴없이 이 땅의 쾌락과 소유를 포기하는 이들 또한 대가를 치르기는 마찬가지다.

현대 문화 속의 교회뿐만 아니라 우리 역시, 그리스도를 그저 아메리칸드림을 꿈꾸며 살아가는 태평스럽고 보수적이며 편안한 크리스천이 되는 수단쯤으로 여겨서는 안 된다. 그런 복음이라면 게이와 레즈비언 커뮤니티를 비롯해 그 어디에서도 통하지 않을 것이다. 복음은 죽으라는 부르심이다. 죄에 대해 죽고 자아에 대해 죽어야 한다. 아울러 복음은 그리스도를 믿는 흔들리지 않는 견고한 믿음으로 살라는 부르심이기도 하다. 스스로 속한 문화와 정면으로 충돌할 게 뻔해도 하나님의 말씀을 좇는 길을 선택해야 한다.

자아에 대해 죽고자 하면 반드시 섹슈얼리티를 짚어 보아야 한다. 남녀 사이의 결혼이라는 울타리를 벗어난 성행위에 마음이 끌리곤 하는가? 그렇다면 어떤 식인가? 남편이나 아내 외에 다른 누군가를 염두에 두고 성적인 생각을 하는 경향이 있는가? 그런 생각을 어떤 경로를 통해서든 실행해 보고픈 마음이 있는가? 상대가 미혼이든 기혼이든, 이성애자든 동성애자든 실제로 그런 관계를 가지고 있는가?

무얼 보고 있으며 무슨 옷을 입고 있는지 살펴보라. 몸매가 고스란히 드러날 만큼 찰싹 달라붙거나 가슴 쪽이 깊이 파인 의상을 일상복으로 고르는가? 남들이 성적으로 죄 짓는 모습을 들여다보는 데서 쾌감을 맛보도록 이끌어 영혼을 해치는 음란한 연예오락 시스템을 알게 모르게 뒷받침하고 있지는 않은가? 오늘날의 문화 속에 혼전만전 넘쳐나는 이런 요소들은 어떤 방식으로 그리스도께 더 깊이 순종하지 못하게 발목을 잡는가?

하나님은 자녀들을 어둠 속에 버려두지 않으시고 결단하게 하신다. "달아나라!" 주님은 말씀하신다. "성적인 부도덕을 합리화하려 들지 말고 거기서 벗어나라! 어떤 종류의 음행이든, 최대한 빨리 탈출하라!"

혼자 달아나고 있다고 생각지 말라. 성적인 죄인들로 가득한 세상에 사는 현대인들은 너나없이 죄다 음행하는 죄인들이다. 불행하게도 교회에서마저 특정한 성적 유혹들과 씨름하는 죄인들의 무리를 따돌리는 경향이 있는 듯하다. 간음죄를 범한 이들을 상종 못할 인간으로 취급하며 끼워 주지 않는다. 게이와 레즈비언 이웃들을, 문화적으로 나라를 무너뜨릴 궁리나 하는 원수쯤으로 치부한다. 포르노 중독자들을 성도착자로, 성을 팔아 먹고사는 이들을 암적인 존재로, 복장 도착자를 가까이 다가가기만 해도 더러운 물이 튀는 오물 덩어리로 본다. 자신과 다른 이들을 위험한 존재로 취급하는 것이다.

하지만 사실 그이들도 한 점 우리와 다르지 않다. 우리도 그이들과 매한가지다. 누구나 제 눈에 올바르게 보이며 만족을 가져다줄 법한 무언가를 추구한다. 하나님의 거룩한 말씀은 이리저리 갈라진 성적인 죄인들의 세계를 향해 "우리는 다 양 같아서 그릇 행하여 각기 제 길로"(사 53:6) 갔다고 말한다. 남자든 여자든, 결혼했든 이혼했든, 싱글이든 동거 중이든, 이성애자든 동성애자든 하나같이 하나님께 돌아서서 제 길로 나가 버렸다. 하지만 복음은 마땅히 우리가 받아야 할 징벌을 하나님의 아들에게 넘기셨다는 기쁜 소식을 전한다. 아울러 하루하루 자기를 버리고 그 아들을 믿는 이들에게는 성적인 혼란의 파도가 사납게 요동치는 문화의 바다 한복판에서도 그리스도의 평안과 고요를 맛보게 해 주겠노라고 약속한다.

　그리고 한 걸음 더 나아가, 그 복음을 문화에 선포하도록 손짓해 부르신다. 함께 온갖 음행에서 달아나도록 서로 부르고 살피게 하시는 것이다. 현대 문화 속에서는(심지어 교회에서도) 뒤로 물러나 조용히 있는 게 한결 편한 노릇이지만 그래선 안 된다고 타이르신다. 그리스도가 사랑하는 마음과 겸손한 모습으로 찾아오시고, 온유와 인내로 가엾이 여기며 친구가 되셔서 친밀한 관계를 맺어 주신 것처럼, 남들이 다가오길 기다릴 게 아니라 먼저 다가서야 한다. 성적인 죄를 범하고 사는 주위 사람들에게 하나님의 사랑을 품고 복음을 전하며 그 사랑을 실천해 보여 주어야 한다. 중요한 건 이 땅이 아니라 영원한 세계임을 알려야 한다. 영원한 하늘나라와 영원한 지옥이 양쪽에 존재함을 인식하고 나면, 복음을 믿으면서 성적인 죄에 대해 침묵하는 게 불가능하다는 사실을 통감할 수밖에 없다.

문화를 거스르는 '카운터 컬처'의 첫걸음

기도하라

하나님께 구하라.

- 음행에 빠져 사는 크리스천들(자신을 포함해)의 삶에 믿음과 회개하는 마음을 허락해 주세요.
- 크리스천들에게 가엾게 여기는 심령과 담대한 용기, 지혜와 겸손을 주셔서 동성애나 포르노그래피, 그밖에 갖가지 성적인 죄의 문제를 지적하고 대처하게 해 주세요.
- 믿지 않는 이들의 마음을 열어 주셔서, 하나님이 그 죄를 사하시며, 성적인 죄의 힘을 끊어 주신다는 것을 예수 그리스도 안에서 참다운 자유를 얻을 수 있다는 것을 깨닫게 해 주세요.

참여하라

기도하면서 다음 단계를 차근차근 밟아 나가라.

- 교회 안에 소그룹을 만들어 성적으로 정결하며 절조를 지키도록 서로 권하고 격려하라.
- 우리 문화 안의 성적인 타락을 다루는 선교단체를 후원하거나 참여하라.
- 지방정부 관계자들에게 연락해서 포르노그래피와 성매매 따위의

방식으로 여성들을 착취하지 못하도록 막는 법안을 만들고 시행해 주길 요청하라.

선포하라

다음과 같은 성경의 진리들을 깊이 묵상하라.

- 불의한 자가 하나님의 나라를 유업으로 받지 못할 줄을 알지 못하느냐. 미혹을 받지 말라. 음행하는 자나 우상 숭배하는 자나 간음하는 자나 탐색하는 자나 남색하는 자나 도적이나 탐욕을 부리는 자나 술 취하는 자나 모욕하는 자나 속여 빼앗는 자들은 하나님의 나라를 유업으로 받지 못하리라(고전 6:9-10).

- 음행을 피하라. 사람이 범하는 죄마다 몸 밖에 있거니와 음행하는 자는 자기 몸에 죄를 범하느니라. 너희 몸은 너희가 하나님께로부터 받은 바 너희 가운데 계신 성령의 전인 줄을 알지 못하느냐. 너희는 너희 자신의 것이 아니라. 값으로 산 것이 되었으니 그런즉 너희 몸으로 하나님께 영광을 돌리라(고전 6:18-20).

- 오라. 우리가 서로 변론하자. 너희의 죄가 주홍 같을지라도 눈과 같이 희어질 것이요 진홍 같이 붉을지라도 양털 같이 희게 되리라(사 1:18).

8.

복음과 인종

"나와 다른 사람은 왠지 거부감이 들어"

인간은 누구나
본질적으로 이주민이다

에디 메이 콜린스(Addie Mae Collins), 신시아 웨슬리(Cynthia Wesley), 캐럴 로버트슨(Carole Robertson), 데니스 맥네어(Denise McNair).

어느 주일, 이 네 소녀는 갑자기 교회에 날아든 폭발물에 목숨을 잃었다. 내가 목회자로 섬기는 교회에서 멀지 않은 동네에서 일어난 일이었다. 이상한 생각이 들지도 모른다. '교회에 폭탄이 날아들었다고? 왜?' 세계 곳곳에서 수많은 이들이 그리스도를 믿는다는 이유로 온갖 핍박을 받고 있지만 이 일은 그 부류와는 아무 상관이 없었다. 아이들이 다니던 교회에 폭발물이 떨어진 건 교인들의 피부색이 검었기 때문이다. 일을 벌인 범인들은 백인 우월주의자들이었다. 서글프게도 당시 버밍햄에서는 그 일 말고도 수많은 참사들이 일어났다.

최근, 50년 전에 폭탄 공격을 받았던 바로 그 교회, 식스틴스 스트리트 침례교회(Sixteenth Street Baptist Church) 예배당에서 말씀을 전하는 영광을 누렸다. 담임목사를 비롯해 시내 여러 교회의 목회자들과 함께 강단에 올랐다. 실내에는 그날의 끔찍한 사건을 기억하기 위해 모인 백인과 흑인 크리스천들이 빽빽이 들어차 있었다. 다 같이 그리스도 안에서 이 도시에 복음을 전하는 일에 헌신하고자 하는 마음을 새로 다잡았다.

모임이 열린 날은 성금요일이었다. 50년 전, 마르틴 루터 킹 주니어 목사가 평화시위대를 이끌고 버밍햄 시내를 행진하다가 투옥된 날도 성금요일이었다. 조악하기 짝이 없는 독방에 갇힌 킹 목사에게 누군가 인쇄된 편지 한 통을 가져다주었다. 버밍햄의 백인 목회자 여덟 명이 함께 쓴 서신으로, 킹 목사의 방법론을 비판하고 민권이 신장될 때까지 참고 기다리길 요구하는 내용이었다. 킹 목사는 답장을 썼다.

인종차별 정책으로 뼈저린 아픔을 느껴 본 적이 없는 이들은 기다리라는 말이 쉽게 나올 겁니다. 하지만 포악한 무리들이 아버지 어머니를 닥치는 대로 두들겨 패고 형제자매들을 내키는 대로 물에 처넣는 걸 본다면, 증오심이 가득한 경찰관들이 아무런 처벌도 받지 않고 흑인 형제자매들을 욕하고 걷어차고 짐승 취급하고 심지어 죽이기까지 하는 걸 본다면, 2천만 흑인 형제들 가운데 절대다수가 이 풍요로운 사회에서 가난이라는 밀폐된 우리에 갇힌 채 숨 막혀 죽어 가는 걸 본다면, 텔레비전에서 광고하는 놀이공원에 갈 수 없는 이유를 묻는 여섯 살짜리 딸아이에게 마땅히 설명할 말을 찾지 못해 갑자기 혀가 뒤틀리고 말을 더듬게 된다면, 놀이공원에서 피부색이 검은 아이에게는 문을 열어 주지 않는다는 얘기를 듣고 아이의 작은 눈에 눈물이 가득 고이는 걸 본다면, 자그마한 마음의 하늘에 열등감이라는 음울한 구름이 끼는 걸 본다면, 아이가 저도 모르는 사이에 백인들을 향해 쓰라린 감정을 품으면서 성품이 틀어지기 시작하는 걸 지켜본다면, 비통한 감정이 뚝뚝 묻어나는 목소리로 '아빠, 백인들은 왜 흑인들한테 저렇게 사납게 굴어요?'라고 묻는 다섯 살짜리 아들아이의 질문에 답을 지어내느라 쩔쩔매어 본다면, 나라를 가로지르는 장거리 여행 중에 받아 주는 모텔이 없어서 밤이면 밤마다 자동차 한구석에 불편하게 구겨져 잠을 잘 수밖에 없다면, 날이면 날마다 '백인' 또는 '유색인'이라고 적힌 지긋지긋한 표지판을 보면서 모멸감을 느낀다면, 아무리 나이가 많아도 '검둥이'란 별칭에 '꼬마'라는 성이 붙고 나서야 비로소 '존'이라는 이름으로 불린다면, 어머니와 아내가 단 한 번도 '님'이란 존칭을 듣지 못하고 살고 있다면, 당장이라도 무슨 일이 벌어질 것만 같아 늘 마음 졸이고, 흑인이란 사실에 밤낮없이 시달리고 쫓기며, 안으로 떨고 밖으론 원한에 몸부림친다면, '사람도 아니다'라는 열패감과 끝없이 싸워야 하는 처지가 된다면 … 그제야 우리에게 기다리는 일이 왜 그토록 어려운지 이해할 겁니다. 인내의 잔이 차고 넘치는 시점이, 사람들이 더 이상 불의의 구렁텅이에 빠져들기를 거절하는 순간이 왔습니다.[1]

킹 목사는 하나님의 공의로운 법에 순종하기 위해 정부의 불의한 법에 불복종해야 할 의무를 설명하고 나서 예의 목회자들을 통렬하게 고발한다.

흑인들을 대상으로 노골적인 불의와 불법이 행해지는 가운데서도, 백인 교회들은 팔짱끼고 물러서서 짐짓 거룩한 척, 뜻 모를 소리를 해대거나 신앙과 관련한 지엽적인 문제를 물고 늘어지는 걸 숱하게 보았습니다. 인종적인 불의와 경제적인 불평등을 이 나라에서 몰아내려 온힘을 다해 씨름하면서, '그런 사회 문제는 복음의 진정한 관심사가 아니다'라고 주장하는 목회자의 이야기를 수없이 들었습니다.[2]

이어서 킹 목사는 그 목회자들에게 복음을 사회문제에 들이대야 한다고 호소한다.

> 교회가 대단히 강력했던 시절이 있었습니다. 당시 크리스천들은 스스로 믿는 바를 위해 고난당하는 걸 귀하게 여기고 기뻐했습니다. 그 무렵의 교회는 그저 여론의 각광을 받는 사상이나 원칙을 그대로 보여 주는 온도계가 아니라 사회의 관습을 바꾸는 온도조절장치였습니다. … 하지만 하나님은 전에 없이 교회를 심판하실 것입니다. 초대교회의 희생정신을 되잡지 않는다면 참다운 울림을 잃고, 허다한 이들의 충성을 빼앗기며, 20세기에 아무런 영향도 끼치지 못하는 무의미한 사교 클럽으로 전락하고 말 것입니다.[3]

성금요일 설교를 준비하면서 이 구절을 되풀이해 읽었다. 백인 크리스천 선대들이 보여 준 복음이 결핍된 행태가 새삼 아쉽고 서글펐다.

하지만 정직하게 돌아볼 필요가 있었다. 1960년대 버밍햄에 살았던 그 여덟 명의 목회자와 거리를 두고 싶은 마음이 간절할수록, 그이들이 보낸 편지에 박인 비복음적인 성향이 내 안에도 고스란히 도사리고 있음이 여실해졌다. 피부색과 문화, 사회적 유산과 역사가 같은 이들을 더 좋아하는 마음이 여실하기 때문이다. 어느 방에 들어섰을 때 나와 같은 인종이 둘러앉은 테이블과 다른 인종이 모여 앉은 테이블이 있다면, 본능적으로 같은 인종 쪽으로 움직일 게 뻔했다. 나와 비슷한 이들이 더 안전하고 편안하며 따라서 더 낫다는 사고방식이 심중에 자리 잡고 있는 게 아닌가 싶다. 뒤집어 말하자면, 나와 다른 이들은 덜 안전하고 덜 편안하며 덜 이롭다는 듯 처신하는 경향을 가졌다는 말이다. 단순해 보이는 그런 취향들과 지난날 선배 목회자들이 보였던 죄스러운 편견 사이의 틈새는 넓어 봐야 한 뼘이다. 그 나물에 그 반찬인 셈이다.[4]

성금요일 설교를 하면서 특정한 공통점을 기반으로 이편을 더 좋아하고 저편을 싫어하는 죄에 물든 성향이 내 안에 존재함을 고백했다. 더 나아가, 이 글을 쓰는 순간에도 마땅히 타는 듯 격렬한 심정으로 내 마음과 교회에 도사린 악한 성향과 싸워함에도 불구하고 그러지 못해 왔음을 솔직히 인정할 수밖에 없다. 이런 책을 쓰기에 여러모로 부적합하다고 자주 생각하지만 이번 장에서는 그 느낌이 유난하다. 인종이라는 구분선을 넘어 우정을 쌓고, 동반자 의식을 키우며, 앞장서 단단한 연대를 구축하려고 안간힘을 쓰기는 하지만, 그래도 여전히 스스로의 삶이나 몸담은 교회가 개선해야 할 점이 수두룩하다.

이민자 문제를 바라보는 우리 문화의 시각과 자세는 그러한 사실을 여지없이 드러낸다. 개인적으로 지금껏 미국에서 가장 엄격한 이민법 제정을 추구하는 주에서 일하며 살아왔다. 이른바 앨라배마 법에 대한 뜨거운 논란은 현재 미국에 불법체류 중인 1,200만에서 1,500만 명에 이르는 외국 이주민들을 둘러싼 뜨거운 논쟁에 불을 댕겼다. 인종이 다르고, 사용하는 언어가 다르며, 자라난 문화적 배경이 다른 남성과 여성, 아이들이 이웃에 함께 살아가고 있다. 교회가 갖가지 사역을 통해 조금씩이나마 그이들에게 다가서고는 있지만, 크리스천들은 시민권 투쟁 시절의 전철을 밟아 어리석은 죄를 짓지 않으려면 어찌해야 할지 깊이 생각하고 또 생각할 필요가 있다. 이주민들을 겨냥한 굵직굵직한 압박들을 살펴보면, 지난날 흑인들을 차별하던 백인들의 인종분리 정책과 별반 다를 게 없다.

복음은 그런 행위들을 배격한다. 크리스천이라면 하나님 은혜에 기대어 편견에 사로잡힌 오만한 행태를 스스로의 삶과 가정과 교회에서 몰아내도록 노력해야 한다. 인종과 관련한 모든 담론이 바뀌기 시작하는 출발점이 바로 이 지점이라 믿어 의심치 않는다. 더 나아가, 하나님이 주시는 지혜에 힘입어 이 나라의 책임 있는 시민으로서 이민법을 존중하면서도, 다른 한편으로는 긍휼이 넘치는 크리스천으로서 지역사회에 들어와 있는 이주민들을 사랑하는 심령을 가져야 한다. 30년 뒤면 지금 소수 그룹들이 다수를 차지하게 되어 있는 현실을 감안하면, 그리스도의 영광을 위해 다양한 인종과 문화에 복음을 적용할 방법을 찾아내야만 한다.

인류는 다채로운 피부색을 가진 한 가족

현대인, 특히 미국인들은 인종과 인종차별을 둘러싼 논란의 소용돌이 속으로 끊임없이 빨려 들어가고 있다. 어떻게 하면 인종 간의 긴장을 해소할지 대화를 시도하거나, 대규모 포럼을 열거나, 토론회를 후원하고 논의를 독려하거나, 글을 쓰거나 강연을 한다. 하지만 문제의 본질을 완전히 잘못 짚은 채로 해법을 찾는 데만 매달리는 건 아닐까? 복음은 이 문제에 대해서도 문화를 거스를 뿐만 아니라 인종에 얽힌 담론 자체를 통째로 바꾸고 있는 건 아닐까? 그동안 여러 사회문제들을 다루면서 출발점으로 삼았던 복음의 메시지를 곱씹어 보라.

창조주께서는 그 거룩한 형상대로 남자와 여자를 지으시면서 하나님 앞에서 동일한 존엄을 갖게 하셨다. 이미 설명한 대로, 남보다 나은 인간도 없고 못한 인간도 없다는 뜻이다. 인간은 누구나 하나님의 형상대로 창조되었다. 인류 역사를 물들인 말로 다할 수 없을 만큼 참담한 사건들은 이런 복음의 진리를 믿는 믿음이 부족한 데서 비롯된 일들이었다. 미국의 노예제도, 독일의 홀로코스트, 터키의 아르메니아인 학살, 르완다의 인종청소, 일본이 한국과 중국, 인도차이나, 인도네시아, 필리핀 등지에서 6백만 명에 이르는 주민을 학살한 사건 등은 제 민족이 다른 민족보다 태생적으로 우월하다는 사탄의 속임수에 지도자와 국민들이 놀아나면서 벌어진 참극이었다. 하지만 성경은 첫 장부터 모든 남자와 여자는 너나할 것 없이 하나님과 아주 흡사하게 지어졌다고 명료하게 가르친다.

창세기 1장이 토대를 놓았다면 10장은 그 폭을 확장해서 인류의 타락과 홍수 이후에 "족속과 언어와 지방과 나라대로"(창 10:31) 인류가 갈려 나갔다고 말한다. 하지만 이처럼 분화된 민족들의 선조를 거슬러 올라가 보면 한 가정(노아와 아들들)에 이르고 다시 한 쌍(아담과 하와)에 이른다. 신약성경에서 바울은 아테네의 철학자들 한 무리와 토론하면서 정확하게 이 사실을 염두에 두고 있다. "인류의 모든 족속을 한 혈통으로 만드사 온 땅에 살게 하시고 그들의 연대를 정하시며 거주의 경계를 한정하셨으니"(행 17:26).

그러므로 성경의 스토리 라인은 다양한 세상의 이면에 깔린 기본적인 통일성을 설명한다. 하나님은 태초부터 한 아버지와 한 어머니에서 출발하는 인간 가족을 설계하셨다. 이렇게 동일한 혈통에서 온 세상 방방곡곡에 흩어져 살면서 제각기 새로운 민족을 형성한 숱한 족속들의 다채로운 이야기가 갈려 나온다. 성경을 채 몇 장 넘기기도 전에, 피부색이 제각각이고 저마다 고유한 문화유형을 지닌 뭇 민족들이 등장해 인간의 지평을 수놓는 모습을 볼 수 있다.

이를 깊이 생각하노라면 의구심이 생길지 모른다. "그럼 아담과 하와는 무슨 인종이지?" 답은 간단명료하다. 그이들은 그저 '인간'이었을 따름이다.

당장 토를 달고 싶을 수도 있다. "아니, 그런 말이 아니라, 피부색이 어땠느냐고."

말이 떨어지자마자 두 가지 차원의 깨달음이 찾아온다. 첫째로, 물음에 답할 말이 없다. 거기에 관해 성경은 한마디도 언급하지 않기 때문이다. 서구에서 발간된 대다수 그림 성경들은 아담과 하와를 백인으로 그리지만 그런 어림짐작을 뒷받침할 만한 근거는 어디서도 찾을 수 없다. 굳이 설명을 붙이자면, 어떤 인종이든 다 될 수 있고 각기 다른 피부색을 가졌을 수도 있다. 아는 게 있다면 이뿐이다. 어쩌면 하와의 피부는 흙이나 뼈 빛깔이었을지도 모른다. 유전학적으로 보자면, 첫 인류의 피부색은 어두운 편이었을 가능성이 높다. 그편이 피부색을 좌우하는 우성 유전자인 까닭이다. 어찌 됐든, 성경이 입에 올리지도 않는 말을 동원해 다른 인간을 판단하고 또 왈가왈부하고 있다는 사실만큼은 분명하다.

둘째로, 이게 더 중요한데, 하나님은 인류의 구성원을 피부색으로 평가하지 않으시기에 아담과 하와의 낯빛이 무슨 색깔이었는지 일언반구 말씀이 없으셨다. 두 사람과 그 자손들의 피부색이 어떠하든지, 우리들에게는 세상의 온갖 문화를 아울러 다채로운 피부색을 가진 이들로 한 가족을 이루도록 하나님이 설계하신 DNA가 내장되어 있다.

이처럼 하나님 말씀은 피부색과 상관없이 인류의 뿌리는 하나임을 일깨운다. 너나없이 인류라는 가족을 이루는 구성원일 뿐이다. 우리 모두에게 같은 복음이 필요한 까닭이 여기에 있다.

복음이 빠진 출발점을 바꾸지 않으면

이러한 사실을 토대로 바라보면, 인종과 인종차별주의를 둘러싼 현대 문화의 논의들은 대부분 복음이 빠진 지점에서 출발하고 있음을 어렵잖게 감지할 수 있다. 서로 다른 '인종들'이라는 차원에서 다양성을 논하다 보면 자칫 인류의 통일성을 놓쳐 버리기 쉽기 때문이다. 이는 단지 말뜻을 헤아리고 분간하는 차원의 문제가 아니다. 그렇게 대화를 주고받다 보면 서로 상대방을 특정한 범주 안에 가두어 놓고 생각하게 된다. 서글프리만치 쓸모없을 뿐만 아니라 절대로 도달할 수 없는 목표다.

흔히 말하는 '인종'이라는 카테고리는 신체적인 특징에서 정체성을 찾는다는 점에서 다시없는 헛짓이다. '너는 흑인이고 나는 백인'이라는 식의 표현은 지극히 간단해 보이지만 그 속뜻은 피부색을 가리키는 수준에 머물지 않는다. 온전히 생물학적인 특성에 토대를 둔 고정관념과 가정을 한 보따리씩 거느린다. 상대방의 피부색이나 모발의 질감이 이러저러하면 긍정적이든 부정적이든(십중팔구는 부정적이지만) 성품이 이만저만하리라고 본능적으로 단정한다.

여기에 더하여, 보편적으로 사용하는 '인종' 구분은 정확하게 가르기 어려운 피부색을 가진 상대 앞에서는 무용지물이 되고 만다. 데릭(Deric)이라는 멋진 친구가 생각난다. 앨라배마 북부의 소읍에 살던 데릭의 어머니는 열일곱에 아기를 가졌다. 본인은 백인이었지만 아이의 아빠는 흑인이었다. 기가 막힐 노릇이었다. 무얼 어찌해야 할지 막막했다. 몇몇 가까운 친구들과 상의를 거듭하고 나서 결국 아기를 지우기로 결정했다. 다른 건 다 제쳐 놓더라도 동네 사람들이 뭐라고 하겠는가? 심지어 앨라배마 주에서 인종 간의 결혼은 1967년까지 불법이었다. 2000년에 국회의원들이 삭제를 의결하기 전까지는 "입법부는 백인과 검둥이, 또는 검둥이의 자손 간의 결혼을 인정하거나 합법화하는 법률을 절대로 통과시킬 수 없다"는 조항이 주 헌법에 시퍼렇게 살아 있었다.

  친구들과 함께 병원을 찾은 산모는 수술대에 누웠다. 의사는 진정제를 주고 나서 차근차근 질문을 시작했다. 하나씩 하나씩 네모 칸에 표시를 하다가 마침내 마지막 질문에 이르렀다. "아직도 수술받기를 원하십니까?" 잠시 생각에 잠겼던 산모는 진정제 기운이 돌고 있음에도 불구하고 자리에서 벌떡 일어나며 말했다. "아녜요! 싫습니다!" 의사도, 동행했던 친구들도 깜짝 놀랄 일이었다. 산모는 병원 문을 박차고 나갔고 몇 달 뒤에 데릭이 태어났다.

  그렇다면 데릭은 어떤 '인종'인가? 흑인인가? 백인인가? 아니면 양쪽 모두인가? 어떤 범주에 두어야 하며 어떤 가정을 세우고 접근해야 하는가?

  공동체마다 세계화를 경험하는 오늘날에는 그런 식의 분류가 더더욱 불가능해졌다. 가까운 친구이자 목회자로 이 주제를 폭넓게 연구해 책을 펴낸 타비티 얀야빌리(Thabiti Anyabwile)는 여러 해 동안 그랜드 케이맨(Grand Cayman)에 살았다. 흑인으로서 그는 '인종'이란 잣대로 인간을 구분하는 게 얼마나 허망한 짓인지 설명한다.

카리브 해 섬나라의 이발사는 나와 똑같이 생겼다. 입만 열지 않으면 영락없이 아프리카 출신 미국인으로 보인다. 하지만 말을 시작하면 자메이카 방언이 쏟아져 나와 아프리카 출신 미국인이 아니라는 게 분명하게 드러난다. 행정 업무를 도와주던 보조원 역시 자부심이 넘치는 자메이카인이지만 순백색 피부를 가졌다. 이발소에서 일하는 여성은 아내와 무척 비슷하다. 다들 아프리카 출신 미국인이나 케이맨 제도 토박이라고 여기지만 실제로는 온두라스 사람이다. 피부색(생물학)을 기준 삼아 인간을 인위적으로 분류하는 이런 사고방식은 대단히 어리석다. 그건 불가능하다. 혈통이나 민족을 가름하는 적잖은 현장에서 인종이라는 생물학적인 범주에 근거해 인간을 분류하려는 시도를 포기하는 현상이 벌어지는 까닭이 여기에 있다.[5]

두바이 같은 데서 복음을 전하면 어김없이 그런 느낌을 받는다. 친구가 목회하는 두바이의 복음주의 교회 식구들 앞에 섰을 때만큼 하늘나라와 비슷한 상황이 또 있을까 싶다. 적어도 70개국에서 온 이들이 한방에 가득 찬 장면을 마주한다면 어떨지 상상해 보라. 모임이 끝나고 교인들과 둘러앉아 이야기를 나누다 보니 인종적 뿌리가 얼마나 다양한지 겹치는 경우를 찾아보기 어려울 지경이었다. 피부색도 다르고, 문화적인 배경도 다르고, 억양도 다르고, 특질도 달랐다. 하지만 그 틈에 끼어 있다 보니 희한하게도 그이들(우리들이라고 말하는 편이 훨씬 낫겠다) 죄다 똑같아 보였다. 너나할 것 없이 뿌리를 캐들어 가면 아담에게 가 닿았다. 너나할 것 없이 하나님의 형상을 품고 있었다.

이런 출발점은 오늘날 우리 문화가 '인종'이라는 사회문제를 이해하고 다가서는 기준점과 정면으로 충돌한다. 일상생활과 단절된 추상적이고 사변적인 이슈가 아니다. 글을 쓰는 지금 이 순간에도 미주리 주 퍼거슨(Ferguson) 시에서 폭동이 일어났다는 뉴스를 보고 있다. 최근 '백인' 경찰관이 대로에서 영장도 없이 '흑인' 십 대 소년을 사살하는 사건이 발생했기 때문이다. 책이 출간될 즈음에는 이 일과 관련해 더 많은 사실들이 드러날 테고 어쩌면 이와 흡사한 또 다른 비극들이 재연될지도 모른다. 아무튼 우리 문화의 실상은 확연하다. 퍼거슨 시나 플로리다 주에서 벌어진 트레이번 마틴 사건(Trayvon Martin, 17세 흑인 소년이 히스패닉계 백인 방범대원의 총격을 받고 사망한 사건. 무고한 소년을 살해한 범인에게 정당방위를 인정해 흑인사회의 공분을 삼 - 옮긴이)과 같은 비극을 다루는 담론은 늘 '가르고 나누기'에서 출발한다. 인종을 기준으로 인간의 범주를 나누고 온갖 추측과 편견을 색깔에 실어 서로에게 '흑인' 또는 '백인'이란 딱지를 붙이는 까닭에, 심각한 인종 갈등이 빚어내는 긴장을 진지하게 토의하고 고민할 수 있는 힘을 뚝 떨어트린다. 출발점을 바꾸지 않는다면 이런 딱지들은 치명적인, 말 그대로 치명적인 결과와 마주할 때까지 끊임없이 이어질 것이다.

    분명히 말하지만, 다양한 민족들 사이에 뚜렷한 차이점들이 존재한다는 사실을 통째로 부정하려는 게 아니다. 그쯤은 굳이 성경적인 근거를 찾지 않아도 가만히 들여다보면 다 알 수 있는 일이다. 다만, 누구든 결국은 한 인류라는 복음 충만한 고백을 옹호할 뿐이다. 그리고 그게 엄연한 사실이라면, 훨씬 더 합리적인 출발점에 서서 우리 문화 안에 존재하는 서로의 차이점을 다룰 수 있다는 점을 강조할 따름이다.[6]

한결 유용한 카테고리, 민족

성경은 곧바로 독자들을 이끌고 인간의 다양성을 일깨우는 가르침으로 넘어간다. 창세기 10장의 말을 빌자면, 노아의 자손들은 '종족'을 이루고 갈려 나가 다른 '언어'를 사용하며 여러 '지역'에 흩어져 사는 '나라'들을 이루었다. 오랜 세월이 흐르면서 세계화가 점점 더 빨리 진행돼서 지금은 온 세상 남녀들이 대륙을 건너 이 도시, 저 도시로 몰려든다. 이제는 서로 다른 말을 쓰는 여러 민족이 한 지역에 어울려 사는 게 흔하디 흔한 일이 되었다.

'민족'이라는 개념이 대단히 유용해지는 게 바로 이 대목이다. 앞에서 꼽은 요소는 물론 그 이상을 포함하기 때문이다. 생물학적인 차원에 묶이지 않고 훨씬 유연해서 문화적, 언어적, 역사적, 더 나아가 종교적 속성까지 아우른다. 일반적으로 2백여 개 정도의 민족이 세상에 존재하는 걸로 알려졌지만 인류학자들은 세계적으로 수천(11,000개, 또는 16,000개라고 주장하는 이들도 있다) 갈래의 민족-언어 집단을 구분해 낸다. 보통 '민족 집단'이라고 부르는 이들은 민족성과 언어라는 두 가지 특성에 토대를 두고 같은 역사와 문화, 생활양식과 관습 따위를 공유하며 공통적인 자기 정체성을 갖는다.[6]

하지만 이런 카테고리는 지나치게 편협하지 않다. 어떤 민족 집단들은 다양한 언어를 쓰면서도 스스로 단일한 혈통을 지닌 민족으로 여긴다. 남 수단에 사는 딩카(Dinka)족만 해도 그렇다. 다섯 개의 전혀 다른 언어와 수많은 방언을 사용하지만 같은 민족이라는 정체성은 더없이 분명하다. 반대로, 같은 말을 하지만 혈통이 서로 다르다고 생각할 수도 있다. 중앙아프리카 동부의 투치(Tutsi)족과 후투(Hutu)족이 대표적인 본보기다. 공동의 언어와 문화를 가졌지만 지난 2천 년 동안 전혀 다른 사회 정체성을 지키며 살아왔다.[7]

미국의 경우를 보자면, 흑인, 백인, 황인을 포함하는 특정한 '인종'의 나라로 구분 짓는 게 사실상 불가능하다. 오히려 갈수록 다채로워지는 여러 민족 집단들이 모여 이룬 국가로 보아야 한다. 유럽에서 건너와 정착한 미국인(Anglo American)이 있는가 하면, 아프리카(African American), 라틴아메리카(Latin American), 아시아(Asian American)를 비롯해 수많은 지역 출신들이 한데 섞여 산다. 이런 범주들은 민족-언어적인 요소들을 기준으로 다시 여러 그룹으로 나뉜다. 다양한 역사를 가진 여러 지역에서 건너와 저마다 고유한 풍습과 언어를 간직한 민족들이 모여 이룬 나라임을 실감할 수밖에 없다.

지난 주말, 우리 교회의 한 소그룹에서 특별한 모임을 가졌다. 멤버들이 시내로 나가 오후 내내 여러 민족 집단 출신들을 찾아다니며 인사를 나눈 것이다. 세계 각국의 전통 음식을 파는 레스토랑, 시장, 여러 나라의 교민회, 대학 캠퍼스 등을 두루 돌아다니며 태국인, 필리핀인, 베트남인, 펀자브인, 구자라트인, 콜롬비아인, 살바도르인, 팔레스타인에서 온 아랍인, 요르단 출신 아랍인, 북예멘 아랍인, 모로코 아랍인들을 만났다. 고작 몇 시간이었지만 얼마나 많은 민족 집단과 마주쳤던지 여기에 꼽은 건 지극히 일부에 지나지 않는다. 피부색, 머릿결, 눈동자 색깔 따위만 가지고는 도저히 규정할 수 없는 다양한 사람들이 살고 있었다.

흑인과 백인이라는 카테고리를 버리고 인종과 인종차별을 논하면 수백 년에 걸친 압제의 역사를 마치 일어나지 않았던 일처럼 덮어 버리는 꼴이 되지 않겠느냐고 말하는 이들이 있을지 모른다. 천만의 말씀이다. 오히려 민족-언어학적인 특성들을 토대로 한결 의미 있는 대화를 나눈다면, 기초생물학에 매이지 않는 유연한 여러 요소들과 결합해서 오랜 시간 동안 이어진 압제의 역사를 더 생생하게 살려 낼 수 있을 것이다. 게다가 인종과 인종주의를 논의에서 한꺼번에 빼버리면 너나없이 같은 인종이 되는 셈이어서 인종차별주의라는 단어를 입에 올릴 때마다 '오만하고 편견에 사로잡힌 마음에서 비롯된 죄'라는 인종차별주의의 본질을 정확히 드러낼 수 있다. 그렇게 하노라면, 사방에 속속들이 배어든 다양성 속에서 복음이 어떻게 강력한 연합을 이루게 하는지 이해할 무대가 저절로 마련된다.

불가능을 가능으로 바꾸는 복음의 역사

여러 종족과 언어, 땅과 나라들을 소개한 뒤에 하나님 말씀은 곧바로 인간들에게 이기적인 교만과 인종적인 편견에 기우는 성향이 있음을 지적한다. 그런 오만은 첫 번째 가정에서도 또렷이 드러난다. 아담과 하와의 첫 아들 가인은 아우 아벨을 살해했다. 사건이 벌어진 직후, 하나님은 "사람의 죄악이 세상에 가득함과 그의 마음으로 생각하는 모든 계획이 항상 악할 뿐임을 보시고"(창 6:5) 마음 아파하셨다. 비슷한 부류의 사악함이 흘러넘쳐 민족 사이의 전쟁이나 종족 간의 갈등을 일으키는 장면을 성경 곳곳에서 볼 수 있다. 여러 민족들이 섞이면 섞일수록 서로를 미워하고 학대하는 사건들이 더 자주 벌어졌다. 성경과 인간사의 갈피갈피마다 인종적인 적대감을 천연스럽게 여기는 악한 정서가 가득하다.

하지만 똑같은 성경과 인류 역사는 한 장 한 장마다 온 민족 집단들을 향한 하나님의 열정 또한 선명하게 기록하고 있다. 뭇 민족들이 바벨에서 반역하고 등을 돌리는 창세기 11장이 끝나자마자 12장에서 하나님은 한 민족 집단을 불러 그분의 백성으로 삼으셨다. 주님은 이스라엘 족속에게 복을 주시겠다고 약속하셨지만 그분의 축복은 이스라엘 너머로 무한정 확장된다.

하나님은 말씀하신다. "땅의 모든 족속이 너로 말미암아 복을 얻을 것이라"(창 12:3). 구약성경은 이 약속을 수없이 되풀이한다. 하나님은 만 백성으로 하여금 주님의 위대하심을 찬양하고 은혜를 경험하게 하길 원하신다는 소망을 거듭 선포하신다(시 96편 참조).

뿐만 아니라 주님은 이스라엘 족속에게 백성들 가운데 들어와 있는 다양한 민족들을 어떻게 대할지 규정된 법을 주셨다.[8] 수백 년에 걸쳐 이집트에서 종살이를 했던 이스라엘 민족에게 하나님은 명령하신다. "너는 이방 나그네를 압제하지 말며 그들을 학대하지 말라. 너희도 애굽 땅에서 나그네였음이라"(출 22:21). 그리고 곧바로 제4장에서 이미 살펴본 대로 고아와 과부에게 정의를 베풀라는 말씀이 이어지는데, 여기서 하나님은 스스로 "나그네를 사랑하여 그에게 떡과 옷을 주시"(신 10:18)는 분이심을 밝히고 거룩한 백성들에게 나그네를 사랑하라고 명령하신다.

다른 한편으로는, 선지자를 통해 선택하신 백성들의 폭력과 강탈을 맹렬하게 꾸짖으신다. "이 땅 백성은 포악하고 강탈을 일삼고 가난하고 궁핍한 자를 압제하고 나그네를 부당하게 학대하였으므로"(겔 22:29. 렘 7:6, 슥 7:10 참조).

본문에 '나그네'로 해석된 히브리어는 사실상 '이주민'으로 이해하고 풀어야 한다. 가족과 고향에서 멀리 떨어진 채 불안정한 신분으로 살아가는 외국인들에게는 토박이들의 도움이 절실하다. 하나님은 이들을 각별히 가엾게 여기시며, 성경은 종종 고아와 과부를 다루면서 나그네, 또는 이주민들까지 한데 아우른다. 구약성경은 하나님을 '나그네를 지켜 주시는' 분으로 자주 설명한다.

신약성경을 보면, 세상에 오신 예수님은 곧장 나그네 신세가 되셨다. 태어나자마자 베들레헴의 정치 상황이 끔찍하게 돌변하는 바람에 온 가족이 이집트로 내려갔고 거기서 여러 해 동안을 외국인 신분으로 살아야 했다. 고향으로 돌아와 공생애를 시작하신 주님은 처음부터, 로마를 몰아내고 이스라엘을 재건할 유대인 메시야를 기다리던 이스라엘 족속의 민족적 자부심을 치밀하게 뒤엎으셨다. 예수님은 사역의 주안점을 "이스라엘 집의 잃어버린 양"(마 15:24)에 두시면서도 결정적인 순간마다 민족의 경계를 넘어 가나안 사람과 사마리아인, 그리스인과 로마인들을 사랑하고 섬기고 가르치고 고치며 구원하셨다.[9] 그게 전부가 아니다. 십자가에 달려 돌아가시고 무덤에서 다시 살아나셨을 뿐만 아니라 "그의 이름으로 죄 사함을 받게 하는 회개가 예루살렘에서 시작하여 모든 족속에게"(눅 24:47) 전파되게 하라고 명령하셔서 제자들을 충격의 도가니로 몰아넣으셨다. 예수님은 이스라엘만의 구원자이자 주님으로 오신 게 아니라 만백성의 구세주요 주인으로 오셨다.

이러한 깨달음은 교회가 세워질 당시, 인종의 벽을 넘어 연합을 이루는 토대가 되었다. 1세기에는 유대인들과 이방인(비유대인) 사이에 문화적인 분열의 골이 깊었다. 하지만 막상 교회사의 뚜껑이 열리자 이방인들이 예수님을 믿기 시작했다. 유대인들로서는 놀라운 일이었다. 처음엔 유대인 크리스천들조차도 어떻게 반응해야 할지 갈피를 잡지 못했다. 이방인 크리스천들을 받아들여야 하는가? 그렇다면 그이들에게도 유대인의 관습을 따르도록 요구해야 하는가? 결국 이방인들을 끌어안기는 했지만 기껏해야 2등 크리스천쯤으로 여기는 게 고작이었다.

이런 분위기에서 바울은 이방인 크리스천들에게 말한다.

> 그때에 너희는 그리스도 밖에 있었고 이스라엘 나라 밖의 사람이라. 약속의 언약들에 대하여는 외인이요 세상에서 소망이 없고 하나님도 없는 자이더니 이제는 전에 멀리 있던 너희가 그리스도 예수 안에서 그리스도의 피로 가까워졌느니라. 그는 우리의 화평이신지라. 둘로 하나를 만드사 원수 된 것 곧 중간에 막힌 담을 자기 육체로 허시고(엡 2:12-14).

그러고는 다시 한 번 다짐을 둔다. "이는 그로 말미암아 우리 둘이 한 성령 안에서 아버지께 나아감을 얻게 하려 하심이라. 그러므로 이제부터 너희는 외인도 아니요 나그네도 아니요 오직 성도들과 동일한 시민이요 하나님의 권속이라"(엡 2:18-19).

서로 다른 인종 그룹을 한데로 묶는 복음의 독특한 권능을 근사하게 설명한 말씀이다. 참으로 논리에 맞는 일이다. 그렇지 않은가? 태초에 죄는 인간과 하나님, 그리고 인간과 인간을 갈라놓았다. 인종적인 오만과 편견의 뿌리에는 이런 죄가 도사리고 있다. 그리스도는 십자가를 지심으로써 죄를 정복하고 인류가 그 손아귀에서 벗어나 하나님과의 관계를 회복할 길을 여셨다. 사람들끼리 서로 화해할 길도 동시에 열렸다.

그리스도를 따르는 제자들은 한 '아버지'를 둔 한 가정의 가족이다. 인종의 차이를 토대로 '사람 사이를 가르는 담'은 완전히 허물어졌다.

성금요일, 식스틴스 스트리트 침례교회에 모인 성도들에게 이 영광스러운 진리를 선포했다. 예배당 안에는 각양각색의 크리스천들이 자리를 메우고 있었다. 개중에는 폭탄이 터지던 순간, 현장을 지켰던 이들도 있었다. 그이들로서는 내 하얀 얼굴을 보면서 지난날 어린아이들의 목숨을 앗아 간 범인들과 똑같은 유형의 인간이라고 생각할 수도 있었다. 하지만 하나님의 은혜로 그런 일은 일어나지 않았다. 감사하게도 두렵고 참혹한 역사에 묶이지 않으면서 특정한 색깔에 집착하지 않는 성품을 가진 그리스도를 통해 맺어진 형제로 봐주었을 따름이다. 복음이 아니었더라면 어림도 없었을 장면이다.

차이에 기대어 하나 됨의 기적을 누리라

하지만 착각하지 말라. 성금요일 모임에 모였던 청중들, 특히 흑인들에게 지난날 내가 속한 민족 집단이 저질렀던 악행의 역사를 잊어버리거나 우리 사이의 차이점을 무시해야 한다고 얘기하는 게 아니다. 워싱턴 행진(March on Washington)이 절정에 이르렀을 무렵, 마틴 루터 킹 주니어 목사는 링컨기념관(Lincoln Memorial) 계단에 서서 외쳤다. "내게는 꿈이 있습니다. 내 어린 네 자식들이 언젠가는 피부색이 아니라 됨됨이의 내용으로 평가받는 나라에 살게 되는 꿈입니다."[10] 손꼽히는 명연설이었다. 그날 이후로 우리 문화 속에 이른바 '색맹사회'(color-blind society)를 부르짖는 이들이 등장했다. 마치 아무런 차이가 없는 듯 살자는 주장이다.

하지만 복음은 그렇게 가르치지 않는다. 복음은 인종적으로, 문화적으로, 역사적으로 명확하게 구분되는 차이가 있다는 점을 부정하지 않는다. 이런 차이점들을 피상적인 수준으로 보지도 않는다. 대신에, 하나님이 모든 남자와 여자를 그분의 거룩한 형상대로 지으셨다는 말씀으로 시작해서 종족과 지역에 따라 인간을 다양하게 하셔서 저마다 다른 민족 집단 속에서 하나님의 영광을 창조적으로 반영하는 존재가 되게 하셨다고 설명한다. 이처럼 복음은 다양성의 미덕을 집중 조명하면서 인간을 독특하게 만드는 요소들을 최대한 억제해야 연합을 이루기 쉽다는 문화의 착각과 오류에 맞선다. 오히려 인종의 구별을 기리고, 문화적 차이를 소중히 여기며, 심지어 역사적인 다양성을 인정해서 끔찍하리만치 해로운 과거사의 흔적들을 용서하기까지 하도록 몰아간다.

그동안 인종적으로 나와 다른(특히 반감을 품을 만한 역사적 이유를 가진) 교회의 목회자, 또는 교인들과 친구요 동역자로 어울려 사역하면서 특별한 기쁨을 누려 왔다. 토네이도가 지역사회를 짓밟고 지나갔을 때도 힘을 모아 일했다. 온 나라가 비극적인 현실과 울부짖음에 사로잡혀 있는 시기에 함께 기도했다. 여러 교회와 집회, 행사들에서 같이 말씀을 전했다. 손을 맞잡고 주위의 가난한 이들과 과부와 고아들을 돕는 구체적인 활동들을 펼쳤다. 나와 다른 형제자매들에게서 많은 걸 배웠다. 우정이 깊어지고 동역의 폭이 넓어질수록 서로 다르다는 사실에 깊이 감사하는 마음을 품게 되었다.

범위를 좀 더 넓히면, 스티브 세인트(Steve Saint)가 민카이(Mincaye)와 어깨를 나란히 하고 무대에 올라 복음을 통해 하나님이 보여 주신 은혜를 간증하는 장면이 가장 먼저 떠오른다. 에콰도르 정글에 사는 와오라니(Huaorani)족 전사인 민카이는 오래 전, 스티브의 아버지를 살해했다. 스티브의 선친 네이트 세인트(Nate Saint)는 민카이를 비롯한 부족민들에게 복음을 전하려다 죽음을 맞았다. 하지만 이제 민카이는 그리스도의 제자이자 스티브의 친구가 되었다. 둘이 손을 맞잡고 있지만 한쪽은 양복을 입었고 다른 한편은 부족의 전통 의상을 입었다. 한쪽은 영어를 쓰고 다른 한편은 원주민의 말을 한다. 한쪽의 아버지는 죽었고 다른 한편은 창으로 찔러 죽였다. 이 둘은 애당초 그런 게 없었던 것처럼 차이를 아예 제거하는 대신, 차이를 뛰어넘어 그리스도 안에서 하나가 되게 하는 복음의 능력을 옹글게 보여 준다.

"유대인이나 헬라인이나 종이나 자유인이나 남자나 여자나 다 그리스도 예수 안에서 하나이니라"(갈 3:28)라는 말씀의 참뜻이 여기에 있다. 킹 목사의 말을 '차이는 중요하지 않다'는 식으로 오해하는 이들은 이 본문도 엉뚱하게 풀이한다. 차이는 중요하다. 저마다의 특성은 의미심장하다. 성적인 차이, 문화적인 차이, 인종적인 차이를 통해 배우고 또 찬양해야 할 점이 얼마나 많은지 모른다.

내 삶에 깊은 영향을 준 이들을 되짚어 보면, 다른 인종이 적지 않다. 참으로 감사한 일이다. 핍박받는 교회의 아픔을 처음 알려 준 친구는 남 수단인 제니퍼(Jennifer)였다. 혹독한 고난 속에서 기뻐한다는 게 무언지 예전과는 완전히 다른 관점에서 생각하게 되었다. 못살게 굴고 괴롭히는 이들에게 복음을 전하고 싶어 안달하는 모습을 보면서 인종의 경계를 넘어 원수를 사랑하는 법을 배웠다. 중동 여성인 파티마(Fatima)도 생각난다. 온 가족이 나와 내 일행을 반가이 집안에 들여서 성경이 말하는 손 대접의 모범을 보여 주었다. 크리스천이 되는 것 자체가 불법인 국가에서 그리스도의 제자가 된 파티마는 문화 속에서 주님을 겸손하면서도 담대하게, 그리고 지혜롭게 찬송하는 게 무언지를 삶으로 보여 주었다. 아시아 어느 나라의 부부 지안과 린도 마찬가지다. 처음 만났던 날 점심 한 끼를 대접받았다. 닭 한 마리를 통째로 넣고 맵게 삶아 낸 요리였다. 지안과 린이 살아가는 이야기를 듣는 동안, 하나님은 그이들의 소박한 삶과 교회를 섬기는 헌신적인 리더십을 사용하셔서 내 삶과 목회 리더십의 문화적인 맹점을 적나라하게 드러내셨다.

이처럼 인종은 다르지만 내 삶에 지워지지 않는 흔적을 남긴 이들을 꼽으라면 끝없이 말을 이어 갈 수 있다. 그이들이 미친 영향을 종합적으로 헤아려 볼 때마다 '차이에도 불구하고'가 아니라 '차이에 기대어' 나를 빚어 주었음을 실감한다. 결국은 이 모두가 복음에 나타난 하나님의 선하심을 지목해 보여 준다. 갈라디아서 3장 말씀에 따르면, 크리스천이라면 누구든지 인류를 다양하게 설계하신 하나님의 뜻과 솜씨를 그리스도 안에서 온전히 경험할 수 있기 때문이다.

우리 속의 나그네를 돌아보라

복음은 백인과 흑인이 서로를, 또는 다른 나라 사람들을 바라보는 시각뿐만 아니라 그리스도의 제자들이 주위에 사는 이주민들을 지켜보는 관점에도 영향을 주었다. 신약성경이 가르치는 그리스도 십자가의 참뜻을 명확하게 파악하고 거기에 비추어 구약성경을 훑어보면, 현대 문화 속에서 살아가는 수많은 크리스천들이 이주민을 바라보는 눈길이 과연 타당한지 의문을 품을 수밖에 없다. 정치권은 인종 문제에 무지하고 대중들은 살기에 바빠 가까이 들어와 있는 나그네들에 관심을 두지 않는다. 러셀 무어(Russell Moore)는 이주민 이웃들을 향한 크리스천들의 반응은 외국어로 적어 놓은 '출입금지' 팻말이나 다름없다고 지적한다.[11] 하지만 성경의 하나님은 과부와 고아 못지않게 특별한 관심을 나그네들에게 쏟고 계시며 그리스도의 십자가는 인종의 경계를 넘어 손을 내밀라고 요구하신다. 그 점을 감안한다면, 하나님의 백성들은 외국에서 건너와 곁에 머물게 된 이주민들에게 얼마나 더 큰 관심을 쏟아야 할지 곱씹어 볼 필요가 있다.

샘(Sam)과 루카스(Lucas)의 경우를 생각해 보자. 둘은 멕시코 출신이다. 그야말로 찢어지게 가난해서 아내와 자식을 먹여 살릴 수가 없었다. 하루는 친구가 찾아와서 미국으로 들어갈 길이 있다고 속삭였다. 거기 가서 일자리를 얻고 돈을 벌어서 고향으로 보내면 남은 식구들이 넉넉하게 먹고살 수 있지 않겠냐는 얘기였다. 선택의 여지가 없었다. 둘은 함께 떠나기로 했다. 아내와 아이들과 작별하고 친구들과 함께 길을 나섰다.

몇 주 뒤, 일행은 낡아빠진 SUV 차량 짐칸에 올라탔다. 바닥에 납작 엎드려 담요를 뒤집어쓴 채로 덜컹덜컹 시골길을 내달았다. 그렇게 얼마를 달렸을까? 트럭은 유명한 레스토랑 뒤편, 쪽문 앞에 도착했다. 잠시 후, 거만하게 생긴 식당 주인이 밖으로 나왔다. 기사와 외국어로 몇 마디 주고받은 다음 돈을 집어 주었다. 그러곤 SUV의 뒷문을 열어 젖혔다. 담요를 홱 벗기더니 어서 내리지 못하느냐고 소리를 질렀다.

식당 뒤에 딸린 방으로 들어가 앉자 간단한 요깃거리가 나왔다. 밥을 먹는 동안에 주인은 샘과 루카스에게 앞으로 할 일을 설명했다. 설거지와 테이블 정리가 둘의 몫이었다. 숟가락을 놓기가 무섭게 주인은 둘을 승합차에 싣고 허름한 집으로 데려갔다. 철문이 굳게 닫혀 있고 층마다 마루의 높이가 달랐다. 처지가 고만고만한 다른 노동자들 여럿과 함께 쓸 숙소였다. "아침 열시에 데리러 오겠어, 알겠지?" 주인은 그 한마디를 남기고 갔다. 둘은 이렇게 새로 살 집에 첫발을 디뎠다.

샘과 루카스의 새 생활이 시작됐다. 날이면 날마다 숙소와 레스토랑 사이를 오가며 자고 일하기를 다람쥐 쳇바퀴 돌 듯 되풀이한다. 온갖 매스컴에 오르내리는 각계각층의 다양한 손님들이 들락거리는 유명한 식당이었다. 하지만 끊임없이 밀려들었다 밀려나 가는 이들 가운데 단 한 명도 샘과 루카스가 어떤 존재들인지 몰랐다. 심지어 그런 이들이 있는지조차 감지하지 못했다. 둘은 여전히 가난했다. 월급을 받으면 대부분 고향집에 보내고 선술집에 가서 대포 몇 잔 마시고 여자를 사는 걸로 외로움을 달랬다.[12]

한 점 거짓 없는 사실이기는 하지만, 이주노동자들에 대한 고정관념을 주려는 뜻은 없다. 식당에서 설거지를 하는 라틴아메리카 출신들의 사연이 다 그렇다는 얘기는 결단코 아니다. 국내에 들어와 있는 이주노동자들의 고단한 삶이나 그이들을 보살피고 필요를 채우는 일의 어려움을 지나치게 단순화하려는 의도도 없다. 마지막으로, 불법체류자들이 실제로 이곳에서 일으키고 있는 법률적인 문제에 포괄적인 답을 내놓을 마음도 없다.

목표가 있다면, 복음의 메시지에는 이주민 문제, 특히 샘과 루카스 같은 불법체류자 문제를 해결할 실마리가 담겨 있음을 보여 주려는 게 전부다. 정치적 토론과 개인적인 의견차가 뒤엉키는 가운데서도, 복음은 이주민(합법적인 이민자든 불법체류자든) 문제를 논하려면 무엇보다 먼저 그이들이 하나님의 형상대로 지음받았으며 은혜의 줄에 매인 인간들임을 알아야 한다고 지적하신다. 결국, 크리스쳔들은 이주민들을 풀어야 할 숙제가 아니라 사랑해야 할 대상으로 파악해야 한다는 말이다. 복음은 불법이나 합법을 가리지 않고 우리 문화 속에서 이민자들을 향해 보내는 모든 형태의 억압과 착취, 편견, 학대를 맹렬히 비판하라고 요구한다. 그리스도는 바로 그이들을 위해 돌아가셨다. 이주민 한 명 한 명은 더도 덜도 없이 우리와 똑같은 존엄을 가진 존재들이다.

마찬가지로, 그 가족들도 우리 식구만큼 중요한 존재들이다. 샘과 루카스의 경우에서 보듯, 수많은 불법체류자들이 그럴 만한 이유가 있어서 국경을 넘는다. 고국의 끔찍한 정치경제적인 상황을 견디다 못해 식구들을 먹여 살리려고 도망쳐 오는 것이다. 더러는 국내에 들어온 뒤에 비로소 가정을 꾸리기도 한다. 그리스도의 제자이자 다섯 아이(셋은 미국 시민권자다)의 아버지인 히카르도(Ricardo)가 생각난다. 20여 년 전에 밀입국한 히카르도는 오랜 세월을 한결같이 열심히 일하면서 가족들을 부양하고 공동체를 섬겼다. 하지만 멕시코의 고향 마을로 돌아가려면 일을 그만두어야 하고 식구들은 다시 극심한 가난에 시달릴 것이다. 빠져나갈 길은 가족을 둘로 쪼개서 '합법적인 신분'을 가진 세 아이는 이웃의 손에 맡겨 두고 떠나는 방법뿐이다.[13] 복음은 법률적인 지위와 상관없이 이주민들의 인격적인 존엄을 존중하라고 요구하는데 그치지 않고 법률적인 지위와 상관없이 그이들의 가족이 흩어지지 않도록 지켜 주라고 엄중히 명령한다.

노동시장의 현실을 감안하면 시대에 뒤떨어진 게 분명한 법령들이 상황을 복잡하게 만들고 있다. 여기에 법 집행마저 선별적으로 이뤄지고 있다. 개인적으로 어떤 정치 성향을 가지느냐를 떠나서 이런 시스템을 개혁해야 한다는 데는 이견의 여지가 없다. 앞서 상세히 살펴본 것처럼, 복음은 이 영역에서 대해서도 침묵하지 않는다. 성경은 정부의 존재 목적이 하나님의 권세 아래서 국민들의 이익을 보장하기 위해 법을 제정하고 집행하는 데 있다고 정확하게 가르친다(롬 13:1-7 참조).

정부의 우산 아래서 사는 시민인 우리는 하나님 앞에서 이주민 문제를 처리하는 공정한 법을 제정하고 집행하도록 함께 노력해야 할 책임이 있다. 여기에는 다른 규정들과 함께 국경을 단단히 지키고, 기업 소유주들이 고용 관행의 질서를 잡고, 꼬박꼬박 세금을 내는 자국민의 이익을 보장하는 조항들이 포함되어야 한다. 하지만 다른 한편으로는, 정부의 그늘 아래 사는 시민으로서 하나님 앞에서 이민자를 억압하는 불공정한 법률에 항거하며 폐지시키기 위해 힘을 모을 의무가 있다.[14] 둘 중 어느 한쪽이라도 소홀히 한다면 복음과 보조를 맞추지 못하고 불의가 뿌리내리는 빌미를 줄 것이다.

쉽게 답을 찾을 수 있으리라고 생각지 않는다. 복음은 크리스천들에게 이런 문제들을 붙잡고 씨름하라고 주문한다. 개인적인, 또는 정치적인 입장이 어떠하든지 지금 이웃에 대해 이야기하고 있다는 현실에서는 아무도 도망칠 수 없으며 예수님은 분명히 이웃을 사랑하라고 명령하셨다. 하나님의 주권적인 역사에 힘입어 합법이민이든 불법체류든 이주민들이 주위에 살고 있는 한(행 17:26-27 참조), 그이들을 제 몸처럼 사랑해야 한다는 데는 두말이 필요 없다(눅 10:25-37 참조).

겁을 먹고 한쪽으로 비켜서는 대신

애리조나 주에서 목회하는 타일러(Tylor)라는 친구가 있다. 이주민들이(상당수는 밀입국한 불법체류자) 물밀 듯이 지역사회로 밀려들고 관련법을 강화하는 방안을 둘러싼 논의가 끊이지 않는 상황에서, 타일러와 교인들은 이 이슈에 개입하며, 복음이 가르치는 따뜻한 마음을 품고 새 이웃들을 보살피기로 결정했다. 우선 다채로운 사역을 통해 먹을거리와 옷을 제공했다. 그러자 자연스럽게 남녀노소 이주민들과 인격적인 관계가 형성되었다. 이주노동자들을 사랑하는 데 그치지 않고, 그이들과 그 가정에서 깨달음을 얻고 새로운 사실을 배울 또 다른 길들이 열린 것이다. 당연히 더 많은 시간과 자원이 필요해졌지만 타일러의 말을 빌자면, "금세 더 많은 이들이 동참해서 더 많은 음식을 내놓았으며 삶을 더 많이 드리기" 시작했다. 결국 라틴아메리카에서 건너온 이웃들을 위한 커뮤니티센터를 세우기에 이르렀다. 지금은 영어교실, 방과 후 학교, 생활기술훈련, 성경공부 교실을 비롯해 여러 프로그램들이 일주일 내내 빈틈없이 돌아가고 있다. 뿐만 아니라, 라틴아메리카 이주민 교회와 손을 잡고 이주노동자센터를 운영하기 시작했다. 예전 같으면 고용주의 학대에 시달리거나 월급을 뜯기기 일쑤였던 이들이 보호를 받게 된 것이다.

라틴아메리카 이주민들을 위해 뛰다 보니 자연스럽게 지역사회에 들어와 있는 소말리아 반투족과 우즈베키스탄 난민들에게도 눈길이 갔다. 끝내는 수백 명의 교인들이 뛰어들어 공항에서 반갑게 맞아들이고, 일대일로 안내하고, 생활훈련과 직업훈련 기회를 제공하고, 후원금을 모아 난민들이 스스로 식당을 열게 하는 따위의 일들을 해내고 있다.

타일러 목사는 이런 사역들을 하는 가운데 "예수님에 관해 이야기할 기회가 쉴 새 없이" 찾아온다고 말한다. "하나님이 삶을 변화시키는 모습을 보고 있노라면 얼마나 행복한지 모릅니다." 물론, 쉽기만 한 건 아니다. 타일러는 말한다. "많은 분들이 사역에 힘을 보태 주고 있지만 교회 안팎에서 적잖은 비판과 마주하는 것도 엄연한 사실입니다. … 이주민 공동체들을 지원해서 지자체의 교육과 의료 시스템을 부실하게 만들고 재정을 고갈시킨다고 손가락질하는 거죠. 불법체류자들이 성폭행과 살인 같은 강력범죄를 저지른다는 비난도 있습니다."

타일러 목사를 보며 참 대단하다 싶은 점은 그런 비판을 귀 기울여 듣고 깨달음을 얻는다는 사실이다. "타당한 우려를 보이는 점잖은 분들의 비판을 경청하는 게 중요하다는 걸 알고 있습니다. 특히 우리 사역이 공동의 이익과 충돌한다고 지적하는 분들의 목소리를 경청해야 합니다. 그분들의 염려에 일리가 있다는 판단이 들면 적절히 반응하고 조정할 필요가 있습니다. 하지만 오해에서 비롯된 걱정이라면 이편의 의도를 명확하게 밝히고 주님이 시키신 사역을 계속해 나가면 됩니다."[15]

우리 문화 속에서 이런 사역을 하는 이들은 이만한 도전을 피할 도리가 없다. 그래서 더욱 타일러 목사와 그 교회를 보면서 무릎을 치게 된다. 그들은 겁을 먹고 한쪽으로 비켜서는 대신, 비판에 직면할 때마다 커다란 대가를 치러 가면서 오늘날 긴급한 사회문제에 복음을 적용했다. 이주민 문제에 대한 타일러 목사와 교인들의 대응이 완벽하진 않았을지 모른다. 하지만 하나님의 형상대로 지음받은 수많은 남자와 여자, 어린 아이들이 그 교회 식구들에게 깊이 감사하고 있다는 점만큼은 누구도 부인할 수 없을 것이다.

인종적인 편견에 맞설 용기를 내라

인간은 너나없이 본질적으로 이주민이다. 여러 해 전에 미국으로 건너온 선조들 얘기를 하자는 게 아니다. 크리스천이 된다는 게 무얼 의미하는지 그 본질을 짚을 따름이다. 성경은 그리스도를 믿는 이들을 '더 좋은 곳을 동경'하며 '하늘의 고향', 곧 '장차 올 도시'를 추구하는 '나그네와 거류민'이라고 풀이한다(벧전 2:11, 히 11:13-14, 16, 13:14). 달리 말해서, 크리스천은 지상의 나그네들이며 이주민의 삶 속으로 더 깊이 들어갈수록 복음을 더 정확히 헤아리게 된다.

역사를 돌아보면 크리스천들은 안타깝게도 복음이 어떻게 다양한 인종들을 바라보고 사랑하는 방식에 영향을 미치는지 제대로 파악하지 못했음을 알 수 있다. 역사가들이 우리 시대의 교회들에 관해서도 똑같은 기록을 남기지 않기를 바라고 기도할 따름이다. 그리스도의 몸을 이루고 있는 지체들은 장차 다가올 나라의 다문화권 시민들이기도 하다. 이러한 사실은 끊임없이 변화하는 땅 위의 나라에서 살아가는 방식을 완전히 바꿔 놓는다.

복음을 통해 보여 주신 하나님의 순전한 은혜에 기대어 저마다의 마음과 문화 양편에 도사리는 이기적인 교만과 인종적인 편견에 맞서야 한다. 다른 건 제쳐 놓더라도, 우리가 속해야 할 문화의 양상은 이와 전혀 다르기 때문이다. 오히려 크리스천은 "각 나라와 족속과 백성과 방언에서 아무도 능히 셀 수 없는 큰 무리"(계 7:9)가 구원받은 한 민족으로 나란히 서서 나그네나 거류민이 아니라 아들과 딸로 삼아 주신 아버지께 영광 돌릴 날을 고대하며 살아가는 법이다.

문화를 거스르는 '카운터 컬처'의 첫걸음

기도하라

하나님께 구하라.

- 모든 크리스천들의 눈을 열어서 이기적인 교만과 죄에 물든 편견을 보게 하시며 깊이 회개하게 해 주세요.
- 이주민과 그 가족들을 지켜 주시고 필요를 채워 주시며 그이들이 가는 길에 여러 믿음의 식구들을 붙여 주셔서 보살핌을 받게 해 주세요.
- 나라의 지도자들에게 지혜를 주셔서 이주민 문제를 슬기롭게 처리하게 해 주세요.

참여하라

기도하면서 다음 단계를 차근차근 밟아 나가라.

- 교회 지도자들과 상의해서 다른 인종 출신이 많은 교회들과 동역할 수 있는 방안을 찾아보라.
- 외국인 유학생을 비롯해 다른 문화권에서 온 이들 가운데 절대다수가 우리나라 사람들의 가정을 깊숙이 들여다볼 기회가 없음을 헤아리고 그이들에게 기꺼이 집을 개방하라.
- 지역사회에 들어와 있는 이주민들을 돕는 사역을 시작하라. 음식

과 잠자리를 제공하고 언어를 빨리 익히도록 도우라. 복음을 선포하는 게 무엇보다 중요하다.

선포하라

다음과 같은 성경의 진리들을 깊이 묵상하라.

- 인류의 모든 족속을 한 혈통으로 만드사 온 땅에 살게 하시고 그들의 연대를 정하시며 거주의 경계를 한정하셨으니(행 17:26).
- 너희는 나그네를 사랑하라. 전에 너희도 애굽 땅에서 나그네 되었음이니라(신 10:19).
- 너희는 유대인이나 헬라인이나 종이나 자유인이나 남자나 여자나 다 그리스도 예수 안에서 하나이니라(갈 3:28).

9.
복음과 신앙의 자유

"기독교는 관용이 부족해"

사람에게는 관용하되
믿음에서는 불관용하라

'섬뜩함.' 멀찌감치 떨어져 있기는 했지만, 무기를 손에 잡은 채 멀찌감치 떨어져 서서 이편을 똑바로 쏘아보던 북한군 병사들을 생각할 때마다 이 단어가 떠오른다.

그날, 난 비무장지대에 있었다. 보통 DMZ라고 부르는데, 한반도를 남과 북으로 가르는 좁은 땅덩어리를 가리킨다. 길이는 250킬로미터, 너비는 4킬로미터 정도로 한국과 북한, 그리고 양국 동맹국 사이의 완충지대 역할을 한다. 비무장지대라는 말이 무색하게도 이곳은 세계에서 가장 막강한 화력이 대치한 경계선이다.

흔히 공동경비구역(JAS)이라고 부르는 지역으로 들어갔다. 비무장지대를 통틀어 유일하게 남북의 병사가 서로 얼굴을 마주하는 곳이다. 오래전에 남북 양국은 이 작은 마을을 협상 장소로 지정했다. 마을 한복판에 국제회의가 열리는 공간이 있다. 푸른색으로 칠해진 자그마한 건물이다. 안으로 들어가자 협상 테이블이 나타났다. 정중앙으로 하얀 선이 지나가고 있었다. 공식 회담이 열리면 한쪽에는 남측 대표들이, 다른 한편에는 북측의 당국자가 자리를 잡는다.

건물을 나서자 경계선 너머에 우뚝 선 북한군 병사들의 날카로운 시선이 날아왔다. 매서운 눈길로 우리 일행의 일거수일투족을 좇고 있었지만 그때도 그다지 섬뜩하진 않았다. 정말 소름이 끼쳤던 순간은 그 군인들 뒤편에서 살아가는 백성들, 특히 크리스천들에 생각이 미쳤을 때다. 모골이 송연해졌다.

북한은 인권 지수가 바닥을 헤매기로 널리 알려진 나라다. 식량 부족, 강제 노역, 성폭력, 조직적인 고문, 공개 처형 따위가 이 공산주의 국가의 실상을 여실히 보여 준다. 북한 당국은 특히 신앙을 지키는 이들을 잡아들여 신념을 포기하지 않고서는 살아 나올 수 없는 이른바 '관리소'에 집어넣는다고 한다. 크리스천들이 가장 가혹하게 탄압받는 세계 50개국을 꼽아 순위를 매기는 워치 리스트(World Watch List)에서 북한은 오랫동안 1등 자리를 지켰다. 성경을 소지하거나 남한, 또는 중국 크리스천들과 접촉한 혐의가 있는 북한인은 총살형을 받는다. 북한 경찰관들은 탈북자로 위장하고 중국 전역의 교회들에 침투해서 북한 교회와 연결이 있는지 확인하는 훈련을 받는다. 북한 크리스천들을 색출해 살해할 목적으로 가짜 기도 모임까지 연다.

두말할 것 없이, 북한에는 종교의 자유가 없다. 하지만 정도의 차이는 있을지언정 세계 여러 나라들에서 수많은 이들이 비슷한 형편 속에 살아간다. 신앙의 자유를 부정하는 정책은 다른 종교를 가진 이들에게도 영향을 미치지만 크리스천들은 그 어느 종교 집단보다 더 광범위하고 혹독한 박해를 받고 있다. 미국 정부 조사에 따르면, 오늘날 어떤 형태로든 크리스천들을 핍박하는 나라는 세계적으로 60개국이 넘는다고 한다.[1]

그렇다면 수많은 형제자매들이 그리스도를 따르는 믿음을 지키기 위해 고난을 감수하는 이 세상에서, 복음은 우리에게 어떻게 살기를 요구하는가? 바로 그 복음은 유대인이든 무슬림이든 힌두교도든 불교도든 정령신앙을 가졌든 무신론자든 저마다의 신앙 대문에 고통받는 이들을 위해 무얼 어떻게 하라고 말하는가? 이런 물음을 붙잡고 궁리에 궁리를 거듭할수록 세계적으로 신앙의 자유는 참으로 희귀품이며 우리 문화 속에서도 점점 더 자리를 잃어 가는 관념임을 절감한다.

누구에게나 진리를 추구할 자유가 있다

하지만 이런 질문들과 마주하면 다시 한 번 성경으로 돌아가서 하나님이 거룩한 형상대로 인간을 지으시고 내면에 그분을 알아보며 찾고자 하는 갈망을 심어 주셨던 대목에 주목하게 된다. 결국, 저마다 신성한 존재의 실상을 탐구하고 그 뜻을 좇아 살아가는 특권이야말로 인간의 기본적인 자유 가운데 하나다(가장 기본적인 자유는 아닐지라도). 그러므로 "나는 어디서 왔을까? 왜 이곳에 있을까? 어떻게 살아야지?" 따위를 묻고 답하며 그 결론을 좇아 행동하는 일은 지극히 본질적인 인간 경험에 속한다.

이제 민족마다 무엇을 믿고, 누구를 예배하며, 어떻게 살지 다른 결정을 내리고 살아간다. 창조주께서는 모든 인간에게 이런 선택권을 주셨다. 애초부터 하나님을 섬길지 여부를 스스로 자유로이 결정하게 하셨다. 하나님과 동산에 머물던 시절, 아담과 하와는 강압에 못 이겨 하나님을 믿고 마지못해 순종했던 게 아니다. 자기 의지를 좇아 행동하는 능력 또는 기회는 인간 됨의 일부이자 하나님이 베푸신 특권이었다. 끝내는 하나님께 불순종하기로 작정하지만 그 역시 제 결정이었다. 거룩한 주권 안에 있다 하더라도 주님은 인간의 책임을 앗아 가지 않으셨고 지금도 마찬가지다.

이러한 모습은 성경 어디서나 볼 수 있지만 예수님의 삶과 사역에서 특히 도드라진다. 주님이 믿음을 강요하는 모습은 어디서도 찾을 수 없다. 오히려 교리를 가르치고 이야기를 들려주신 뒤에 그분을 받아들일지, 아니면 거부할지 선택하도록 초청하셨다. 백성들은 거기에 반응하여 귀 기울여 듣고, 토론을 벌이고, 논쟁하고, 반대하고, 심지어 등을 돌리고 떠나기도 했으며 마침내는 십자가를 지우기까지 했다. 한번은 문전박대를 서슴지 않는 사마리아인들에게 하늘에서 저주가 내렸으면 좋겠다며 으르렁거리는 제자들을 심하게 꾸짖으셨다(눅 9:51-56 참조). 그러곤 바로 다음 장에서 상대방의 거부권을 존중하라고 권면한다(눅 10:5-11 참조).

알다시피, 선택과 자유의지를 가르치는 교리에 대해 어떤 입장을 가지고 있느냐를 떠나서, 성경의 언어가 의지적 선택과 개인적 초청의 중요성을 암시한다는 점에는 재론의 여지가 없다. 결국 복음의 메시지는 근본적으로 강압이 아니라 초청이다. 성경 말미에서 예수님은 말씀하신다. "볼지어다. 내가 문 밖에 서서 두드리노니 누구든지 내 음성을 듣고 문을 열면 내가 그에게로 들어가 그와 더불어 먹고 그는 나와 더불어 먹으리라"(계 3:20).

이런 이유에서 복음을 정확하게 이해하고 믿는 이들은 신앙의 자유를 옹호할 수밖에 없다. 4세기로 돌아가서 교부로 꼽히는 어거스틴의 이야기를 들어 보자. "힘을 쓰면 의지가 힘을 쓰지 못한다. 마지못해 교회에 발을 들일 수 있고, 억지로 제단 앞에 나갈 수 있으며, 억지로 성찬도 받을 수 있겠지만, 기꺼운 마음이 없으면 아무도 믿음을 가질 수 없다."[2] 세월을 건너뛰어 21세기로 넘어가면, 남아프리카공화국 케이프타운에 모인 198개국 4천여 목회자들이 이와 비슷하게 외치는 목소리를 들을 수 있다. "모든 이들이 신앙의 자유를 누리게 하는 목표를 이루기 위해 노력하자. 이를 위해서는 정부에 맞서 박해받는 크리스천들은 물론 다른 신앙을 가진 이들을 옹호할 필요가 있다."[3]

종교의 자유를 존중해 주어야 하는 대상은 크리스천에 국한되지 않는다. 복음을 믿어야만 자유로워야만 신앙의 진정성을 가질 수 있음을 인식하게 되는 건 아니다. 진실한 신앙을 가지려면 진실한 선택이 앞서야 한다. 인간이 존엄하려면 개인의 발견, 다시 말해 위협받지 않고 진리를 추구하며, 강요받지 않고 신앙을 확정하고, 강압에 시달리지 않고 결론에 이르는 기회가 보장되어야 한다.

미국을 세운 이들이 신앙을 기본 인권으로 꼽은 까닭이 여기에 있다. 실제로 이른바 권리장전(Bill of Rights)에는 믿음이 첫 번째 자리를 차지한다. 미국독립선언서는 첫머리부터 이렇게 선언한다. "우리는 다음과 같은 사실들을 두말할 필요 없이 분명한 진리로 믿는다. 모든 인간은 동등하게 지음받았으며, 창조주는 양도할 수 없는 몇 가지 권리를 부여했고, 여기에는 생명, 자유, 행복추구권이 포함된다." 그리고 곧바로 덧붙여 말한다. "인류는 이런 권리를 보장하기 위해 정부를 조직했다." 달리 말하자면, 정부의 존재 이유는 국민의 권리, 즉 천부적이며 자명하고 이런저런 이유를 들어 부정할 수 없는 권리를 보호하는 데 있다는 뜻이다.

미국을 세운 이들은 이런 권리들을 보호할 목적으로 권리장전을 채택했다. 장전의 제1조는 "의회는 종교를 제정하거나 자유로운 신앙 행위를 금지하는 법을 제정해서는 안 된다"고 선언한다. 이러한 권리를 가장 먼저 내세운 걸 보면, 미국이라는 나라를 세운 선조들은 신앙의 자유가 다른 자유들의 토대가 된다는 사실을 정확히 알고 있었음에 틀림없다. 정부가 무얼 믿으라고 명령하거나 저마다 신앙을 좇아 사는 기회를 부정한다면 그 끝은 어떻게 되겠는가? 무슨 글을 쓰고 무얼 읽을지, 무얼 듣고 말해야 할지, 어떻게 살아야 할지 좌지우지하는 걸 막을 방도가 있겠는가? 그래서 미국을 세운 선조들은 하나님이 신앙의 자유를 짓밟지 않는다면, 정부도 마땅히 그래야 한다는 결론을 내렸다.

미국 정부는 이러한 권리를 일컬어 '예배의 자유'라고 했지만, 그런 딱지는 다소 오해의 소지가 있다. 우리 문화에 적용했을 때, 사사로운 차원의 신앙 행위를 쓸데없이 제한하는 경우가 흔하기 때문이다. '예배의 자유'라는 말을 들으면 열에 아홉은 예배당이나 회당, 모스크, 그밖에 어디가 됐든 남녀노소 여럿이 함께 모일 자유를 떠올린다. 폭을 넓혀 보면 가족들이 잠들기 전에, 또는 하루 가운에 어느 특정한 시간을 정해 기도할(또는 기도하지 않을) 자유까지 생각할 수 있다. 하지만 그렇다 치더라도 누군가 혼자서, 혹은 특정한 물리적 공간에서 열리는 모임에서, 아니면 가족이 모였을 때 일어나는 일들로 신앙의 자유를 한정하게 된다.

'예배의 자유'라는 표현에는 개인적인 차원에서 예배를 드리러 모였던 이들은 곧 흩어져 공적인 자리에서 스스로의 신앙을 삶으로 살아내게 된다는 인식이 빠져 있다. 남녀노소가 저마다 제 생활을 꾸려 가고, 공부하고, 노동하며 사회 구석구석에서 제 몫을 감당한다. 양심을 따르고 신념을 좇아서 책임을 다하고 결정을 내린다. 이 모두가 '자유로운 신앙 행위'의 일부다. 드문드문 함께하는 모임뿐만 아니라 하루하루 삶 속에서 누리는 예배의 자유다. 그리고 이는 오늘날 서구 문화가 은근하지만 강력하게 공격을 퍼붓고 있는 자유기도 하다.

무언의 경고에 귀 기울이라

성경을 하나님 말씀으로 믿는 그리스도의 제자를 생각해 보자. 하나님을 사랑하고자 하는 마음이 간절하며 그 사랑이 흘러넘쳐 이웃을 사랑하게 되길 갈망한다. 직업은 전문 사진가라고 치자.

어느 날, 한 동네에 사는 여성이 전화를 걸어서 곧 다가올 이벤트 이야기를 꺼낸다. "여성 파트너와 삶을 함께하기로 약속하고 기념하는 공식적인 자리를 마련하고 싶은데, 사진을 찍어 줄 수 있나요?" 순간, 생각이 복잡해지고 머릿속이 분주하게 움직인다. '어떡해야지?' 개인적인 신념들을 더듬기 시작한다.

한편으로는 살고 있는 지역사회와 그 구성원들을 섬기고 싶다. 부탁해 온 쪽도 마찬가지겠지만, 그동안 사업을 꾸려 온 데는 재능을 최대한 활용해 열심히 일해서 사람들에게 유익을 끼치자는 뜻이 있었다. 그렇기는 하지만, 이웃 사랑은 하나님을 향한 사랑의 한 부분을 차지할 따름이며, 주님은 결혼을 설계하시면서 남성과 여성이 한 몸이 되어 그분의 성품을 드러내며 복음을 삶으로 세상에 보여 주게 하셨다고 믿는다. 그런 탓에 과연 하나님이 죄로 여기시는 일을 축하하는 모임을 돕는 게 옳은지 궁리하느라 끙끙거린다. 힘을 보태면 양심의 소리를 외면하는 게 아닐까 하는 의구심을 떨쳐버릴 수가 없다. 한 술 더 떠서, 하나님을 욕되게 하는 짓이라는 생각에서 빠져나갈 도리가 없다.

전화한 여인에게 정중하게 거절의 뜻을 밝히기로 한다. 사사로운 영역에서뿐만 아니라 공적으로도 '예배의 자유', 다시 말해 '신앙과 관련해 자유롭게 행동할 자유'가 보장된 나라에 사는 게 얼마나 감사한 일인지 모르겠다는 마음이 든다.

그런데 그 일로 고소를 당한다면 얼마나 기가 막힐지 상상해 보라. 더구나 '신앙의 자유'를 보장할 줄 알았던 정부가 그런 상황에서는 신념을 굽혀야 한다고 설명한다면 얼마나 더 기겁을 하겠는가?

뉴멕시코 주 앨버커키(Albuquerque)에서 일레인 포토그래피(Elane Photography)라는 스튜디오를 운영하는 공동 소유자 일레인 위게닌(Elane Huguenin)에게는 이 모두가 가상의 시나리오가 아니다. 바네사 윌록(Vanessa Willock)이 다른 여성과 언약식을 올린다며 촬영을 요청하자 위게닌은 그런 행사의 사진은 찍어 줄 수 없노라고 정중하게 거절했다. 더 저렴한 비용으로 요구를 들어줄 사진가를 구했음에도 불구하고 윌록은 차별을 당했다며 일레인 포토그래피를 뉴멕시코 인권위원회에 고발했다. 법원은 결국 윌록의 손을 들어주었고 스튜디오 측은 엄청난 벌금을 내야 했다.

뉴멕시코 주 고등법원까지 올라갔다가 스튜디오 측이 최종 패소판결을 받을 때까지, 이 사건은 세간의 뜨거운 관심을 받았다. 만장일치로 합의한 판결문에서 판사들은 지적했다. "일레인 포토그래피가 동성 언약식 촬영을 거부한 행위는 다른 인종 사이의 결혼 사진 촬영을 거부하는 것과 마찬가지로 뉴멕시코 주 인권법(NMHRA, New Mexico Human Rights Act)에 위배된다."[4] 인종의 정체성을 성행위와 동일시하는 기본적인 결함은 두말할 것도 없고 그 이면에 깔린 논리는 자못 두렵기까지 하다.

리처드 보손(Richard Bosson) 판사는 보충 의견에서 이렇게 밝혔다. "일레인 위게닌 부부는 삶을 이끌어 가는 신앙적인 신념들을 양보하라는 법률적인 요구를 받고 있다. 부부는 내키는 대로 생각하고 말하고 믿을 자유가 있다. 개인적인 삶에서는 어느 쪽을 선택할지 하나님께 기도하고 결과가 어찌되든 그 명령에 따를 수도 있다. 그런 일, 또는 그와 유사한 다른 일들에서라면 헌법은 위게닌 부부를 보호한다." 하지만 판사의 논조는 이 지점부터 달라진다. "시장이라든지 상거래, 공공의 편의와 같이 상대적으로 작고 집중된 세계에서는 믿음이 아닌 다른 쪽으로 처신의 방향을 바꿔야 한다. 상이한 믿음을 가진 다른 미국인들을 위한 여지를 남겨 두어야 한다는 뜻이다."[5] 법원의 판단은 한마디로 그게 곧 이 나라의 '시민으로 사는 대가'라는 것이다.

판결문을 읽으면 사사로운 삶에서 누리는 '예배의 자유'와 공적인 공간에서 신앙을 '자유로이 실천하는 행위' 사이에 얼마나 위험한 차이가 도사리는지 절감한다. 뉴멕시코 주 고등법원은 일레인 위게닌에게 출석하는 교회에서는 마음껏 하나님을 찬양해도 괜찮지만 운영하는 사업체에서는 그 신앙을 표현할 자유가 없다고 설명한다. 다시 말해, 한 주간을 시작하기 전 두어 시간 정도는 사사로이 신앙 행위를 할 자유가 있지만 그 뒤로 일주일 내내 일상생활을 하면서는 믿음을 부정해야 한다는 것이다. 결국, 일레인 위게닌은 미국 문화 속에서 시민으로 살아가려면 양심을 외면하고 하나님을 거스르라는 압박을 받는 셈이다.

일레인 포토그래피는 연방 대법원에 항소했지만 기각됐다. 하지만 다행스럽게도, 비슷하면서도 대단히 의미심장한 하비 로비(Hobby Lobby Stores & Conestoga Wood) 사건에서는, 4대 5로 폐쇄적 주식회사(a closely-held corporation)의 경영자들은 스스로의 신앙적 신념을 기업 활동 방식에 적용할 수 있다는 판결을 내렸다(정부는 그런 기업들에게 신앙적 신념을 무시하고 낙태를 유도하는 약물을 구입하도록 강제할 수 없다고 판시했다).[6] 앞으로 이런 사건들이 줄을 이으리라는 건 불 보듯 뻔하다. 오늘날 풍토 속에서 신앙의 자유를 정의하고 이해하며 적용하는 방식이 얼마나 급격하게 바뀌는지 구체적인 사례를 다루는 서적들이 하룻밤만 자고 나면 퇴물로 몰릴 지경이다.

그렇다면, 일레인 포토그래피가 마주쳤던 식의 상황을 올바르게 처리하도록 뒷받침하는 원리는 무엇일까? '신앙의 자유로운 실천'을 규정하는 개념이 하루가 다르게 바뀌는 문화 속에 사는 한, 위게닌 부부에게뿐 아니라 종교의 갈래를 떠나 모든 신앙인들이 묻고 답해야 할 질문이다. 문화의 트렌드를 한번 훑어보기만 해도 현대인이 마주할 수 있는 잠재적 상황들이 차고 넘친다. 전문직 숫자가 늘어나면서 국가자격증도 더 많이 필요해졌다(지난 60년 새에 거의 다섯 배나 늘었다). 그런데 이런 자격에는 전통적인 신앙적 신념과 충돌할 수 있는 요건들을 숱하게 내포한다. 경영자와 직원, 의사와 약사, 교사와 행정가, 보험 설계사와 투자자, 목회자와 선교단체들은 개인적인 신념에 어긋나는 재화와 용역을 제공하라는 정부의 요구를 받고 있다. 지속적으로 공적인 고백과 신앙의 적용을 억누르면, 신앙인들로서는 허용되는 발언의 범위, 복장, 조직, 저마다 속한 공동체에서 할 수 있는 일들에서 두루 제한을 받을 수밖에 없다.

야단스레 떠들며 겁주려는 게 아니었는데, 가만히 생각해 보니 더 크게 말해야 할 것 같다. 어쩌면 지금 경보를 울려야 할지 모른다. 복음에 기반을 둔 명쾌한 신념을 가지고 급격하게 변하는 신앙 문화에 대처하는 길을 다 같이 진지하게 생각할 필요가 있다.

불일치를 드러내는 크리스천의 자세

잊지 말라. 오로지 현대 문화 속에서 살아가는 크리스천의 자유만을 이야기하는 게 아니다. 그리스도의 제자로 살고자 하는 이들의 자유로운 신앙생활을 보호하는 그 권리는 모세나 모하메드, 크리슈나, 붓다를 따르는 이들은 물론, 마땅히 좇을 만한 신이 없다고 믿는 이들 또한 지켜 주어야 한다. 여러 해 전, 나와는 생각이 완전히 다른 이들을 포함해 여러 이름난 교계 지도자들과 함께 종교의 자유를 염려하는 문서에 서명한 까닭이 여기에 있다. 선언문은 이렇게 결론짓는다.

> 우리는 … 부도덕한 성적 파트너십을 축복하라거나, 결혼 또는 그와 동등한 관계로 대접하라거나, 도덕과 부도덕 또는 결혼과 가족에 대한 진리를 우리가 아는 그대로 선포하지 말라고 강요하는 법률에 굴복하지 않을 것이다. 우리는 가이사의 것은 가이사에게 온전히, 그리고 흔쾌히 바칠 것이다. 하지만 그 어떤 상황에서도 하나님의 것을 가이사에게 바치지는 않을 것이다.[7]

마지막 대목은 크리스천에게도 정부(가이사와 같은)에 다할 의무가 있지만 궁극적으로 책임져야 할 의무는 하나님을 향한 것이라는 예수님의 가르침을 암시한다. 인간 마음에 보편적으로 적용되는 양심의 자유를 심어 주신 분은 바로 하나님이시다. 이런 이유로 복음을 나와 달리 믿는 이들과 더불어 기꺼이 종교의 자유를 옹호하고 나섰던 것이다. 그이들과 함께 하늘나라에서 영원이 살리라고 믿지는 않지만 지상에서는 어깨를

나란히 하고 감옥에라도 갈 작정이다.[8]

　복음을 안다면 이렇게 말할 수밖에 없다. 복음은 인간에게 저마다 내키는 걸 따르거나 거부할 자유를 주신 하나님에서 출발하기 때문이다. 크리스천의 역사에는 이처럼 엄청난 기초를 잃어버린 이들이 끊임없이 등장했다. 4세기 경, 콘스탄티누스가 기독교를 합법화하자 곧바로 크리스천이 되라는 정부의 압력이 이어졌다. 이후의 교회사는 힘이나 군사력으로 기독교를 퍼트리려는 부끄러운 시도가 꼬리를 물었다. 비극적인 노릇이 아닐 수 없다. 오늘날에도 기독교 신앙을 전면에 내세운 전쟁이 시작되고 전투가 벌어진다. 그러나 역사와 이성, 그리고 성경은 그런 부류의 전쟁은 옳지 않았고 또 옳지 않다고 입을 모아 외친다.

　일정 수준, 교회와 정부가 분리되는 게 중요한 이유가 여기에 있다. 구체적인 적용을 두고 논의가 분분하기는 하지만, '정교 분리'라는 말은 사실상 두 제도의 독특한 역할과 상호의존적인 관계를 함축하는 용어다. 교회(또는 신앙)는 저마다 삶에 대해 가장 심오한 물음을 던지고 그 답을 꾸준히 생활방식에 적용하는 영역이다. 반면에, 국가(또는 정부)의 몫은 인간의 고유한 특권을 행사하도록 보장하고 보호해서 누구나 신앙적인 추구를 이어 갈 환경을 만드는 데 있다. 종교를 만들거나 없애기 위해서가 아니라 신앙의 자유를 지키기 위해 존재한다는 뜻이다. 교회와 국가 간의 이러한 관계를 바닥에 깔고 정부는 신앙적인 탐구와 표현에 제한이 없는, 다시 말해 온갖 믿음을 가진 남녀노소가 어울려 서로를 풍요롭게 할 방도를 논의하는 사상의 시장을 발전시켜 가는 것이다.

　하지만 자칫 방심했다가는 이 사상의 시장은 은밀하게 축소되고 신앙의 자유도 어쩔 수 없이 발이 묶이고 만다. 신앙적인 진리를 추구하는 노력이 이른바 '관용'을 우상화하는 행위로 대체되는 현대 문화 속에서 이런 현상은 점점 심해지고 있다. '불관용'은 우리 시대의 칠거지악이 되었다. 하지만 아이러니컬하게도 불관용을 불관용하는 시대가 된 것이다. 좀 더 들여다보자.

요즘, 동성애는 잘못이며 죄라고 말하면 곧장 '불관용'이라는 딱지가 붙는다. '공격적'이거나 '편협'하거나 '가증스러워' 보일지 모르지만 당장은 '불관용'을 고집할 수밖에 없다. 이런 식의 불관용은 성경말씀에 대한 개인의 믿음에 토대로 삼고 있다. 간단히 말해, 그 믿음이 다른 이들의 믿음과 다른 탓에 '불관용'이란 꼬리표가 따라다니는 것이다.

하지만 그 딱지는 희한하리만치 자가당착적이다. '불관용'이라고 손가락질하는 이들부터가 실제로는 남의 신앙을 '관용하지' 못하고 있지 않은가! '편협'하다고 비난하는 사이에 스스로 편협함을 고스란히 노출하는 셈이다. 현대 문화 속에서 이런 사례는 흔하디흔하다. 미국인들만 하더라도 편협하고 관용할 줄 모르는 이들에게 치이고 깔려서 더 이상 참을 수 없는 지경에 이른 것처럼 보인다. 크리스천은 관용할 줄 모르는 이들로부터 관용할 줄 모른다는 소리를 듣는, 그러니까 스스로 관용하지 못하는 기괴한 처지에 몰렸다.

관용을 바라보는 현대인의 시각은 분명 뒤틀려 있다. 우선, 관용에는 반드시 불일치가 따라야 한다. 한번 생각해 보자. 이편이 믿는 걸 상대방도 그대로 믿는다면 관용이 아니다. 야구가 역사상 가장 위대한 스포츠라고 믿는다면 그 사람을 관용하는 게 아니다. 온 마음으로 공감하고 언제라도 나란히 홈플레이트 뒤편 관중석에 앉아서 핫도그를 우물거리며 게임을 즐길 것이다. 반면, 어처구니없게도 야구는 지겹기 짝이 없으며 축구가 백만 배는 더 짜릿하다고 믿는 사람을 만나면 비로소 관용할 필요를 느낄 것이다. 물론 격렬하게 반대하고 그게 왜 잘못인지 열렬하게 설명해 주겠지만, 결국은 흔쾌히 경기장에 앉아 덩치 큰 사내들이 공을 쫓아 이리 뛰고 저리 뛰는 걸 구경할 것이다.

관용이란 불일치를 암시한다. 관용하려면 의견이 달라야 한다. 스포츠 종목의 우열을 가리는 가벼운 예를 들었지만, 삶을 둘러싼 더없이 심오한 질문들에 대해서도 필연적으로 비슷한 불일치를 경험하게 마련이다. 그렇지 않은가? 그리고 그런 불일치가 일어났을 때 막무가내로 서로를 불관용하거나 옹졸하게 대처하거나 증오하는 건 슬기롭지 못할 뿐만 아니라 유익하지도 않다. 도리어 저마다 어디서 출발해서 각자 결론에 이르게 됐는지 끈질기게 곱씹어 보는 편이 한결 지혜롭고 도움이 된다. 이런 사고가 뒷받침되어야 시각 차이를 딛고 상대를 더없이 존중하며 선대할 수 있는 방도를 자유로이 모색할 수 있다.

아울러, 사람에 대한 관용과 믿음에 대한 관용이 다를 수 있다는 사실을 인식하면 불관용에 얽힌 혼란을 적잖이 정리할 수 있다. 인간에 대한 관용에는, 상대를 동등한 가치를 가진 존재로 인정하면서 사사로운 신앙을 공적인 자리에서 거침없이 표현하는 기본적인 자유를 존중하는 마음가짐이 필수적이다. 하지만 믿음에 대한 관용은 다르다. 누군가가 특정한 신앙을 표출한다고 해서 무조건 그 신념이 참되거나, 옳거나, 선하다며 이편과 마찬가지로 타당하다고 받아들일 필요는 없다. 인간의 가치를 관용한다고 해서 그 사람의 관점까지 받아들여야 한다는 뜻은 아니라는 말이다.

개인적으로 교분을 나누는 무슬림 친구들의 예를 들어 보자. 그이들을 마음깊이 존경하지만 신앙에는 절대 동의하지 않다. 나는 예수님을 하나님의 아들이라고 믿지만 그 친구들은 달리 본다. 그쪽에서는 모하메드를 하나님이 보내신 선지자라고 믿지만 난 동의하지 않는다. 이편에서는 예수님이 십자가에 달려 돌아가셨다가 무덤에서 다시 살아나셨다고 믿지만 그이들은 아니라고 한다. 친구들은 죽으면 하늘나라에 들어갈 줄로 알고 있지만 난 생각이 다르다.

이런 것들이 일치를 이루지 못하는 주요한 쟁점들이며 절대로 좁혀지지 않을 입장 차이다. 상대주의적으로 신앙의 진리에 접근하는 이 시대의 사조는 말한다. "이봐, 무얼 옳다고 믿으면 그게 옳은 거야." 하지만 이런 사고방식은 위에서 이야기한 이슈들 가운데 어느 것에도 적용할 수 없다. 예수님은 하나님의 아들이거나 아니거나, 둘 중 하나다. 하나님의 아들인 동시에 아닐 수는 없다. 모하메드도 마찬가지다. 하나님이 보낸 선지자거나 아니거나, 둘 중 하나다. 예수님은 십자가에 달려 돌아가셨다가 무덤에서 다시 살아나셨거나 아니거나, 둘 중 하나다. 무슬림은 세상을 떠난 뒤에 천국에 들어가거나 아니거나, 둘 중 하나다.

이들은 심각하고 영구적인 질문들이다. 신앙의 자유가 추구하는 목표는 이런 물음들을 붙들고 탐색하는 분위기를 제공하는 데 있다. 동의하지 않는 믿음을 가진 이들에게 저속적으로 가치와 존엄을 부여하면서 신앙적인 불일치를 분명하게 표현할 수 있는 환경이 조성되어야 한다. 크리스천들이 상대에 대한 존중이 결여된 채로 신앙적인 차이를 표현하는 여러 모습들을 볼 때마다 절로 한숨이 나온다. 마찬가지로 그리스도의 제자들이 오랜 세월에 걸쳐 수많은 이들이 주장한 성경의 진리들을 언급할 때마다 불관용, 편협, 구식 따위의 딱지를 붙이는 여러 행태들 역시 개탄스러울 뿐이다.

요즘 결혼을 에워싸고 벌어지는 논쟁만큼 이런 현상이 두드러지게 나타나는 지점은 다시없을 것이다. 제6장에서 다룬 내용들을 돌아보면, 거기서 이야기한 사실들에 동의하지 않는 이들이 수두룩하리라는 점은 짐작이 가고도 남는다. 하지만 그렇다고 해서, 결혼의 의미를 다시 정의하려는 이들을 현대 문화의 제단에 교회를 잡아다 바치려는 기독교의 적으로 간주해야 하는 건 아니다. 그이들은 스스로 옳다고 믿는 길을 추구하는 똑같은 인간일 따름이다. 상대를 향한 명료한 사랑과 존중을 지키면서 불일치를 드러내는 근사한 방법들이 분명히 있을 것이다.

아울러 결혼에 대한 대법원의 최근 판결이 어떻게 '우리 사회 대부분이 이의 없이 받아들였던 결혼의 양상'을 뒤흔들 뿐 아니라 "동성 결혼을 반대하는 이면에 동성애 혐오가 깔려 있다"고 강력하게 주장하는 듯한 느낌을 주는지 지켜보았다. 스칼리아(Scalia) 판사가 내놓은 반대 의견에 따르면, 전통적인 결혼 방식을 지지하는 이들은 '옹졸한' 무리이자 '인류의 적'이라는 오명을 뒤집어썼다. '품위를 손상'하며, '불평등을 강요'하고, '평등한 존엄성'을 부정하고, '낙인을' 찍고, 자녀들 앞에서 동성애자들에게 '쓸모없으며' '수치스러운' 인간이라 점찍는 부류로 묘사한다.[9] 그런 식의 규정은 위험스러우리만치 도움이 되지 않는다. 공정하지 않은 허위일 따름이다.

여기에 담긴 모든 요소들이 신앙의 자유에 미치는 영향은 막중하다. 가정의 기초부터 죽은 뒤의 삶에 이르기까지 함께 이야기해야 할 주제가 수두룩하다. 이러한 문제들을 다루자면 존엄과 존중의 분위기, 열정적인 토론과 필연적으로 찾아오는 불일치 가운데서 질문하고 답을 찾아내는 능력이 필요하다. 더 나아가 사회 구성원 모두에게 서로 다름에도 '불구하고'가 아니라 차이를 '고려하며' 상대의 이야기를 경청하고 배우고 어울려 살면서 스스로 믿는 바에 따라 시민으로서의 삶을 정리하고 준비할 기회를 주어야 한다. 어느 것 하나도 단순치가 않다. 하지만 이 모두가 우리에게나 우리 문화에 결정적이리만큼 중요하다.

세상을 돌아보면

이는 바깥세상의 문화에도 마찬가지다. 오늘날, 그리스도를 믿는 형제자매들을 포함해 수많은 이들이 여기서 다루는 신앙의 자유를 빼앗긴 채 살아가고 있다. 지상의 삶뿐만 아니라 영원까지 영향을 미칠 진리를 알아볼 기회마저 망설임 없이 외면하는 이들이 헤아릴 수 없을 만큼 많다.

세계적으로 정부의 통제는 신앙의 자유를 제한하는 가장 큰 요소 가운데 하나로 꼽힌다. 이러한 현실은 정부가 나서서 공식적으로 특정 종교(또는 무신론을)를 지정하고 시민들에게 그 신앙에 부응하도록 요구하는 공산주의 국가와 이슬람 국가들에서 가장 선명하게 볼 수 있다. 그런 상황에서는 국가와 교회가 실질적으로 같은 의미를 갖는다. 종교(혹은 무신론)의 가르침은 나라의 법이 되고 거기에 불순종하면 추방이나 처형까지는 아니더라도 징벌을 받는다. 정부의 규제가 지나가자마자 사회의 압력이 꼬리를 물고 들이닥친다. 가족에서부터 친구, 광신자, 지역사회 지도자, 범죄 집단들이 특정한 신앙을 고백하는 이들을 겁주고 을러대고 해치고 목숨을 빼앗기까지 한다. 오늘날 허다한 크리스천들이 당하는 핍박은 대부분 그런 형태를 띠고 있다. 시리아반군들은 엉뚱하게도 크리스천들을 대상으로 폭력과 성폭행, 처형, 참수를 일삼고 있다. 2013년, 이집트에서는 한 달 새 38개의 교회가 파괴되고, 23개 예배당이 헐렸으며, 58채의 가옥이 불타고, 85곳의 상점들이 강탈당했으며, 7명의 크리스천들이 납치됐고, 6명이 살해됐다. 바로 다음 달에는 그리스도를 따르는 이들을 표적으로 파키스탄 역사상 가장 참혹한 공격이 있었다. 자폭 테러범이 페샤와르에 있는 교회(All Saints' Church) 앞마당에서 유산탄을 장착한 조끼를 폭발시켜 81명에 이르는 교인들의 목숨을 빼앗고 백여 명에게 부상을 입혔다.[10] 모두가 현지 행정 당국 관계자가 아니라 일반인들이 크리스천들을 박해한 사건이었다.

어림잡아 매달 백 명 정도의 크리스천들이 세계 곳곳에서 그리스도를 따르다가 살해되고 있다(이들은 수치를 훨씬 높여 잡는 이들도 있다[11]). 학대를 당하고, 두들겨 맞고, 감옥에 갇히고, 고문을 당하고, 음식과 물과 잠자리를 빼앗기는 사례는 그야말로 부지기수다. 신앙을 이유로 압박을 받는 사건 하나하나는 곧 불과 연단으로 시험을 받는 신앙에 관한 이야기들이기도 하다. 하지만 내게는 이들이 매스컴에 오르내리는 사건에 그치지 않는다. 이들은 내 친구들이기 때문이다. 어떻게 그처럼 신실하게 불같은 시련을 견뎌 냈는지, 하나님을 찬양할 따름이다.

불런(Bullen)과 앤드류(Andrew)라는 친구들이 있다. 둘은 전쟁이 끊이지 않는 중앙아프리카에 산다. 어린 시절, 불런은 집 한 귀퉁이에 숨어서 나머지 가족들이 북부에서 내려온 무슬림 민병대에 납치돼 끌려가는 걸 지켜보아야 했다. 이제 스무 살이 됐지만 아빠나 엄마, 또는 여동생이 어디에 사는지, 아직 살아 있기는 한 건지 전혀 모른다. 앤드류 역시 헬리콥터가 날아와 기관총 사격을 퍼부을 때마다 온 마을 사람들이 뿔뿔이 흩어져 도망치던 끔찍한 기억을 가지고 있다. 주민들은 저마다 구덩이 하나씩을 점찍어 놓았다가 공격이 시작될 때마다 그리로 뛰어 들어가곤 했다. 길지 않은 삶을 살아오는 동안 교회가 폭파되고, 크리스천 남편들이 살해되는 한편에서 아내들이 성폭행을 당하는 참변도 목격했다. 하지만 두 형제의 얼굴만 봐서는 그런 일을 당했으리라고는 상상조차 할 수 없을 것이다. 참혹한 현장을 무수히 거쳤음에도 불구하고 믿음을 지키게 하신 하나님의 신실하심을 이야기할 때마다 바싹 여윈 새카만 얼굴에 밝고 전염성이 강한 미소가 한가득 피어오른다. 형제들은 입버릇처럼 말한다. "하나님은 정말 위대한 분이세요!"

아얀(Ayan)은 이른바 '아프리카의 뿔'(에티오피아·지부티·소말리아 세 나라를 아울러 이르는 별칭 - 옮긴이) 지역에서 알게 된 귀한 여성으로 백퍼센트 무슬림을 자부하는 부족 출신이다. 부족의 일원으로 태어나 살아가면서 아얀도 자연스럽게 무슬림이 되었다. 부족민들은 개인의 정체성과 가문의 명예, 관계적인 입장, 사회적인 지위를 오로지 이슬람에서 찾았다. 그러던 어느 날, 아얀은 어느 크리스천을 만나서 기독교의 진리를 곱씹기 시작했다. 개종을 생각하기만 해도 얼마나 큰 대가를 치러야 하는지 누구보다 잘 아는 아얀은 말했다. "크리스천이 됐다는 걸 식구들이나 마을 사람들 알면 한마디 묻지도 않고 주저 없이 제 목을 잘라 버릴 거예요." 마침내 아얀은 결론을 냈다. 예수님은 그런 위험을 감수할 값어치가 있는 존재였다. 그리스도를 믿는 신앙 때문에 아얀은 집안에서 도망치고 친구들을 등져야 했다. 지금은 다른 지역에 사는 동족들에게 복음을 전하는 삶을 살고 있다. "우리 부족을 사랑합니다." 아얀은 말한다. "무슨 수를 써서라도 예수님이 어떤 분이시고 얼마나 큰 사랑을 베푸시는지 깨달을 기회를 주고 싶어요."

파티마(Fatima)와 야신(Yaseen)이란 중동 친구들도 있다. 파티마는 제8장에서도 이야기한 적이 있는데, 다른 나라에서 온 친구에게서 복음을 듣고 크리스천이 되었다. 하지만 나머지 식구들은 모두 무슬림이었다. 눈치를 챘다가는 당장 의절을 하겠다고 나설 게 뻔한 가족들 틈에서 어떻게 말씀대로 살아가야 할지 파티마는 날마다 고민했다. 야신은 파티마와 가까운 동네에 사는 목회자였다. 집으로 찾아가 마주앉은 우리 일행에게 야신은 딱 1년 전에 일어난 일을 들려주었다. 반군들이 크리스천을 그 지역에서 몰아낼 심산으로 폭탄을 던졌다는 것이다. 야신은 서둘러 식구들을 다른 곳으로 보냈지만 자신은 그대로 머물렀다. 결국 더 많은 동네 사람들이 그리스도를 알게 되었다(그들 역시 커다란 대가를 치러야 했다).

동남아시아 어느 나라의 신학생들도 생각난다. 어쩌다 보니 그 학교 졸업식에서 메시지를 전할 기회를 얻었다. 세계에서 가장 많은 무슬림 인구를 거느린 나라에 사는 학생들은 다양한 차원에서 정부의 압박과 사회적 탄압을 감내하고 있었다. 형편이 그러한데도 저마다 무슬림 지역에 들어가 새로운 신자 서른 명에게 세례를 주고 그이들로 교회를 세워야 무사히 졸업장을 받을 수 있었다. 학위를 받으러 무대에 오르는 학생들의 겸손하지만 결기가 서린 얼굴을 보면서 얼마나 큰 감동을 받았는지 모른다. 모두가 교회 개척이라는 요건을 채우고 돌아온 용사들이었다. 핍박하는 무슬림들의 손에 목숨을 잃은 두 학우를 위한 묵념 시간은 그날 졸업식에서 가장 엄숙한 순간이었다.

앞에서 한 번 이야기한 적이 있지만, 동아시아 어느 나라에 사는 지안과 린 부부도 빼놓을 수 없다. 부부는 가정교회 네트워크를 이끌면서 지하에서 목회자와 크리스천들을 훈련시킨다. 당국에 꼬리가 잡히면 땅과 일자리는 물론, 가족들과 생명까지도 빼앗길 수 있는 일이다. 린은 대학에서 학생들을 가르친다. 캠퍼스에서 복음을 전하는 건 위법이지만 린은 목숨을 걸고 제자들을 은밀하게 만나 그리스도를 전한다. 지안은 빈궁한 동네에 의료 혜택을 주는 한편, 가정교회의 비밀 모임 전초기지로 삼기 위해 잘나가던 병원을 접었다. 지안과 함께 그 나라의 여러 지역을 돌아다니며 또 다른 가정교회 지도자들과 시간을 보낼 기회가 있었다. 길을 나설 때마다 경찰관에게 체포되는 상황을 떠올렸다. 붙들린다 해도 나는 미국에 있는 안락한 집으로 돌아가겠지만 지안은 교도소에 갇힐 테고 목숨을 잃을 수도 있었다. 그런데도 지안은 끊임없이 주위를 맴도는 위험을 감수하고 가정교회 지도자들을 사랑하고 이끄는 일을 꿋꿋이 해내고 있었다.

남아시아 어느 나라에 사는 사힐(Sahil)도 생각난다. 사힐 부부는 둘 다 무슬림 가정에서 자랐다. 아내가 먼저 크리스천이 되었고 곧 남편에게도 그리스도를 소개했다. 사힐의 가족이 모두 크리스천이 되었다는 사실이 부모와 친족들에게 알려지자마자 둘은 야반도주를 감행했다. 세월이 가면서 부부는 그리스도 안에서 점점 성숙해졌고 고향의 가족들이 예수님을 알게 되길 바라는 열망도 갈수록 커졌다. 그래서 절연하다시피 한 식구들과 서서히 연락을 시작했다. 두고 온 가족들에게서도 조금씩 반응이 왔다. 그리고 드디어 고향으로 돌아와도 좋다는 연락이 왔다. 겉으로 보기엔 만사가 잘 풀리는 것만 같았다. 그러던 어느 날, 사힐은 본가 어른들을 만나러 가면서 아내가 친정 식구들과 식사를 하도록 처가에 내려 주었다. 여인은 모처럼 가족들과 한 상에 앉아 먹고 마시기 시작했다. 그리곤 곧 숨을 거뒀다. 친부모가 딸을 독살한 것이다. 사힐은 아내를 잃었지만 믿음까지 잃지는 않았다. 지금은 전국을 누비며 교회를 개척하는 사역을 하고 있다.

티베트 불교를 믿는 마을에 사는 노르부(Norbu)와 수니타(Sunita) 부부도 있다. 복음을 처음 듣고 얼마 지나지 않아서부터 마을 원로의 협박이 잇따랐다. 촌장은 부부에게 으름장을 놓았다. "크리스천이 되었다는 얘기가 들리기만 하면 당장 마을 우물에서 물을 긷지 못하게 할 테다." 분명히 심각한 위협이었다. 우물은 온 마을 사람들이 마시는 그야말로 생명수기 때문이다. 하지만 노르부와 수니타는 계속 회심을 고민했다. 사실을 알아챈 원로들은 협박의 수위를 한층 높였다. "크리스천이 되면 우리 마을에선 너희들을 보호해 주지 않을 거야." 그런 공갈에도 불구하고 노르부와 수니타는 그리스도가 유일한 주님이라는 결론을 내리고 그분의 제자가 되었다. 2주 뒤, 부부는 숨진 채 발견됐다. 공식적으로 발표된 원인은 산사태로 밀려 내려온 바위에 깔렸다고 했다. 실은 돌에 맞아 살해됐지만 진실은 은폐됐다.

친구들을 생각하면 히브리서 11장이 그려 내는 믿음의 실상이 떠오른다. 친구들을 볼 때마다 되살아나는 믿음의 전형이 여기에 있다. "어떤 이들은 더 좋은 부활을 얻고자 하여 심한 고문을 받되 구차히 풀려나기를 원하지 아니하였으며 또 어떤 이들은 조롱과 채찍질뿐 아니라 결박과 옥에 갇히는 시련도 받았으며 돌로 치는 것과 톱으로 켜는 것과 시험과 칼로 죽임을 당하고 양과 염소의 가죽을 입고 유리하여 궁핍과 환난과 학대를 받았으니(이런 사람은 세상이 감당하지 못하느니라.) 그들이 광야와 산과 동굴과 토굴에 유리하였느니라" (히 11:35-38).

그리스도를 선포하다

복음서에 기록된 그리스도의 말씀을 들어 보면, 이 모두가 새삼스러울 게 없는 이야기다. "의를 위하여 박해를 받은 자는 복이 있나니 천국이 그들의 것임이라. 나로 말미암아 너희를 욕하고 박해하고 거짓으로 너희를 거슬러 모든 악한 말을 할 때에는 너희에게 복이 있나니 기뻐하고 즐거워하라. 하늘에서 너희의 상이 큼이라. 너희 전에 있던 선지자들도 이같이 박해하였느니라"(마 5:10-12). 나중에 제자들을 "양을 이리 가운데로" 보내듯 세상에 내보내시면서 주님은 박해를 당하게 되리라고 일러 주셨다. "사람들을 삼가라. 그들이 너희를 공회에 넘겨주겠고 그들의 회당에서 채찍질하리라. 또 너희가 나로 말미암아 총독들과 임금들 앞에 끌려가리니 이는 그들과 이방인들에게 증거가 되게 하려 하심이라." 그리곤 결론을 지으셨다. "또 너희가 내 이름으로 말미암아 모든 사람에게 미움을 받을 것이나 끝까지 견디는 자는 구원을 얻으리라"(마 10:16-18, 22). 복음서의 이런 구절들을 대충 훑어보기만 해도 세상에서 그리스도를 더 닮아 갈수록 주님이 겪으셨던 일을 더 자주 겪을 수밖에 없음이 여실하게 드러난다. 주님이 문화를 거스르느라 값비싼 대가를 치르셨던 것처럼, 오늘을 사는 크리스천들 역시 똑같은 길을 가려면 그만한 값을 치러야 한다.

이런 박해가 일어나는 까닭을 곰곰이 짚어 보라. 다른 나라의 크리스천들이 비밀스러운 믿음을 혼자서만 간직하고 있기 때문이 아니다. 그리스도를 믿는 신앙에 대해 침묵하면 예수님에 관해 아무한테든 아무런 얘기도 하지 않으면 핍박을 받을 위험은 훨씬 줄어든다. 공개적으로 신앙을 말하고, 공개적인 자리에 적용하며, 더 나아가 그리스도를 선포하면 박해는 자동적으로 따라온다. 다시 말해서, 온 세상의 형제자매들이 뒤로 물러앉아 주변 문화에 순응한다면, 고난은 얼마든지 피해 갈 수 있다. 자리를 박차고 일어나 예수 그리스도의 복음을 들고 문화에 맞설 때에야 비로소 어려움과 맞닥뜨린다.

지상에서 살아가는 크리스천들로서는 신앙을 둘러싼 정부와 사회의 압박에 직면하는 역경을 피해 갈 수 없다. 반면에, 침묵으로 일관한다면 안전한 삶을 보장받을 수 있다. 하지만 그러면 양심을 외면하고 은혜와 진리를 이웃들과 나누라는 그리스도의 명령에 불순종하는 것이다. 입을 열어 복음을 전하고 공개적인 자리에서 믿음을 행동에 옮긴다면 분명히 핍박이 닥칠 것이다. 말과 삶으로 그리스도를 선포하기로 작정한 크리스천들이 세계 곳곳에서 살아 움직이게 하신 하나님을 찬양한다. 지금 이 책을 읽고 있는 동안에도 그이들은 믿음을 지키느라 감옥에서 신산스러운 나날을 보내며 핍박을 견뎌 내고 있다.

세계 곳곳의 이런 현실을 알았다면 하나님을 향한 사랑에 이끌려 행동에 나서야 한다. 세상의 박해받는 형제자매들을 위해 기도하고 일해야 한다. 지체 가운데 하나가 아프면 온 몸이 아픈 법이다(고전 12장 참조). 종교의 자유가 보장된 나라에 사는 크리스천들은 핍박받는 지체들을 위해 일어나 외쳐야 한다.

미국처럼 신앙의 자유가 갈수록 제한되는 나라에서도 마찬가지다. 고난을 당하는 형제자매들은 문화 속에서 그리스도를 따르기 위해 치러야 할 대가를 두려워하는 나머지 신앙을 침묵시키지 않도록 조심하라고 부르짖는다. 수많은 형제자매들이 비싼 값을 치러 가면서 일어나 문화를 거스르는 걸 뻔히 알면서, 뒤로 물러앉아 상대적으로 안온한 문화에 순응하는 크리스천이 되지 않기를 바란다. 고난을 당하는 형제자매들을 보면서 사유화된 기독교는 더 이상 기독교가 아니라는 사실을 깨닫기 바란다. 그리스도를 알면서 그리스도를 선포하지 않기란 사실상 불가능하기 때문이다.

집에서나 교회에서는 하나님 말씀을 읽고 믿으면서 지역사회와 공동체에서 그 말씀에 순종하지 않는다는 건 앞뒤가 맞지 않는 일이다. 우리의 시민권은 세상 정부에 있지 않으며 우리의 영혼은 하나님의 소유임을 증언하는 앞서간 증인들이 구름처럼 많다는 사실을 기억하길 바란다.

문화를 거스르는 '카운터 컬처'의 첫걸음

기도하라

하나님께 구하라.
- 우리 문화 속의 크리스천들을 준비시키셔서 점점 무거워지는 정부와 문화의 압박에 담대하면서도 겸손하게 반응하게 도와주세요.
- 우리나라와 세계 여러 나라 지도자들의 삶에 역사하셔서 복음의 진리를 말하고 살아 낼 자유를 더 많이 허용하게 해 주세요.
- 세계 곳곳에서 핍박당하는 크리스천들에게 힘을 주셔서 믿음을 지키게 하시고 결과와 상관없이 꾸준히 그리스도의 증인이 되게 해 주세요.

참여하라

기도하면서 다음 단계를 차근차근 밟아 나가라.
- 신앙의 자유를 십분 활용해서 이번 한 주간 동안 한 사람과 공개적으로 복음을 나누라.
- 박해받는 형제자매들을 대변하는 사역을 후원하거나 참여하라.
- 법적으로든 정치적으로든 신앙의 자유라는 이슈에 지인들을 끌어들일 방법을 생각해 보라.

선포하라

다음과 같은 성경의 진리들을 깊이 묵상하라.

- 나로 말미암아 너희를 욕하고 박해하고 거짓으로 너희를 거슬러 모든 악한 말을 할 때에는 너희에게 복이 있나니 기뻐하고 즐거워하라. 하늘에서 너희의 상이 큼이라. 너희 전에 있던 선지자들도 이같이 박해하였느니라(마 5:11-12).

- 왕의 마음이 여호와의 손에 있음이 마치 봇물과 같아서 그가 임의로 인도하시느니라(잠 21:1).

- 욕을 당하시되 맞대어 욕하지 아니하시고 고난을 당하시되 위협하지 아니하시고 오직 공의로 심판하시는 이에게 부탁하시며(벧전 2:23).

10.

복음과 복음을 듣지 못한 이들

"아직도 복음을 한 번도 듣지 못한 이들이 있을까?"

기도하고
참여하며 선포하라

책을 마치려니 마음이 무너지는 것 같다.

여태까지 마음을 짓누르는 무거운 짐을 나눴다. 혼자만 이런 부담을 지고 있다고 생각지는 않는다. 똑같은 현실을 보면서 피 끓는 마음을 품는 그리스도의 제자들이 적지 않을 것이다. 가난한 이들에게 쏟아지는 억압, 낙태, 고아와 과부를 외면하는 세태, 성 착취 인신매매, 망가져 가는 결혼, 혼란스러워지는 성, 인종 평등의 요구, 자유로운 신앙생활의 중요성 따위는 개인의 삶과 가족, 교회, 문화를 아우르는 거대한 이슈들이다. 글을 읽기 전에는 이런 문제들에 대해 별 부담을 느끼지 않았는가? 그렇다면 지금부터라도 느끼면 좋겠다.

하지만 내 마음의 부담이 글 몇 마디로 마무리되길 원치 않는다. 이러한 사실들이 세상을 사는 방법을 바꿔 놓기를 바란다. 문화 속에 도사린 온갖 고통들에 경건한 관심을 가지고 크게 개탄하지만 실질적으로는 입을 꼭 닫고 물러나 앉아 아무런 행동도 하지 않는 남녀노소, 목회자와 예언자들의 대열에 합류하고 싶은 생각은 눈곱만큼도 없다. 값비싼 대가를 치러야 할 것 같은 이슈에는 입을 다물어 버리는 식으로 복음을 띄엄띄엄, 선별 적용할 뜻도 없다. 하나님은 지금 속한 문화 속에서 나를 구원하신 복음을 삶으로 살아 내길 기대하신다. 주님이 주신 그런 기회를 덧없이 흘려보내고 싶지 않다.

여러분도 문화 속에서 삶을 낭비해 버릴 생각은 없으리라 믿는다.

그렇다면, 책을 마무리하면서 세 가지 질문을 스스로에게, 그리고 독자들에게 던질 수밖에 없다. 성경에 소개된 짧은 이야기를 토대로 한 물음들이다. 저마다 고향으로 돌아가다가 예수님과 얼굴을 맞대고 대화를 나눴던 세 남자가 있었다.

> 길 가실 때에 어떤 사람이 여짜오되 어디로 가시든지 나는 따르리이다. 예수께서 이르시되 여우도 굴이 있고 공중의 새도 집이 있으되 인자는 머리 둘 곳이 없도다 하시고 또 다른 사람에게 나를 따르라 하시니 그가 이르되 나로 먼저 가서 내 아버지를 장사하게 허락하옵소서. 이르시되 죽은 자들로 자기의 죽은 자들을 장사하게 하고 너는 가서 하나님의 나라를 전파하라 하시고 또 다른 사람이 이르되 주여 내가 주를 따르겠나이다마는 나로 먼저 내 가족을 작별하게 허락하소서. 예수께서 이르시되 손에 쟁기를 잡고 뒤를 돌아보는 자는 하나님의 나라에 합당하지 아니하니라 하시니라(눅 9:57-62).

이들은 하나같이 예수님의 제자가 될 만한 후보들이었지만, 본문으로 미뤄 보면, 예수님은 모두 물리치셨다. 책을 마무리하면서 이 말씀이 떠오른 이유는 본질적으로 현대 문화 속에 사는 이들 모두가 고민을 거듭하고 있는 질문이기 때문이다. 예수님을 따르려는가? 아니면, 머리를 숙이고, 기도문을 읊조리고, 성경을 읽고, 교회에 가고, 십일조를 드리는 데 만족하고 나머지는 알아서 그럭저럭 잘 지내려는가? 어디로 이끄시고, 어떤 일을 통해 문화를 거스르게 하시고, 자신과 가족은 물론 교회에 어떤 대가를 요구하시든 개의치 않고 온 삶을 드려 예수님을 좇으려는가? 이 핵심 질문에 답하기 위해서는 우선 여기에 따르는 세 가지 질문을 던져야 한다. 편안한 삶과 십자가 가운데 무얼 선택하려는가? 현실에 안주하려는가 아니면 소명을 위해 희생하려는가? 마지막으로 우유부단하게 살겠는가, 한결같은 심지를 품고 살겠는가?

편안한 삶과 십자가 가운데 무얼 선택하려는가?

본문에 등장하는 첫 번째 주인공은 예수님께 열심히 말씀드린다. "나는 선생님이 가시는 곳이면, 어디든지 따라가겠습니다." 같은 장면을 설명하는 다른 본문을 보면 이 사내는 율법 선생이었다. 그런 부류에 속하는 이들은 사회적인 지위를 높이기 위해서 다른 스승의 문하로 들어가는 경우가 드물지 않았다. 당시 예수님은 대중들 사이에서 인기가 높았으므로 사내가 문화적인 발전을 도모하는 디딤돌로 삼기엔 안성맞춤이었다.

예수님은 답하셨다. "인자는 머리 둘 곳이 없다." 다시 말해, 예수님을 따라나서려면 노숙자 신세가 될 각오를 해야 한다는 뜻이다. 기독교는 세상에서 더 안락함을 누리고, 더 높은 지위를 차지하며, 더 쉽게 걸어갈 수 있는 길이 아니라는 점을 주님은 똑똑히 일러 주셨다. 그리스도가 걷는 길은 사사로운 욕심을 꽃피울 수 있는 포장도로가 아니다. 도리어 주님의 길은 자기부인에서 시작된다. 예수님은 앞서 제자들에게 노골적으로 말씀하셨다. "아무든지 나를 따라오려거든 자기를 부인하고 날마다 제 십자가를 지고 나를 따를 것이니라"(눅 9:23). 그리스도를 따르는 제자의 조건에는 안락함을 포기하고 십자가를 선택한다는 항목이 분명히 포함되어 있다.

두말할 것도 없이 오늘날 우리 문화 속에 사는 모든 크리스천(예비 크리스천까지 포함해서)에게 필요한 말씀이다. 일주일의 첫날을 교회에서 보내는 게 사회적으로도 이익이 되던 시절은 지나갔다. 나머지 엿새 동안 그리스도를 좇아 사는 게 공공연히 용납되던 시대는 흘러갔다. 복음의 진리를 단단히 붙잡고, 성경을 사실로 믿으며, 그 진리를 행동으로 옮기는 것이 평판에 금을 내고, 사회적 지위를 흔들고, 식구나 가장 가까운 친구들과 어울리지 못하게 하고, 경제적 안정과 현실적인 안녕을 위협하고, 재산을 잃고, 세상의 명예를 등지게 하고, 하나님이 어디로 어떻게 인도하시느냐에 따라 목숨을 잃을 수도 있는 시절이 닥쳤다.

생각해 보라. 가난한 이들을 사랑하면서 호사스러운 삶을 그대로 유지하는 건 애초에 불가능하다. 스스로 가정이 되어 주지 않고는 고아와 과부를 보살필 도리가 없다. 결혼과 성에 대해 복음적인 신념을 고백하면서 비난을 받지 않는 건 불가능하다. 복음의 진리를 설파하면서 모든 이들에게 인기를 얻는 것 역시 불가능하다.

예수님은 분명히 말씀하셨다. "종이 주인보다 더 크지 못하다 한 말을 기억하라. 사람들이 나를 박해하였은즉 너희도 박해할 것이요"(요 15:20). 세상이 어떻게 예수님께 반응했는지 묻는다면, 참혹한 피투성이 십자가를 답으로 받을 것이다. 똑같은 세상에서 똑같은 그리스도를 좇으면서 전혀 다른 길을 가게 되리라고 여기는 건 참 어리석은 생각이다. 진짜로 십자가에 못 박히고 싶어 하는 크리스천은 많지 않다. 군말이 필요 없다. 일부러 박해를 찾아다니는 크리스천은 단 한 명도 없다. 명백한 일이다. 문화적으로 싸움을 거는 게 아니라 삶과 가족, 그리고 교회의 뿌리를 하나님 말씀에 둘수록 소속된 문화와 거리를 두게 되고 어쩔 수 없이 세상살이가 고단해질 따름이다.

 이러한 사실은 실제로 교회에 어떤 의미를 주는가? 교회가 더 진지하게 복음을 가지고 문화에 뛰어들수록 교회는 한층 견고하게 복음의 진리들을 붙잡아야 하며 스스로 좋아하는 것들을 더욱 희생적으로 포기해야 한다는 것이다. 다들 알고는 있지만 아직 확신에 이르지는 못한 듯하다. 오늘날 크리스천들과 목회자들은 성경의 진리들을 포기하고 변화무쌍한 문화의 흐름에 장단을 맞추라는 그럴듯한 유혹에 날마다 시달리고 있다. 걸출한 '기독교' 지도자들이 문화의 조류에 휩쓸려 이웃을 사랑하고 관용을 베푼다는 명분을 내세우며 영원히 변치 않는 성경의 진리를 등졌다는 소문이 꼬리에 꼬리를 물고 들려온다. 하지만 이웃에게 거짓을 전하고 그 입맛에 맞춰 진리를 뒤틀어서 결국 하나님으로부터 더 멀어지게 만드는 게 어떻게 사랑이 될 수 있는가? 진정한 관용이란 진리를 가리는 게 아니라 더 확장해서 서로 간의 차이를 받아들이는 가운데 사랑하고 섬기는 게 아니던가? 주님이 은혜를 주셔서 오만하게 거룩한 말씀을 판단하고 차츰 세상이 제시하는 길에 굴복하지 않도록 지켜 주시길 바랄 뿐이다.

 더 나아가, 성경의 진리들이 저마다의 선호와 기호를 뛰어넘어 제자리를 찾으면 좋겠다. 교회를 지켜보라. 복음을 듣지 못한 이들과 가난에 시달리는 공동체, 버림받은 고아, 외로이 살아가는 과부, 살해당하는 아기, 성노예, 세상에서 고난을 당하는 형제자매들에게 복음을 전파하는 데 목숨을 걸고 달려드는 이들의 모임처럼 보이는가? 서글프게도 현실과 동떨어져도 한참 동떨어진 그림처럼 보인다. 오히려 적잖은 크리스천들은 위안을 가져다주는 메시지를 들으며 예배의 구경꾼으로 물러나 앉아 대부분의 시간을 소모한다. 교회의 씀씀이도 마찬가지다. 모임을 갖는 공간, 또는 식구들과 그 자녀들 중심으로 설계된 사역이나 프로그램에 대부분의 재정을 쏟아 붓는다.

도대체 세상에서 무슨 일을 하고 있는가? 더 정확하게 묻자면, 말씀 속에서, 또는 진리를 품고 무얼 하고 있는가? 오늘날의 크리스천들은 더없이 성경적이어야 할 교회마저도 성경이 중요하게 꼽지 않는 것들로 채우기 일쑤다. 인간적인 기호와 선호를 제쳐 놓고, 성경 외적인(때로는 비성경적인) 전통들을 버리며, 문화적인 편리를 포기하며, 오로지 하나님의 말씀과 복음이 제시하는 소명에 헌신한다면 얼마나 대단한 일들이 벌어질지 궁금하기 짝이 없다.

편안한 삶과 십자가 가운데 무얼 선택하려는가?

여기에 대한 답변은 자연스레 두 번째 질문으로 이어진다.

현실에 안주하려는가 아니면 소명을 위해 희생하려는가?

누가복음 9장 본문에서, 두 번째 주인공을 만난 예수님은 주도권을 쥐고 말씀하셨다. "나를 따라오너라."

사내는 대답했다. "내가 먼저 가서 아버지의 장례를 치르도록 허락하여 주십시오." 원하는 것이라고는 아버지를 떠나보내는 의식을 치르는 것뿐이었다. 소원일 뿐만 아니라 마땅히 감당해야 할 의무기도 했다. 세상을 떠난 선친을 정중히 장사 지내지 않는 건 자식에겐 수치스러운 일이 될 터였다.

하지만 예수님의 답은 쌀쌀하기만 하다. "죽은 사람들을 장사하는 일은 죽은 사람들에게 맡겨 두고, 너는 가서 하나님 나라를 전파하여라."

그런 말을 들으면 어떤 기분이 들까? 상상하기조차 어렵다. 고향에서 난데없이 전화가 걸려 왔던 순간을 지금도 생생하게 기억한다. 세상을 통틀어 가장 가까운 친구였던 아버지가 갑자기 심장마비를 일으켜 세상을 떠났다는 전갈이었다. 가슴이 무너지는 것처럼 아팠다. 이후로 한동안은 말로 다할 수 없는 슬픔에 잠겨 지냈다. 그런 상황에서 "장례식에 참석할 필요 없다. 더 중요한 일이 많지 않니?"라는 예수님 말씀을 들었다면 어땠을까?

이 말씀을 어떻게 해석해야 할 것인가?

예수님의 주안점은 장례를 치른 행위가 잘못이라는 게 아니라 그 누구보다, 또는 그 무엇보다 하나님 나라를 앞세워야 한다는 데 있다. 사내에게 그 말은 나머지는 당장 다 포기하고 오로지 긴급한 사명을 감당하는 데 전념하라는 의미였다. 이를 예우하는 의식보다 죽어 가는 이들에게 하나님 나라를 선포하는 일이 더 중요한 과제라는 데는 두말이 필요 없다. 그로부터 2천 년이 흘렀지만, 지금도 그보다 더 시급한 사명은 없다고 믿는다.

여태까지 세상에 존재하는 엄청난 물리적 필요들을 찬찬히 살펴보았다. 하지만 면밀하게 주의를 기울이지 않으면 으뜸으로 절실한 필요를 무심코 지나쳐 버리기 쉽다. 물, 식량, 가정, 자유, 안전, 평등 같은 요소가 아니다. 이들 역시 시급하기는 하지만 세상의 모든 남녀노소에게 그보다 훨씬 더 크고 의미심장한 필수성분이 있다.

그처럼 급박하게 필요한 요소는 바로 복음이다.

예수님이 세상을 떠나기 전에 제자들에게 주신 것과 똑같은 말씀을 두 번째 사내에게 들려주신 까닭이 바로 여기에 있다. 예수님은 남자에게 "너는 가서 하나님의 나라를 전파하라"고 하셨다. 그리고 제자들에게는 "그의 이름으로 죄 사함을 받게 하는 회개가 예루살렘에서 시작하여 모든 족속에게 전파될 것"(눅 9:60, 24:47)이라고 하셨다.

하지만 하나님 나라를 선포하라는 이 명령은 다소 이상하다. 예수님은 사람들의 신체적인 필요가 얼마나 심각한지 알고 계셨다. 몸이 아픈 병자들과 시간을 보내고, 죽어 가는 이들 곁을 지키셨으며, 굶주리고 헐벗은 이들을 섬기셨다.

무리를 바라보시는 주님의 모습을 그리면서, 성경은 "그들을 불쌍히 여기셨다"고 말한다. 신약성경에 쓰인 원어는 "모든 병과 모든 약한 것"(마 9:35-36)을 가진 이들의 필요를 채우시고자 하는 절절한 갈망을 함축한 표현이다. 그럼에도 불구하고 제자들에게는 물론, 이 사내에게도 똑같은 말씀을 주셨다. 세상에 가득한 고난과 고통을 굽어보시며 무엇보다 먼저 복음을 선포하라고 명령하신 것이다.

알다시피, 예수님은 육신적인 필요를 만족시키는 것도 중요하지만 영원한 필요를 채우는 게 훨씬 더 결정적이라는 사실을 꿰뚫어 보셨다. 그러기에 주님은 자리에 누운 채 실려 온 중풍병자에게 "작은 자야 네 죄 사함을 받았느니라"(막 2:5)고 선언하셨다. 그리스도는 그 기회를 활용해서 환자와 주위를 에워싼 군중들에게 하나님의 아들이 세상에 오신 궁극적인 목적은 고통을 덜어 주려는 게 아님을(그 역시 소중하고 꼭 필요한 일이기는 하지만) 가르치셨다. 주님이 이 땅에 임하신 으뜸가는 이유는 고난의 뿌리가 되는 죄를 제거하는 데 있었다.

우리 모두에게 가장 필요한 게 바로 이 일이다. 근본적으로 모든 인간은 하나님께 죄를 지었으며 그분으로부터 분리되었다. 결국 지상의 삶뿐만 아니라 영원한 생명까지 한꺼번에 위태로워지고 말았다. 하늘나라와 지옥 사이에서 인간의 운명은 암담해졌다. 하나님은 예수님의 삶과 죽음, 부활을 통해 온 인류가 그분과 화해할 길을 마련해 주셨다. 그리스도를 받아들이면 누구나 영원한 생명을 누릴 수 있지만 거부하는 이들은 영원한 형벌을 면할 수가 없다. 이것이 복음의 메시지다. 인간이 반드시 들어야 할 그 무엇보다 중요한 소식이다.

그리스도는 세상의 필요에 냉담한 분이 아니다. 영원한 필요를 채우는 데 더 마음을 쏟으실 따름이다. 주님은 가난한 이들에게 육신의 갈증을 달래 줄 물만이 아니라 영혼을 적실 생수를 주러 오셨다. 고아와 과부에게 당장 가족이 되어 주는 데 그치지 않고 영원한 가정을 선물하기 위해 오셨다. 성노예 신세에서(그리고 그 여인들을 학대하는 이들에게서) 벗어나게 해 주시는 것만이 아니라 죄에 시달리는 종살이에서 자유로워지게 해 주시러 오셨다. 지상에서 평등을 실현해 주실 뿐만 아니라 하늘에서 영원히 평안을 누리게 하시려고 오셨다. 복음은 삶의 기본적인 목적을 알려 준다. 복음은 인간의 삶에 가장 절실하게 필요한 성분이기 때문이다. 복음을 들은 이들은 온 천하를 통틀어 가장 귀한 선물을 받은 셈이다. 지극히 영광스러운 하나님이 남녀노소 모든 인간을, 시간을 초월해 온갖 죄와 고난에서 건지시러 오셨다는 더없이 좋은 소식을 들었으니 말이다.

그러므로 복음을 가진 이들은 입을 다물 수가 없으며 그래서도 안 된다. 복음은 소유와 동시에 자동적으로 선포하게 된다.

그리스도의 메시지를 선포하는 기능을 빼 버린 교회가 하는 사회 사역의 허구성이 여기에 있다. 영적인 필요를 무시한 채 육신의 필요를 채우는 데만 몰두한다면 핵심을 놓치는 셈이다. 그럼에도 불구하고 그 수준에 머무르는 사역이 얼마나 많은지 모른다. 그편이 비할 데 없이 쉽고 치러야 할 대가도 적기 때문이다. 목마른 이들에게 물 한 컵을 쥐여 주고 돌아서는 편이 마실 것을 따라 주며 그리스도를 통해서만 얻을 수 있는 생수에 관한 소식을 들려주는 쪽보다 훨씬 간단하고 편리하다. 그러나 거듭 말하지만, 크리스천에게는 그 둘을 따로 떼어 놓는 길을 선택할 권리가 없다. 필요를 채우면서 복음도 선포해야 한다. 섬기면서 전하라는 게 주님의 명령이다. 입으로 증언한 사람은 삶으로 입증해야 한다는 말이다.

당연한 얘기지만, 그리스도를 믿는 신앙을 고백하느냐의 여부가 가난한 이에게 물 한 잔을 따라 주는 일의 전제가 될 수는 없다. 이웃을 제 몸처럼 사랑하려면 이런 식의 제한을 두어서는 안 된다. 오히려 물 한 잔과 더불어 복음이라는 좋은 소식을 함께 선사해야 마땅하다. 그래야 비로소 진정한 이웃사랑이라고 말할 수 있다. 지상의 고난에 큰 관심을 두어야 하지만 영원한 고통에는 가장 큰 관심을 쏟아야 한다.[1]

뿐만 아니라, 하나님의 섭리 가운데 영원한 고통의 실재를 자각하는 것이야말로 지상에서 경험하는 아픔을 누그러뜨리는 데 가장 효과적이라는 사실이 속속 드러나고 있다. 사회학자 로버트 우드버리(Robert Woodberry)는 십 년 넘게 다양한 나라들을 대상으로 국가의 건전성을 추적 연구한 끝에 명확한 결론에 이르렀다. "국가의 건전성을 불러온 독보적이리만치 두드러진 요소는 … 선교사들의 사역이었다."² 우드버리는 구체적으로 '정부의 재정지원을 받는 선교사'와 '1960년대 이전의 가톨릭 선교사'를 '회심한 프로테스탄트'와 비교해 조사했다.

"지난날 프로테스탄트 선교사들이 머물며 의미 있는 활동을 벌였던 지역들은 오늘날 상대적으로 보건 수준이 높고, 영아사망률이 낮으며, 부패가 적고, 글을 읽을 줄 아는 인구가 많으며, 교육 기회(특히 여성들)가 더 열려 있으며, 민간단체들이 활성화되는 등 경제수준이 평균을 훨씬 웃도는 양상을 보인다." 본인의 표현을 빌자면 이러한 결론은 마치 '핵폭탄'처럼 우드버리를 강타했다.³

하지만 성경에 기록된 역사들을 되짚어 보면 그이가 찾아낸 사실들은 그야말로 '새 발의 피'에 지나지 않는다. 사회와 문화의 변혁 그 자체에 초점을 맞추는 대신, 하나님이 그리스도를 통해 놀라운 역사를 일으키셨으며 함께 가자고 부르신다는 기쁜 소식, 곧 복음을 선포하는 것이야말로 사회와 문화의 변혁을 이루는 가장 탁월한 길이다. 구원의 열매는 반드시 삶과 가족, 지역사회는 물론 온 나라의 변혁을 불러오게 되어 있다.

지상에 존재하는 교회의 핵심적인 사명은 세상에 복음을 선포하는 데 있다. 우리 문화뿐만 아니라 온 세상에 해야 할 일이 산더미다. 제8장에서 이미 살펴본 것처럼, 인류학자들은 세계적으로 11,000개에 이르는 민족 집단이 존재한다고 말한다. 그런데 예수님은 그 모두에게 복음을 선포하라고 말씀하셨다. 지상명령을 내리시면서 "모든 민족을 제자로" 삼으라고 주문하신 것이다. 여기서 '민족'이라는 말은 민족-언어학적인 집단을 가리킨다. 지상명령은 될 수 있는 대로 많은 이들을 제자로 삼으라는 일반적인 요구가 아니다. 세상의 모든 민족 집단에 들어가 제자를 삼으라는 구체적인 가르침이다.

그리스도의 이러한 명령을 얼마나 따르고 있는지 궁금한가? 선교 학자들은 11,000에 이르는 민족 집단 가운데 얼마나 많은 종족에 복음이 들어갔는지 살펴보았다. 복음을 고백하고 성경을 믿는 크리스천의 비중이 2퍼센트 미만인 민족 집단을 골라 '미전도'로 분류했다. '미전도 종족'이라는 말은 실질적으로 그 민족 집단에 속한 개인들이 복음을 믿지 않을 뿐만 아니라 주변에 교회가 없고 크리스천들도 없으며 복음을 전하려는 외부의 시도도 없어서 대다수 주민들이 죽는 날까지 구원의 기쁜 소식을 들어 보지 못하는 경우를 가리킨다. 그렇다면 아직 미전도 상태로 남아 있는 민족 집단은 얼마나 될까? 무려 6천개가 넘으며 인구로 치자면 최소한 20억에 이른다고 한다.[4]

개인적으로 세계의 수많은 미전도 종족들을 만나 보았다. 여러 날 동안 아시아 어느 지역의 마을들을 돌아다니면서 예수님에 대해 아는 게 있는지 물어보면 "들어 본 적도 없다"는 답이 돌아올 뿐이었다. 중동의 여러 도시들에서 들어 봤다고 말하는 이들과 이야기를 나눠 보았지만 아는 건 이름뿐이고 예수님이 어떤 분이시고 무슨 일을 하셨는지 진리를 제대로 전달받은 경험은 전혀 없었다. 이전까지는 크리스천을 만난 적도, 성경을 본 적도 없었다는 것이다. 아프리카 사막에서는 복음을 들어 본 일도 없고 그럴 마음도 없는 이들과 둘러앉은 적도 있다. 다른 신앙과 그 믿음을 나누려는 시도를 철저히 배격하는 민족 집단에 속해 평생을 살아가는 사람들이었다.

현실에 안주하려는지 아니면 소명을 위해 희생하려는지 물을 수밖에 없는 까닭이 여기에 있다. 예수 그리스도는 행군 명령을 내리셨다. 너무도 분명해서 의심의 여지가 없는 사항이다. 지상의 모든 민족 집단에 복음, 다시 말해 그리스도를 통해 보여 주신 하나님의 위대한 사랑에 관한 소식을 선포하라! 그렇다면 2천 년이나 지난 지금까지 6,000여 개의 민족 집단이 아직 미전도 상태로 남아 있다는 게 어떻게 말이 되는가?

교회 안에 안주하고자 하는 욕구가 크게 자리 잡고 있는 현실은 이런 상황이 빚어진 주요 원인 가운데 하나다. 말 그대로 수십 억 인구가 복음을 들어 보지도 못한 채 죽어 가는 판에 한가하게 뒤로 물러앉아 있는 데 만족하는 분위기가 여실하다. 온 세계를 통틀어 이만한 불의가 또 있을까 싶다. 여태 살펴본 여러 가지 이슈들과는 비교할 수 없을 만큼 심각하다. 대담한 이야기지만 한 점 망설임 없이 외칠 수 있다. 20억이 넘는 인구가 하나님을 거역하는 죄인으로 지금도 지상에 존재한다. 결국 지옥으로 떨어질 수밖에 없는 운명이어서 구세주가 절실하지만, 하나님이 어떻게 사랑을 베푸셨고 구원의 길을 열어 주셨는지 아무도 알려 주지 않는다.

남아시아의 어느 지역을 흐르는 바그마티(Bagmati) 강가에 간 적이 있다. 날마다 장례를 치르고 시신을 불태우는 곳이다. 가족이나 친구가 세상을 떠나면 24시간 안에 이 강가로 실어 오는 게 이곳 힌두교도들의 관습이다. 주검을 화장용 장작더미 위에 올려놓고 불을 붙인다. 그래야 사랑하는 이들이 윤회의 사슬에서 더 나은 자리를 차지한다고 믿는다. 눈앞에 펼쳐지는 장면들이 너무 압도적이어서 입을 열기조차 어려웠다. 화염이 시신을 집어삼키는 모습을 지켜보며 하나님 말씀을 떠올렸다. 문득 영적인 현실이 물리적으로 표현된 현장을 보고 있는 느낌이 들었다. 눈물이 쏟아졌다. 전부는 아닐지라도, 저렇게 불타고 있는 이들 가운데 절대다수는 하나님과 더불어 영원히 살 수 있다는 기쁜 소식과 그 방법을 들어 보지도 못하고 숨을 거뒀다고 생각하니 가슴이 아팠다.

언제쯤이나 교회들이 미전도 종족이라는 개념을 참고 견디지 못하는 상황이 올까? 어떻게 해야 교회가 눈을 뜨고 복음이 들어가지 못한 민족이 세상에 수두룩하다는 사실을 통감할까? 도대체 무엇이 구원의 기쁜 소식을 들어 보지 못하고 저주에 빠져 사는 영혼들의 마음과 삶을 휘저어 놓을까? 복음을 고백하는 이들로서도 가늠할 수 없는 일이다. 다만, 복음이 사실이라면, 하나님이 모든 민족에게 찬양을 받으시기에 합당한 분이라면 삶을 드리며 교회를 움직여 세상 모든 미전도 종족들에게 그리스도의 사랑을 두루 알려야 마땅하기에 그 일을 할 뿐이다. 예수님의 지상명령은 한 번 검토해 보는 정도가 아니라 반드시 순종해야 할 가르침이다.

주님의 그러한 명령에는 전방위적인 헌신이 포함되어 있다. 우리 문화 속에는 어딜 가나 복음을 접할 수 있지만, 복음을 찾아보기 어려운 문화들도 있다. 하나님은 분명히 많은 이들(또는 대다수를)을 이끌어 그러한 문화 속으로 보내실 것이다. 만일 하나님이 우리 문화 속에 남아 있게 하신다면 단순하게 살며 희생적으로 베풀어서 힘닿는 데까지 더 많은 이들을 보내는 데 힘을 보태게 이끌어 가신다.

남든 가든, 크리스천에게는 문화를 거스르는 것 말고는 달리 선택의 여지가 없다. 남게 된다면, 즐거운 일들을 희생하고 소유를 팔고 삶을 가다듬어 세상의 미전도 종족들에게 복음이 미치도록 뒷받침해야 한다.

또한 이 일 자체가 어쩔 수 없이, 그리고 필연적으로 쾌락을 부추기고 더 많은 재물을 끌어모으며 이 땅에서 안락하게 지내는 데 온 힘을 기울이라고 부추기는 문화의 흐름을 거스르는 행위가 된다는 사실을 알아야 한다. 가는 쪽이라면, 장차 만나게 될 민족 집단이 미전도 상태로 남게 된 데는 그만한 연유가 있음을 기억할 필요가 있다. 복음을 전하기가 그만큼 까다롭고 위험하며 치러야 할 값이 상당하다는 의미일 공산이 크다. 하지만 복음은 감수해야 할 희생의 크기와 상관없이(개인적인 삶, 가족, 미래, 계획, 재산 따위를 다 잃어버릴 각오를 하고) 세상에서 가장 기쁘고 위대한 소식으로 인간에게 가장 절박한 필요를 채운다는 단 한 가지 목표를 이루기 위해 문화를 거스르도록 몰아간다.

이러한 사실은 자연스럽게 세 번째 질문으로 이어진다.

우유부단하게 살겠는가, 한결같은 심지를 품고 살겠는가?

누가복음 9장의 본문에 등장하는 마지막 주인공은 예수님께 찾아와 말했다. "주님, 내가 주님을 따라가겠습니다. 그러나 먼저 집안 식구들에게 작별 인사를 하게 해 주십시오." 간단한 부탁이다. 겉보기엔 그렇다. 가족과 친구들에게 인사를 하고 돌아오겠다는 것뿐이다. 하지만 일단 집으로 돌아가면 떠나지 말라는 유혹이 심하리라는 사실을 예수님은 내다보신 듯하다. 그래서 사내에게 말씀하셨다. "누구든지 손에 쟁기를 잡고 뒤를 돌아다보는 사람은 하나님 나라에 합당하지 않다."

오늘을 사는 크리스천들에게도 비슷한 시나리오가 돌아가는 걸 자주 본다. 하나님이 미전도 종족에게 복음을 전하도록 부르시는 걸 감지한 대학생, 미혼청년, 신혼부부들을 숱하게 만나지만 적잖은 이들이 아버지 어머니에게(크리스천이나 그리스도를 모르는 이들이나 매한가지다) 돌아갔다가 그 부르심에 따르지 말라는 설득에 넘어가곤 한다. 부모들은 물을 것이다.

"너무 위험하지 않니?"

"결혼은 어떻게 하려고?"

"아내를 너무 위험한 데로 데려가는 거 아냐?"

"애들은 어떡하고? 정말 거기서 키우게? 손자손녀들 얼굴도 못 보게 할 참이냐?"

아이러니컬하게도, 자식들의 한마디가 은퇴한 뒤에 선교를 계획하던 이들의 시나리오를 뒤집기도 한다. "아빠엄마 연배랑 처지를 감안할 때, 그게 과연 현명한 선택일까요?"

사랑하는 마음에서 시작된 가족의 설득이 믿음 없는 생활로 이어지는 경우는 주변에서 얼마든지 찾아볼 수 있다. 형제들은 누이가 고달픈 처지를 모면하도록 도울 심산으로 아이를 지우라고 열심히 권할지 모른다. 속으로는 쉴 새 없이 읊조린다. '처지를 아시면 하나님도 틀림없이 용서해 주실 거야.' 아버지 어머니는 아들딸의 행복을 생각해서 성경이 뭐라고 가르치든 상관없이 스스로 성정체성을 결정하도록 부추길지 모른다. 속으로 생각한다. '아이가 저렇게 힘들어하는데 어쩌겠어.' 이러한 상황을 겨냥한 예수님의 말씀은 간결하고 또한 통렬하다. "내가 온 것은 사람이 그 아버지와, 딸이 어머니와, 며느리가 시어머니와 불화하게 하려 함이니 사람의 원수가 자기 집안 식구리라. 아버지나 어머니를 나보다 더 사랑하는 자는 내게 합당하지 아니하고 아들이나 딸을 나보다 더 사랑하는 자도 내게 합당하지 아니하며"(마 10:35-37). 주님을 따르는 일은 그저 희생적으로 삶을 포기하는 데 그치지 않으며 온 마음을 다해 최고의 애정을 쏟는 자세가 필요하다.

형편이 이러함에도 불구하고 내 안에도 영적으로 미적거리는 은밀하지만 위험한 성향이 있음을 깨닫는다. 하나님의 부르심 앞에 설 때마다 망설이는 기질이 있다. 무슨 일을 하든지 먼저 올바른 길을 가고 있다는 확실한 증거를 얻고 싶어 한다. 선택의 여지들을 빠짐없이 살피고 여기저기 조언을 구한다. 꼭 나쁘다고는 말할 수 없다. 슬기로운 판단을 내리고 싶은 마음을 탓할 수는 없다. 하지만 조심하지 않으면 서서히 우유부단한 기질의 지배를 받을 수 있다. 가까운 이들의 압력과 내면에 가득한 의심에 발목이 잡힐 수도 있다. 그렇게 결단을 늦추면 저도 모르는 새에 순종은 불순종으로 변질되어 간다.

이걸 당연하게 생각해선 안 된다. 호숫가를 산책하다 물에 빠진 아이를 보았다면 가만히 서서 어찌하는 게 좋을지 궁리만 하지는 않을 것이다. 기도하면서 어떤 조치를 취하는 게 옳은지 알려 주시길 구하지도 않을 것이다. 한 점 망설임도 없이 당장 물에 뛰어들어 허우적거리는 아이를 끄집어낼 것이다.

썩 좋은 비유는 아닐지 모르지만, 제10장에서 지금까지 다룬 내용들을 돌아볼 필요가 있다. 지금 이 순간에도 이루 헤아릴 수 없을 만큼 많은 남자와 여자, 아이들이 식량과 물을 구하지 못하고 주려 죽어 가고 있다. 오늘도 숱한 아기들이 뜯겨 나가고 내일도 그만큼 죽어 나갈 것이다. 고아원과 위탁가정, 길거리와 대도시 빈민가에는 아빠 엄마가 필요한 사내아이, 계집아이들이 넘쳐난다. 지금도 이름 모를 무수한 과부들이 가족도 친구도 없이 빈집에 우두커니 앉아 있다. 사랑해 주고 생계를 책임져 주던 남편은 먼저 떠나고 없다. 이 글을 읽고 있는 사이에도 수천, 수만 명의 어린 소녀들이 길모퉁이에, 또는 홍등가 한 귀퉁이에 쭈그리고 앉아 손님이 찾아와 제 몸을 유린해 주길 기다리고 있다. 같은 시간, 또 다른 세상 어디선가는 수많은 남녀노소가 인종이 다르다는 이유로 억압을 받고 허다한 형제자매들이 신앙을 지키느라 핍박을 감수하고 있다. 결국, 한쪽에서는 느긋하게 복음을 묵상하는 사이에 다른 한편에서는 20억이 넘는 인류가 그 기쁜 소식을 들어 보지도 못하고 죽어 가는 셈이다. 하나님이 그리스도를 통해 베풀어 주신 큰 사랑이 어떻게 만족스러운 삶을 살게 하며 구원을 받고 영원한 생명을 얻게 하는지 그 기쁜 소식을 듣기를 그이들은 기다리고 있다.

무거운 중압감에 짓눌리라고 엄중한 현실을 들춰서 내보이는 게 아니다. 분명히 말하거니와, 오로지 하나님만이 온 세상의 이 무거운 짐을 지실 수 있다. 오직 주님만이 세상을 있는 그대로 정확하게 인식하는 정서적인 틀을 가지고 계신다. 하지만 그분은 자녀들을 너무나 사랑하셔서 무관심한 상태로 손가락 하나 까닥하지 않으며 살도록 내버려 두지 않으신다. 적어도 이 책 각 장의 말미에 나오는 세 가지 실천사항 정도는 행동에 옮기길 바라신다. 기도하고, 참여하며, 하나님의 말씀을 주변 세계에 선포하길 원하신다.

반드시 기도로 시작해야 한다. 기도는 사회의 불의에 맞서 싸우는 가장 간단하지만 더없이 중요한 방편이다. 싸움은 궁극적으로 하나님의 몫이다(삼상 17:47 참조). 크리스천들이 기도를 통해 주님과 더불어 거룩한 뜻을 이루는 전장에 참전하길 주님은 기대하신다. 그러므로 그리스도의 가르침과 모범을 좇아 하나님 나라가 임하시고 그분의 뜻이 이뤄지길 간구하라(마 6:9-10 참조). 앞서간 선배들의 발자취를 따라, 하나같이 주리고 허덕이는 이 세상에 하나님의 심판과 자비가 밝히 선포되기를 기도하며 (시 7편, 10편, 17편, 18편 참조), 그 부르짖음 가운데 단 한 마디도 허사로 돌아가지 않으리라는 믿음을 가지라(눅 11:1-13 참조). 최상의 기도를 드릴 수 있도록 돕기 위해 각 장 끄트머리에 간단한 기도제목을 적어 넣었다. 아울러 이 책에 소개한 여러 이슈들을 가지고 기도할 구체적인 제목들을 정리해 웹사이트(CounterCultureBook.com)에도 올리고 있다. 이 사이트가 온 세상의 어려움을 품고 하나님 앞에 무릎을 꿇는 뭇 크리스천들에게 최상이자 최고의 땔감이 되길 바랄 뿐이다.

　기도가 하나님과 더불어 주변 세계로 뛰어드는 참여로 이어지면 좋겠다. 물질을 드리는 것도 중요한 방법 가운데 하나다. 하나님이 사상 최대의 풍요를 누리게 하신 지역의 크리스천들은 주님을 경배하는 일에 그 부를 사용할 방도를 궁리해야 한다. 신약성경의 전례를 보면 지역교회에 헌금하고 함께 용처를 고민하는 방식을 우선시했음을 알 수 있다(고전 16:1-4). 그러므로 거기서부터 시작하는 게 좋겠다. 하나님이 교회를 통해 역사하셔서 영적인 도움과 물리적인 보살핌을 다급하게 요청하는 세계에 복음을 널리 전파하는 도구로 물질을 잘 사용하게 해 주시길 기도한다. 이 책에서 다룬 구체적인 이슈들과 관련해서는 지혜롭게 돕는 손길이 필요하다고 믿는다. 그래서 개인적으로나 교회 단위로 파트너가 되어 후원할 만한 선교단체들을 웹사이트(CounterCultureBook.com)에 링크해두었다. 이런 기관들을 연결하는 과정에서 어떠한 이익도 취하지 않는다는 점을 분명히 알려 두고 싶다. 이 책의 판매 수익도 사이트에 소개된 선교단체들을 통해 복음을 편만하게 하는 데 사용될 예정이다. 현대 문화 속에서 크리스천들이 어떻게 너그럽고, 희생적이며, 예민하고, 기쁘게 드릴 수 있을지 고민하는 첫 걸음을 떼도록 돕고자 할 뿐이다.

기도하며 자원을 드리노라면 하나님이 자연스럽게 '가는' 방향으로 인도하시리라 믿는다. 여기서 '가다'라는 말은 무슨 뜻일까? 하나님이 이끄시는 여러 가지 다른 활동들을 가리킨다. 6,000개의 미전도 종족이 아직 남아 있음을 감안하면, 하나님이 적잖은 이들을 현장으로 보내서 온 가족이 그이들과 더불어 살며 복음을 전하게 하시리라고 본다. 반면에 아이들을 입양하거나 위탁양육하거나, 과부와 미혼모, 이주민들을 보살피는 사역에 참여하기 시작하거나, 낙태에 반대하거나, 성 착취 인신매매와 싸우는 운동에 나서거나, 성경적인 결혼을 통해 복음의 실상을 그려 보이거나, 인종 화합을 위해 노력하거나, 핍박받는 교회들을 섬기거나, 신앙의 자유를 옹호하는 따위의 일들을 통해 주위는 물론 온 세상의 가난한 이들 틈에서 일하도록 이끄시는 이들도 있을 것이다. 하나님의 창의성은 그리스도의 제자들을 각양각색으로 불러 다채로운 경로로 하나님 나라를 위해 시간과 달란트, 재물을 사용하게 하시는 방식에서 가장 빛나게 드러나는지도 모른다.

제1장에서 이야기한 것처럼, 크리스천 각자가 모든 문제에 관심을 가질 수는 없으며 그래서도 안 된다. 하나님은 주권적으로 자녀들 한 명한 명에게 저마다 독특한 지위와 자리를 부여하시고 독특한 특권과 기회를 주셔서 주위 문화에 영향을 끼치게 하시기 때문이다. 따라서 웹사이트(CounterCultureBook.com)에는 말씀을 통해 자신을 비춰 보며 하나님이

어떤 일을 하도록 부르시는지 구체적으로 살펴볼 때 참조할 만한 기본적인 아이디어들도 실려 있다.

하지만 기도하고 드리고 인도하시는 대로 따라가며 그 가운데 확신과 긍휼, 용기를 가지고 복음을 선포하는 점에서는 한결같아야 한다. 이미 살펴본 것처럼, 복음이 문화의 차이를 초월하는 핵심 이슈임을 알면 바로 그 복음이 현대 문화 속의 긴급한 사회문제에 맞서게 하신다는 사실을 깨달을 것이다. 그러한 충돌의 중심에 선 크리스천은 복음에 가장 높은 우선순위를 두어야 한다. 복음만이 세상을 변화시킬 뿐만 아니라 영원한 나라를 기준으로 삶을 변혁시킬 힘을 가지고 있기 때문이다.

그러므로 복음을 품은 채 침묵하지 말라. 문화가 그리스도를 향한 믿음에 재갈을 물리는 사태를 막으라. 우유부단한 마음가짐이 삶을 지배하지 못하게 하라. 시대를 규정하는 일을 미루지 말라. 하나님의 뜻이 무언지 물을 필요가 없다. 그분은 이미 거룩한 뜻을 분명히 밝히셨다. 주님은 거룩한 백성들이 가난한 이들을 보살피고, 태중의 아기를 소중히 여기며, 고아와 과부를 돌보고, 노예상태로 사는 이들을 건져 내며, 결혼을 지키고, 삶의 다양한 영역에서 벌어지는 온갖 형태의 성적인 부도덕과 맞서 싸우며, 인종을 떠나 이웃을 제 몸 같이 사랑하고, 위험을 무릅쓰고 믿음을 행동으로 실천해 보이며, 모든 민족에게 복음을 선포하길 원하신다. 한 치의 어김도 없이 분명한 사실이다.

그러므로 하나님께 기도하고, 하나님과 더불어 참여하며, 복음을 선포하라. 저차원적인 죄책감이나 안 하면 안 될 것 같은 의무감에 마지못해 나서지 말고 고차원적인 은혜에 사로잡혀 기쁜 마음으로 이 모든 일을 감당하라. 한때는 죄에 빠져 곤궁한 처지였고, 사탄의 종이었으며,

하나님을 등진 고아였으며, 세상에 홀로 선 외로운 신세였었다는 자각에서 출발하라. 그럼에도 불구하고, 하나님은 독생자 예수님에게 피로 얼룩진 십자가를 지우시는 희생을 통해 죄에 절은 심령에 자비가 가득한 손을 내미시고 감미로운 사랑으로 일으켜 세워 새로운 생명을 주셨다. 이제 그리스도의 풍성함을 덧입고 그분의 보호하심으로 안전해졌으므로 두려워할 일도 없고, 잃어버릴 것도 없다.

아울러, 세상에서 고통과 아픔을 다 몰아낼 수 있다는 환상을 품고 하나님께 기도하고, 하나님과 더불어 참여하며, 복음을 선포해선 안 된다. 그건 부활하신 그리스도께서 책임지실 일이다. 세상에 다시 임하시는 날, 예수님은 그런 역사를 일으키실 것이다. 그러나 그날이 오기까지는 무슨 일을 하라고 부르시든지 전심으로 충성하면 그만이다.

문제가 워낙 복잡해서 개인이나 한 가족, 또는 교회가 어찌해 볼 사안이 아니라고 주장하는 이들도 있다. 어느 모로 보나 참말이다. 어느 이슈를 꼽을 필요도 없이 하나하나가 다 이루 말할 수 없을 만큼 복잡다단하다. 하지만 하나님이 복음을 널리 전하고 문화 속에 그분의 영광을 밝히 드러내기 위해 한 사람, 한 가정, 또는 한 교회를 들어 쓰셔서 이루실 수 있는 역사를 과소평가하지 말라.

그러므로 주님이 특별한 뜻을 가지고 한 사람 한 사람을 이 문화 속에 두셨다는 강철 같은 확신을 품고 맡겨진 일들을 성심껏 감당하라. 하나님은 우리를 친히 부르셨고, 아들의 핏값으로 구원하셨으며, 성령으로 충만케 하시고, 거룩한 사랑으로 사로잡으셨으며, 거룩한 말씀을 통해 문화에 맞서 하나님 나라를 선포하게 하셨다.

치르게 될 대가를 두려워하지 말라. 하나님이 친히 우리의 가장 큰 상급이 되셨다는 자신감을 가지라.

문화를 거스르는 '카운터 컬처'의 첫걸음

기도하라

하나님께 구하라.

- 다른 문화 속에 일꾼을(전임선교사든 비즈니스 비자를 가진 선교사든) 보내 주시고 문을 여셔서 수많은 미전도 종족들에게 복음이 미치게 해 주세요.
- 크리스천과 교회들에 거룩한 부담감을 주셔서 기도하고, 물질을 드리며, 미전도 종족들에게 복음을 전하러 가게 도와주세요.
- 선교사들에게 담대한 마음과 지혜를 허락하셔서 미전도 종족들에게 복음이 알려지게 해 주세요.

참여하라

기도하면서 다음 단계를 차근차근 밟아 나가라.

- 지역교회에 드리는 헌금을 통해 복음을 들고 미전도 종족들을 찾아가려는 선교사들의 노력을 후원하라.
- 단기선교 여행에 동참할 계획을 세우고 지상명령을 이루기 위해 어떤 역할을 감당할지 선명하게 알려 주시길 하나님께 기도하라.
- 선교기관과 번역 팀, 그밖에 미전도 종족들에게 복음을 전하는 여러 일꾼들을 후원하라.

선포하라

다음과 같은 성경의 진리들을 깊이 묵상하라.

- 그러므로 너희는 이렇게 기도하라. 하늘에 계신 우리 아버지여 이름이 거룩히 여김을 받으시오며 나라가 임하시오며 뜻이 하늘에서 이루어진 것 같이 땅에서도 이루어지이다(마 6:9-10).

- 이에 제자들에게 이르시되 추수할 것은 많되 일꾼이 적으니 그러므로 추수하는 주인에게 청하여 추수할 일꾼들을 보내 주소서 하라 하시니라(마 9:37-38).

- 길 가실 때에 어떤 사람이 여짜오되 어디로 가시든지 나는 따르리이다. 예수께서 이르시되 여우도 굴이 있고 공중의 새도 집이 있으되 인자는 머리 둘 곳이 없도다 하시고 또 다른 사람에게 나를 따르라 하시니 그가 이르되 나로 먼저 가서 내 아버지를 장사하게 허락하옵소서. 이르시되 죽은 자들로 자기의 죽은 자들을 장사하게 하고 너는 가서 하나님의 나라를 전파하라 하시고 또 다른 사람이 이르되 주여 내가 주를 따르겠나이다마는 나로 먼저 내 가족을 작별하게 허락하소서. 예수께서 이르시되 손에 쟁기를 잡고 뒤를 돌아보는 자는 하나님의 나라에 합당하지 아니하니라 하시니라(눅 9:57-62).

- CounterCultureBook.com/Poverty를 방문하면 더 많은(또는 상세한) 자료를 볼 수 있다.

주>>

--- Part 1

1. 복음과 문화

1. 이와 관해 탁월한 글을 찾는다면, Dan Phillips, "The Most Offensive Verse in the Bible," PyroManiacs (blog), February 26, 2013, http://teampyro.blogpot.com/2013/02/the-most-offensive-verse-in-bible.html을 보라.
2. Michael Ruse, "Evolutionary Theory and Christian Ethics," in *The Darwinian Paradigm* (London : 1989), 261-268.
3. Richard Dawkins, *River Out of Eden* (New York : Basic Books, 1995), 133.
4. 이후는 *Why I Am a Christian* (Downers Grove, IL : InterVarsity Press, 2003)에 수록된 존 스토트의 복음 소개를 대폭 참조했다.
5. Stott, *Why I Am a Christian*, 76.
6. Stott, *Why I Am a Christian*, 74-76.
7. Ibid., 35.
8. Ibid., 42-43.
9. Ibid., 55. 이와 관련된 내용을 더 깊이 알고 싶다면 John Stott, *The Cross of Christ* (Downers Grove, IL : InterVarsity Press, 2006), 89-93을 보라.
10. Stott, *Why I Am a Christian*, 49-51을 보라.
11. Tim Keller, "The Importance of Hell," The Redeemer Reports, Redeemer Presbyterian Church, August 2009, www.redeemer.com/redeemer-report/article/the_importance_of_hell.
12. Elizabeth Rundle Charles, *Chronicles of the Schönberg-Cotta Family* (New York : M. W. Dodd, 1864), 321.
13. Francis Schaeffer, *A Christian View of the Church*, volume 4 in The Complete Works of Francis Schaeffer :A Christian Worldview (Wheaton, IL : Crossway, 1982), 316-317, 401.
14. Schaeffer, *A Christian View of the Church*, 410.

---Part 2

2. 복음과 가난

1. Steve Corbett and Brian Fikkert, *When Helping Hurts* : *How to Alleviate Poverty without Hurting the Poor … and Yourself* (Chicago : Moody, 2009), 41.
2. "Health Facts," Compassion.com, www.compassion.com/poverty/health.htm. 2014년 5월 5

일 접속.
3. '복음과 소유'와 관련해 우리 교회 식구들을 인도하는 데 활용하는 성경말씀 75구절을 더 연구하고 심화시켜 추려낸 사항이다. www.radical.net/media/schurch/series_list/?id=69에 접속하면 더 깊이 공부하는 데 도움이 될 만한 서적은 물론이고 오디오, 비디오, 문서자료를 볼 수 있다.
4. Timothy Keller, *Every Good Endeavor : Connecting Your Work to God's Work*(New York : Dutton, 2012), 59.
5. Lester DeKoster, *Work : The Meaning of Your Life : A Christian Perspective*(Grand Rapids, MI : Christian's Library Press, 1982), 3-4, 6.
6. Ibid., 2-3.
7. C. S. Lewis, *Mere Christianity*(New York : Simon and Schuster, 1980), 82.
8. "Water Sanitation and Health," World Health Organization, www.woho.int/water_water_sanitation health/mdgi/en/. 2014년 5월 4일 접속.

3. 복음과 낙태

1. "Worldwide Abortion Statistics," Abort73.com, www.abort73.com/abortion_facts/worldwide_abortion_statistics/.
2. 여기에 관해서는 Denny Burk의 블로그 포스트 "Why Aren't We Calling It the 'Royal Fetus'?," December 5, 2012, www.dennyburk.com/why-arent-we-calling-it-royal-fetus/을 보라.
3. 이 부분은 Gregory Koukl이 쓴 소책자, *Precious Unborn Human Persons*(Signal Hill, CA : Stand to Reason Press), 1999를 큰 폭으로 참고했으며 이에 관한 개인적인 입장을 정리하는 데 적잖은 도움을 받았다.
4. Koukl, *Precious Unborn Human Persons*, 7.
5. Ibid. 단 하나 분명한 예외가 있다면 산모의 생명이 풍전등화와 같은 위기에 처했을 때뿐이다. 두 사람의 목숨 가운데 어느 한쪽밖에 건질 수 없는 상황이라면 엄마의 생명을 건지는 결정을 내릴 수 있다. 여기에 대한 설명은 Koukl, *Precious Unborn Human Persons*, 8-12에 따랐다.
6. Ibid., 26-27.
7. Susan Donaldson James, "Down Syndrome Births Are Down in U.S.," ABC News, November 2, 2009, http://abcnews.go.com/Health/w_ParentingResource/down-syndrome-births-drop-us-women-abort/story?id=8960803.
8. Koukl, *Precious Unborn Human Persons*, 9.
9. Randy Alcorn, *Pro-Life Answers to Pro-Choice Arguments*(Colorado Springs : Multnomah Books, 2000), 293.
10. "Forced Abortion Statistics," All Girls Allowed, 2014년 5월 20일 접속, www.allgirlsallowed.org/forced-abortion-statistics.

4. 복음, 그리고 고아와 과부

1. "On Understanding Orphan Statistics," Christian Alliance fr Orphans, 2014년 5월 20일 접속, www.christianalliancefororphans.org/orphanstats/.
2. '돌보아 주며'에 해당하는 원어 단어가 성경에서 쓰인 구체적인 사례들을 살펴려면 창세기 50장 24-25절, 시편 8편 4절과 106편 4절, 누가복음 1장 68절과 78절, 7장 16절, 사도행전 7장 23절과 15장 14절 및 36절을 보라.
3. "Report : Over 115 Million Widows Worldwide Live in Poverty," *USA Today*, June 23, 2010, http://usatoday30.usatoday.com/news/health/2010-06-23-un-widows-poverty_N.htm?csp=34news.
4. Kirsten Andersen, "The Number of U. S. Children Living in Single-Parent Homes Has Nearly Doubled in 50 Years : Census Data," LifeSiteNews.com, January 4, 2013, www.lifesitenews.com/news/the-number-of-children-living-in-single-parent-homes-has-nearly-doubled-in/; J. A. Martin, B. E. Hamilton, J. K. Osterman, et al., "Births : Final Data for 2012," *National Vital Statistics Reports* 62, no. 9(2013), www.cdc.gov/nchs/fastats/births.htm.

5. 복음과 성 착취

1. Joe Carter, "9 Things You Should Know About Human Trafficking"(blog), The Gospel Coalition, August 8, 2013,http://thegospelcoalition.org/blogs/tac/2013/08/09/9-things-you-should-know-about-human-trafficking/.
2. End It, http://enditmomvement.com/; "The Fact," The A21 Campaign, www.the21campaign.org/content/the-facts-gjekag.
3. "Trafficking and Slavery Fact Sheet," Free the Slaves, ww.freetheslaves.net/document.doc?id=34 and "Human Trafficking," Polaris, www.polarisproject.org/human-trafficking/overview
4. "The I-20 Story"(video), The Well House, http://the-wellhouse.org/i-20-story/.
5. 게티스버그 연설문은 www.ourdocuments.gov/doc.php?flash=true&doc=36&page=transcript 에서 볼 수 있다.
6. Walter Bauer, W. F. Arndt, F. W. Gingrich, and F. W. Danker, *A Greek-English Lexicon of the New Testament and Other Early Christian Literature*, 3rd ed., ed., Frederick William Danker(Chicago : The University of Chicago Press, 2000), 76.
7. 성경과 종에 대한 해석학적인 개괄은 "What About Slavery, Paul?" in *Exalting Jesus in 1 and 2 Timothy and Titus*(Nashville : B&H Publishing Group, 2013)을 보라.
8. Frederick Douglass, *Narrative of the Life of Frederick Douglass*(Boston : Dover Publications, 1995), 3-4.
9. "Staggering Statistics," MindArmor Training Tools, www.mind-armor.com/staggering-statistics.
10. "Forced Sex Acts between a Trafficked Woman or Child and a 'John' Are Often Filmed and

Photographed," Pornography + Sex Trafficking, http://stoptraffickingdemand.com/forced-acts-recorded.

11. U.S. Dept. of State, Trafficking Victims Protection Act(TVPA) 2000, Bureau for International Narcotics and Law Enforcement Affairs(2001)(enacted).

12. "Performers Are Sometimes Forced or Coerced During the Production of Mainstream Pornography," Pornography + Sex Trafficking, http://stoptraffickingdemand.com/trafficking-within-the-industry ; "Forced Sex Acts".

13. Donna M. Hughes, "The Demand for Victims of Sex Trafficking", Women's Studies Program, University of Rhode Island, June 2005, www.uri.edu/artsci/wms/huyghes/demand_for_victims.pdf., p.26.

14. Melissa Farley, "Renting an Organ for Ten Minutes : What Tricks Tell Us about Prostitution, Pornography, and Trafficking," in *Pornography : Driving the Demand in International Sex Trafficking*, eds. David E. Guinn and Julie DiCaro(Captive Daughters Media, 2007), 145.

15. Ana Stutler, "The Connections Between Pornography and Sex Trafficking," *Help Others Restore Integrity*(blog), Covenant Eyes, September 7, 2011, www.covenanteyes.com/2011/09/07/the-connections-between-pornography-and-sex-trafficking/.

16. "Online Porn Addiction Turns Our Kids into Victims and Predators," *Sydney Sun-Herald*, August 14, 2005, http://www.smh.com.au/news/miranda-devine/Online-porn-addiction-turns-our-kids-into-victims-and-predators/2005/08/13/1123353539758.html.

17. Angelu Lu, "Connecting the Dots between Sex Trafficking and Pornography," *World*, June 10, 2013, www.worldmag.com/2013/06/connecting_the_dots_between_sex_trafficking_and_pornography.

18. Paul Olaf Chelsen, "An Examination of Internet Pornography Usage Among Male Students at Evangelical Christian colleges"(PhD diss., Loyola University, 2001), http://ecommons.luc.edu/luc_diss/150/.

19. Murray J. Harris, *slave of Christ : A New Testament Metaphor for Total Devotion to Christ*(Downers Grove, IL : InterVarstiy Press, 1999), 68.

---Part 3

6. 복음과 결혼

1. *United States v. Windsor*, 57. U.S. (2013), www.supremecourt.gov/opinions/12pdf/12-307_6j37.pdf.

2. Hope Yen, "Census : Divorces Decline in United States," *Huffington Post*, May 18, 2011, www.huffingtonpost.com/2011/05/18/census-divorces-decline-i_n_863639.html.

3. Linda Carroll, "CDC : Only Half of First Marriages Last 20 Years," *NBC News*, March 22, 2012, http://vitals.nbcnews.com/_news/2012/03/21/10799069-cdc-only-half-of-first-marriages-last-20-years.
4. Mark Regnerus, "The Case for Early Mariage," *Christianity Today*, July 31, 2009, www.christianitytoday.com/ct/2009/august/16.22.html?paging=off.
5. "Interview : Why Rob Bell Supports Gay Marriage," Odyssey Networks, https://www.youtube.com/watch?v=-q0iDaW6BnE.
6. Don과 Gwen이 걸어온 길을 더 자세히 알고 싶다면, Don Brobst, Thirteen Months(Bloomington, IN : Westbow Press, 2011)을 보라.
7. Glenn T. Stanton, "FactChecker : Divorce Rate among Christians," *The Gospel Coalition*(blog), Sept. 25, 2012, http://thegospelcoalition.org/blogs/tgc/2012/09/25/factChecker-divorce-rate-among-christians/#_ftn I.
8. Francis A. Schaeffer, The complete Works of Francis A. Schaeffer : A Christian Worldview, vol. 4, *A Christian View of the Church*(Wheaton, IL : Crossway, 1982), 391-398.
9. Regnerus, "The Case for Early Mariage,"
10. Russell Moore는 앞에서 설명한 사실들과 관련해 큰 용기를 주었다. 더 자세히 알고 싶다면, Russell D. Moore, "How Should Same-Sex Marriage Change the Church's Witness?" *Moore to the Point*(blog), June 26, 2013, www.russellmoore.com/2013/06/26/how-should-same-sex-marriage-change-the-church's-witness/ and "Same-Sex Marriage and the Futrure," *Moore to the Point*(blog), April 15, 2014, www.russellmoore.com/2014/04/15/same-sex-marriage-and-the-futrure/를 보라.

7. 복음과 성윤리

1. 예를 들어, 에베소서 4장 28절과 골로새서 3장 9절을 보라.
2. 하나님의 율법에 관해 더 알고 싶다면, David W. Jones, *An Introduction to Biblical Ethics*(Nashville : B&H Academic, 2013)을 보라.
3. 여기에 소개된 성경적인 기초와 실제적인 적용에 관한 간단하지만 탁월한 자료는 Sam Allberry, *Is God Anti-Gay?*(Purcellville, VA : The Good Book Company, 2013)를 보라.
4. 이와 관련해 뛰어난 논의가 필요하다면 Kevin DeYoung, *The Hole in Our Holiness*(Wheaton, IL : Crossway, 2014), chapter 8, 107-122를 보라.
5. Robert Wright, "Our Cheating Hearts," *Time*, August 15. 1994, 44를 보라.
6. 분명히 하자면, 고린도전서 6장과 디모데전서 1장에서 바울이 사용한 어휘는 70인역의(구약성경의 그리스어 번역판) 레위기 28장 22절에 등장하는 '동성애'에 해당한다.
7. William M. Kent, "Report of the Committee to Study Homosexuality to the General Council on Ministries of the United Methodist Church"(Dayton, OH : General Council on Ministries, August 24, 1991).

8. Gary David Comstock, *Gay Theology without Apology*(Cleveland, OH : Pilgrim Press, 1993), 43.
9. Luke Timothy Johnson, "Homosexuality & the Church : Scripture & Experience," *Comonweal*, June 11, 2007, www.commonwealmagazine.org/homosexuality-church-I.
10. Daniel R. Heimbach, *True Sexual Morality* : *Recovering Biblical Standards for a Culture in Crisis*(Wheaton, IL : Crossay, 2004), 33-34.
11. Martin Luther, *Commentary on St. Paul's Epistle to the Galatians*, chapter 3, verse 13.
12. Rosaria Champagne Butterfield, "May Train Wreck Conversion," *Christianity Today*, February 7, 2013, www.chrisianitytoday.com/ct/2013/january-february/my-train-wreck-conversion.html.
13. Ibid.
14. Ibid.
15. Ibid.

8. 복음과 인종

1. Martin Luther King Jr., "Letter from Birmingham City Jail," *The King Center*(online archive), April 16, 1963. 2014년 5월 10일 접속, www.thekingcenter.org/archive/document/letter-birmingham-city-jail.
2. Ibid.
3. Ibid,.
4. 특히 Thaniti Anyabwile의 설교, "Bearing the Image"를 듣고 확신을 가지게 되었다. 이 설교는 Mark Dever, J. Ligon Duncan III, R. Albert Mohler Jr., and C. J. Mahaney, Proclaiming a Cross-Centered Theology(Wheaton, IL : Crossway, 2009), 59-80에 수록되어 있다. 이후에 이어지는 여러 이야기들은 Anyabwile과 여기에 관해 나눈 대화에 토대를 두고 있다. Thaniti Anyabwile, "Black or What?" : Where Does 'Blackness' and 'Whiteness' Come From?"도 함께 보라. *Erace Ourselves*(blog), 2013년 9월 8일 접속, www.eraceourselves.com/mexico/ and "Three Pragmatic Reasons for Rejecting the Idea of Race as Biology," *Erace Ourselves*(blog), 2014년 1월 20일 접속, www.eraceourselves.com/three-pragmatic-reasons-for-rejecting-the-idea-of-race-as-biology/.
5. Anyabwile, "Bearing the Image," 64.
6. PeopleGroups, www.peoplegroups.org/understadnd/123.aspx ; www.peoplegroups.org. Joshua Project, http://joshuaproject.net/help/definitions ; and http://joshuaproject.net/global_statistics도 보라.
7. 여기에 대한 더 깊은 논의는 www.peoplegroups.org를 참조하라.
8. 죄에 빠진 여러 민족들을 향한 하나님의 거룩한 심판과 헷갈려선 안 된다. 구약성경 곳곳에서 주님이 뭇 종족들 사이에 만연해 있던 부도덕과 우상숭배를 엄정하게 심판하시는 모습을 볼 수 있다. 하나님의 거룩하심과 공의, 선하심과 관련된 논의가 더 필요하다면, Paul Copan, *Is*

God a Moral Monster?(Grand Rapids : Baker, 2011)를 참조하라.

9. 예를 들어, 마태복음 8장 5-13절, 28-34절, 15장 21-28절, 누가복음 17장 12-19절, 요한복음 4장 5-42절, 12장 20-28절을 보라.

10. Martin Luther King Jr., "I have a Dream…." National Archives, www.archives.gov/press/exhibits/dream-speech.pdf.

11. Russell D. Moore, "Immigration and the Gospel," *Moore to the Point*(blog), 2011년 1월 17일 접속, www.russellmoore.com/2011/06/17/immigration-and-the-gospel/. Thaniti Anyabwile이 인종주의에 대한 이해를 도왔던 것처럼 Russell Moore는 이주민 문제를 파악하는 데 커다란 영향을 주었다.

12. Michael Linton, "Illegal Immigration and Our Corruption," *First Things*, 2007sus 7월 13일 접속, www.firstthings.com/web-exclusives/2007/07/illegal-immigration-and-our-co.

13. Mathew Soerens and Daniel Darling, "The Gospel and Immigration," *The Gospel Coalition*(blog), 2012년 5월 1일 접속, http://thegospelcoalition.org/blogs/tgc/2012/05/01/the-gospel-and-immigration과 Sorens and Darling, "Immigration Policy and Ministry," The Gospel Coalition(blog), 2012년 5월 8일 접속, http://thegospelcoalition.org/blogs/tgc/2012/05/08/immigration-policy-and-ministry/.

14. 내가 속한 Southern Baptist Convention이 내놓은 결의안은 물론이고 Evangelical Immigration Table이 제시하는 원칙들과도 상당부분 일치한다. "On Immigration and the Gospel," *Southern Baptist Convention*, www.sbc.net/resolutions/2013을 보라. 성경적인 가치관을 바탕으로 이민제도 개혁을 주장하는 복음주의 단체와 지도자들의 광범위한 연합체인 Evangelical Immigration Table에 대해 더 자세히 알고 싶으면 http://evangelicalimmigrationtable.com/을 참조하라.

15. Tyler Johnson과 Redemption Church에 관하여 더 많은 정보가 필요하면 Tyler Johnson and Jim Mullins, "One Church's Journey on Immigration," *The Gospel Coalition*(blog), 2012년 10월 31일 접속, http://thegospelcoalition.org/blogs/tgc/2012/10/31/one-church's-journey-on-immigration을 보라.

9. 복음과 신앙의 자유

1. "About Christian Persecution," Open Doors USA, www.opendoorsusa.org/persecution/about-persecution.

2. Saint Augustine, *Tractates on the Gospel of John 11-27*, trans. John W. Retting, in *The Fathers of the Church*, vol. 79(Pittsboro, NC : The Catholic University of America Press, 1988), 261.

3. "The Cape Town Commitment," *The Lausanne Movement*, www.lausanne.org/en/documents/ctcommitment.html, IIC.6.

4. *Elane Photography v. Willock*, Supreme Court of the State of New Mexico, August 22, 2013, www.nmcompcomm.us/nmcases/nmsc/slips/SC33,687.pdf.

5. Ibid.

6. 법원의 입장은 http://www.supremecourt.gov/opinions/13pdf/13-354_olpI.pdf.에서 볼 수 있다.
7. "Manhattan Declaration," November 20, 2009, http://manhattandeclaration.org/man_dec_resources/Manhattan_Declaration_full_text.pdf.
8. Albert Mohler, "Strengthen the Things that Remain : Human Dignity, Human Rights, and Human Flourishing in a Dangerous Age – An Address at Brigham Youn University," February 25, 2014, AlbertMohler.com, www.albertmohler,com/2014/02/25/strengthen-the-things-that-remain-human-dignity-human-rights-and-human-flourishing-in-a-dangerous-age-an-address-at-brigham-youn-university/.와 뜻을 같이 한다.
9. Antonin Scalia, "Let the People Decide : from the dissenting opinion by Justice Antonin scalia in *U.S. v. Windsor*," *Weekly Standard* 18, no. 41(July 8, 2013), www.weeklystandard.com/keyword/Scalia-Dissent.
10. Joe Carter, "9 Things You Should Know About Persecution of Christians in 2013," Thge Gospel Coalition, http://thegospelcoalition.org/blogs/tgc/2013/10/29/9-things-you-should-know-about-persecution-of-christians-in-2013/.
11. "2014 Quick Facts," Open doors, February 05, 2018, www.opendoorsusa.org/about-us/quick-faqs.

10. 복음과 복음을 듣지 못한 이들

1. 2010년 Lausanne Conference on World Evangelization 에서 전한 John Piper의 메시지는 육신과 영혼의 필요를 모두 채워주라는 도전이었다. John Piper, "Making Known the Manifold Wisdom of God Through Prison and Prayer," Desiring God, October 19, 2010, www.desiringgod.org/conference-message/making-known-the-manifold-wisdom-of-god-through-prison-and-prayer
2. Andrea Palpant dilley, "The surprising Discovery about Those Colonialist, Proselytizing Missionaries," *Christianity Today* 58, no. 1(January-February 2014) : 36
3. Ibid., 38-40.
4. www.peoplegroups.org와 www.joshuaproject.net를 보라.